Billie Holiday

Série Biografias **L&PM** POCKET:

Átila – Eric Deschodt / Prêmio "Coup de coeur en poche" 2006 (França)
Balzac – François Taillandier
Baudelaire – Jean-Baptiste Baronian
Billie Holiday – Sylvia Fol
Cézanne – Bernard Fauconnier / Prêmio de biografia da cidade de Hossegor 2007 (França)
Freud – René Major e Chantal Talagrand
Gandhi – Christine Jordis / Prêmio do livro de história da cidade de Courbevoie 2008 (França)
Júlio César – Joël Schmidt
Kafka – Gérard-Georges Lemaire
Kerouac – Yves Buin
Luís XVI – Bernard Vincent
Michelangelo – Nadine Sautel
Modigliani – Christian Parisot
Picasso – Gilles Plazy
Shakespeare – Claude Mourthé
Van Gogh – David Haziot / Prêmio da Academia Francesa 2008

Sylvia Fol

Billie Holiday

Tradução de William Lagos

www.lpm.com.br

L&PM POCKET

Coleção **L&PM** POCKET, vol. 870
Série Biografias/16

Texto de acordo com a nova ortografia.
Título original: *Billie Holiday*

Primeira edição na Coleção **L&PM** POCKET: maio de 2010

Tradução: William Lagos
Capa: *Projeto gráfico* – Editora Gallimard
Ilustrações da capa: foto de Billie Holiday, CSU Archives/Everett Collection/Everett/Latinstock; piano, Peter Falkner/Science Photo Library/SPL DC/Latinstock

Preparação: Renato Deitos
Revisão: Lia Cremonese e Patrícia Yurgel

CIP-Brasil. Catalogação-na-Fonte
Sindicato Nacional dos Editores de Livros, RJ

F695b

Fol, Sylvia
Billie Holiday / Sylvia Fol; tradução de William Lagos. – Porto Alegre, RS : L&PM, 2010.
288p. – (Coleção L&PM POCKET, v. 870)

Tradução de: *Billie Holiday*
Apêndice
Inclui bibliografia
ISBN 978-85-254-2027-5

1. Holiday, Billie, 1915-1959. 2. Cantoras - Estados Unidos - Biografia. I. Título. II. Série.

10-1872. CDD: 927.8453
CDU: 929:78.067.26

Rua Comendador Coruja, 314, loja 9 – Floresta – 90220-180
Porto Alegre – RS – Brasil / Fone: 51.3225.5777 – Fax: 51.3221-5380

Pedidos & Depto. comercial: vendas@lpm.com.br
Fale conosco: info@lpm.com.br
www.lpm.com.br

Impresso na Gráfica e Editora Pallotti, em Santa Maria, RS, Brasil
Outono de 2010

Sumário

Ela era como um bloco de madeira

Quando, em fevereiro de 1948, a imprensa nova-iorquina anunciou que o Carnegie Hall[1] acolheria Billie Holiday para um único show no dia 27 de março seguinte, 2.700 entradas foram vendidas somente naquela tarde. Na noite da apresentação, centenas de pessoas se aglomeravam no cruzamento da Sétima Avenida com a Rua 57, diante do templo da consagração musical, tentando comprar entradas, dispostas a pagar duas ou três vezes o preço inicial. Quem teve mais sorte conseguiu comprar lugares no fundo do palco, atrás da cantora, enquanto os demais passaram a noite em pé...

Billie Holiday apareceu, saudada por um murmúrio de admiração e por assobios entusiásticos. Envolta em um vestido negro muito justo, cuja fenda deixava entrever suas pernas, usava longas luvas brancas que, pelo menos desta vez, não haviam sido colocadas para esconder as marcas de picadas de agulha. Seus cabelos estavam erguidos acima da cabeça por uma tiara escura contra a qual se destacavam três gardênias brancas. Seus olhos inquietos percorriam a maré humana que se agitava além da ribalta. Ela relançou um olhar ao quarteto que a acompanhava, sorriu nervosamente e iniciou a interpretação de *All of Me.* Tão logo as primeiras notas foram identificadas, já desencadearam uma ovação. Ela recuperou um pouco de confiança. Eles não a tinham esquecido.

Parecia não haver nenhuma ordem estabelecida para o programa. Entre as peças, ela se virava para o pianista, Bobby Tucker, indicando-lhe *sotto voce*[2] o título seguinte. Uma perfeita osmose musical suplementava a falta de preparação.

Dez dias antes, ela ainda estava na cadeia.

Some Other Spring, Billie's Blues, You're Driving me Crazy... Ela ia encadeando as melodias e, à medida que

---

1. Famosa sala de espetáculos construída por iniciativa do magnata do aço e filantropo Andrew Carnegie (1835-1919). (N.T.)

2. Em voz baixa. Em italiano no original. (N.T.)

crepitavam os aplausos, recuperava a confiança. Sua fisionomia estava transfigurada pelo reconhecimento do público e sua voz pungente despertava as emoções na plateia.

Billie tinha razões para sentir-se melancólica. Recém saíra de uma prisão em que havia passado um ano e um dia, parte do tempo fazendo um tratamento de desintoxicação. Um ano sem drogas, um ano sem cantar uma única nota...

Sua principal preocupação durante seu período de detenção tinha sido que o público não se afastasse dela. Em 1947, Billie era uma *star* incontestada, a cantora mais bem paga em todos os clubes da Rua 52 e também a mais conhecida. Apesar disso, não se sentia feliz. Dois anos antes, sua mãe, Sadie, morrera subitamente. Para Billie, aos trinta anos, renascia o terror do abandono. Durante toda a sua infância, fora entregue a si mesma, havia-se sentido abominavelmente rejeitada, considerando-se apenas tolerada mesmo nos lugares em que a tratavam bem. Não conseguia mais suportar a solidão afetiva e estava pronta para aguentar quaisquer tipos de maus-tratos, até mesmo uma dependência humilhante, preferindo-os a ficar sozinha. E a vida não a havia poupado. Os homens que havia encontrado não se enganavam ao perceber que podiam explorá-la sem escrúpulos.

Ao saber da morte de sua mãe, Billie caiu em uma profunda depressão. Sua angústia, afirmava ela, era a causa de seu alcoolismo e de seu abuso de drogas; de fato, era a única razão por que ela começara a se picar com heroína. Ou, pelo menos, foi o que ela afiançou ao médico da clínica de recuperação de Alderston.

Essa afirmação não era exatamente uma mentira.

Papai e Mamãe ainda eram crianças quando se casaram: ele tinha dezoito anos e ela dezesseis; e eu já tinha três...

Assim começa o texto de *Lady Sings the Blues*,[3] a autobiografia de Bille Holiday. Mas a afirmação não é totalmente

---

3. "A dama canta o blues", título da autobiografia de Billie Holiday. Em inglês no original. (N.T.)

exata. Na realidade, na ocasião do nascimento de Billie, Clarence Holiday tinha dezessete anos, e Sadie Fagan, sua mãe, dezenove. Eles não chegaram nunca a se casar. Apesar disso, quando sua mãe morreu, Billie declarou para a certidão de óbito que seu nome era Sadie Holiday, viúva de Clarence Holiday. Para a assistente social da casa de correção de Alderston, ela afirmou que tivera uma infância feliz e que os três formavam uma família unida. A criança que nunca chegara a crescer dentro dela exigia imagens semelhantes às da faiança de Épinal.[4]

Clarence... Sem a menor dúvida ela teria querido a presença de um pai em sua casa, um homem benevolente e terno que lhe houvesse inculcado uma disciplina de vida, regras a observar, todas essas coisas que criam um sentimento de personalidade e de inserção no tecido social. Mas Clarence era um músico de jazz, sempre em excursões com sua orquestra, volúvel, andarilho, fanfarrão. Era justamente essa a razão de seu charme.

A família de Sadie não tinha a menor consideração por ele, sem dar a menor importância ao fato de que era um instrumentista de grande talento. A seus olhos, ele era apenas um arranha-violão que se recusara a casar com Sadie depois de tê-la engravidado. Como é habitual, foi Sadie quem sofreu as consequências do opróbrio familiar e, por extensão, sua filha – uma bastarda.

Em 1918, Clarence foi convocado para o exército e, ao retornar da França alguns meses mais tarde, afirmava com veemência que havia respirado gases asfixiantes no campo de batalha, mas isso não figura em lugar algum de seus registros militares. Billie, que atendia ainda pelo seu nome de batismo, Eleanora, tinha quatro anos quando ele voltou. Ela só o avistou de longe em longe, durante toda a sua infância.

A mãe de Eleanora era uma jovem pequena e meio gordinha, com um rosto muito bonito. Quase analfabeta, ela ganhava a vida penosamente, cozinhando e limpando as

---

4. Cidade medieval francesa, capital do departamento de Vosges, famosa pelas baixelas e louças decorativas com motivos domésticos, bucólicos ou religiosos. (N.T.)

casas dos brancos. Assim que chegava em casa, começava a lavar e passava roupa até uma parte da noite. Como já haviam feito sua mãe e sua avó e, sem a menor dúvida, sua bisavó também.

Em 1915, Baltimore era a segunda cidade em população negra dos Estados Unidos, logo depois de Washington, com uma comunidade de 77 mil almas. A imigração havia começado no final da Guerra de Secessão[5]; todos vinham do Sul para as grandes cidades do Nordeste em busca de trabalho nas docas ou naquelas imensas fábricas, cuja fumaça empestava as cidades. A escravidão havia sido abolida, mas a situação dos negros nem por isso melhorara. A fragmentação das grandes propriedades rurais do Sul os havia lançado às estradas. Sem proteção e sem lar, eles se tornaram mendigos errantes ou vagabundos. Aos poucos, foram encontrando empregos como vigias, porteiros ou empregados domésticos. A maioria começou a trabalhar na limpeza de fossas sépticas. Em Baltimore, até essa época, não haviam sido abertos os esgotos.

Que fazer em Baltimore, quando se é mulher, negra, pobre e analfabeta? Trabalhar nos serviços mais pesados, a partir da idade de dez anos. Essa foi a sorte de Sadie, igual ao destino de milhares de outras.

Aos dezoito anos, ela arranjou emprego na Filadélfia. Arrumadeira e cozinheira na casa de uma rica senhora branca, Sadie é simpática, alegre, excelente cozinheira. Mas também é solteira e, no momento em que aparece grávida, é imediatamente despedida por sua patroa escandalizada.

Ela ainda é tão jovem, acabrunhada pelo peso das maldições da família, menina-mãe como sua própria mãe, como sua avó, escrava em uma plantação da Virgínia, cujo proprietário, um belo irlandês cujo sobrenome era Fagan, lhe fizera dezesseis bebês... Nas grandes plantações de algodão no Sul

5. A Guerra Civil Americana (1861-1865), quando o Sul dos Estados Unidos se declarou independente para preservar o direito de autonomia dos estados, mais particularmente para conservar a escravidão, que Abraham Lincoln prometera abolir. (N.T.)

dos Estados Unidos, as mulheres negras eram "encorajadas" a ganhar um filho por ano, para garantir a mão de obra futura...

A pobre Sadie não tem um centavo e não ousa retornar a Baltimore para mostrar seu ventre arredondado. Uma vergonha para uma família que pretende ser respeitável. Aliás, seu pai, Charles Fagan, nem quer vê-la mais. Ele trabalha em um restaurante e se casou com sua terrível Mattie, beata e sempre preocupada com a maneira mais correta de agir e que despreza toda a família do marido. Sadie tem então de labutar no hospital de Filadélfia, esfregar os ladrilhos dos pisos e lavar os doentes em troca de um catre para passar as noites.

Em 7 de abril de 1915, ela dá à luz uma garotinha, Eleanora. Ela a registra sob o nome de DeViese. É o nome do rapaz que está namorando nessa época. Mesmo que ela soubesse com certeza que o pai é Clarence Holiday, talvez estivesse então entretendo projetos matrimoniais com Frank DeViese. Aliás, quando ela se casa mais tarde com Philip Gough, ela dá à garotinha o sobrenome de seu marido. Com o bebê nos braços, Sadie se resigna a retornar para Baltimore. Encontra um trabalho em uma fábrica de roupas. Mas o que fazer com uma criança, quando se trabalha o dia inteiro? E, depois, é preciso confessar que Sadie gosta muito de se divertir e que os homens de sua vida são bastante numerosos.

Essa criança a incomoda, e ela encontra mil desculpas para deixá-la com sua família. Eleanora tem dois anos e é bonita como um coração. Dessa época longínqua só existe uma fotografia, em que ela usa uma bata clara e botinas, com flores brancas nos cabelos. Seriam já gardênias?...

A garotinha vai sendo jogada de uma casa para outra. Primeiro fica com Robert e Eva Miller, uma meia-irmã de Sadie, que já cria dois filhos; vai depois para a casa de Martha Miller, a sogra de Eva, uma mulher que abria seu coração e sua casa aos meninos pobres do bairro. Uma mulher que Billie realmente amou. Ela a chamava de Avó.

Em sua autobiografia, Billie chama Eva de "Tia Ida" e a descreve como uma mãe espancadora, estúpida e injusta, que batia nela violentamente como punição pela menor travessura. Socos, bofetadas. É na casa dela que Billie aprende a ter medo da violência, mas sem dúvida adquire ali também o prazer ambíguo de provocá-la. Uma forma de divertimento ao fazer sua tia perder todo o controle quando, em lugar de mentir como seus primos, ela reivindica desafiadoramente as faltas cometidas. É esse seu orgulho. Sempre que Sadie vem visitá-la, Eva lhe repete que sua filhinha vai desonrar a família inteira e que algum dia irá trazer um bastardo para ser criado em casa, do mesmo modo que ela fez. Sadie baixa a cabeça sem retrucar, abraça a criança e vai embora. Eleanora não está ainda em idade de compreender, mas sente raiva de sua mãe por mostrar tanta humildade. Seu ressentimento vai se transformando em agressividade, tanto verbal como física. Um dia, seu primo lhe balança um rato em frente do nariz. A garotinha tem medo de insetos, de tudo que corre depressa pelo chão. Então, de um rato... Ela agarra um bastão de baseball e lhe dá com ele em pleno rosto. Hospital para o garoto, crise de nervos da mãe, uma sova de chicote.

Felizmente, sua bisavó, de 96 anos, a doce Rebecca, lhe consola o coraçãozinho. Essa mulher doente, hidrópica, vivia e dormia sentada em uma poltrona e necessitava de cuidados particulares. Ao voltar da escola, a meninazinha a atendia com amor; dava-lhe banho e lavava as ataduras que trazia enroladas nas pernas. Rebecca descrevia suas lembranças da Virgínia, quando aquele de quem ela recebera o sobrenome – Fagan –, o dono da plantação, deixava sua bela mulher branca e vinha encontrar-se com ela na pequena casinha no fundo do jardim... Ela contava as histórias da Bíblia, também, como uma maravilhosa história de fadas, povoada por monstros e por almas puras. Um dia, ao terminar uma de suas histórias, Rebecca se queixou de estar fatigada e suplicou à garotinha que a ajudasse a se esticar.

– Só um pouquinho – implorou ela.

Seu médico lhe proibira esta posição, mas ela pediu tantas vezes e com tanto jeito, que Eleanora lhe fez a vontade e se enroscou ao lado dela. Não levou muito tempo e as duas adormeceram.

Quando ela se acordou, a bisavó estava com o braço apertado ao redor de seu pescoço. Estava morta. A garotinha, aterrorizada, começou a berrar e os vizinhos que acorreram tiveram a maior dificuldade para libertá-la do braço já rígido. O choque foi grande e gerou nela uma imensa culpa. A garotinha teve de ser levada para o hospital. Ficou um mês internada, em completa mudez. Ao retornar, recebeu de Eva-Ida um belo castigo. Submeteu-se sem a menor queixa. Sem dúvida, achava que havia merecido. Sua bisavó morrera por culpa dela.

É até possível que tenha sentido prazer ao receber essa punição injusta.

A vida recomeça. Eleanora frequenta uma escola católica. É uma garotinha bonita, com a pele cor de sépia, cabelos lisos e brilhantes. Mas adota um comportamento mais adequado para um rapazinho. Joga baseball, bilhar e dados na rua e pratica boxe na escola; é dessas coisas que ela gosta. E de cantar a plenos pulmões, andar de bicicleta, de patins de rodinhas... ou de lavar as escadarias de mármore branco das belas residências de Baltimore. Quinze *cents* para cada lavagem, ela mesma se encarrega de trazer a escova e o sabão. Um servicinho depois da escola. Pouco tempo depois, em vez da escola.

De vez em quando, entre dois compromissos, seu pai, Clarence Holiday, vem lhe fazer uma visita. Ela se diverte com seu jeito tagarela, com esse garotão atrevido de boca suja. É ele que lhe dá o apelido de *Bill.* Sem dúvida não é estranho que futuramente ela escolha o pseudônimo de *Billie,* já que ela adora esse pai bem falante, cuja vida parece ser uma festa contínua. E depois, ele canta tão bem...

– Ah, nenhuma garota resiste a mim quando eu canto uma música pra ela...

Foi assim que ele seduziu Sadie, em um parque de diversões. Como ela adoraria recuperar aquele que chama de marido quando se encontra com Eleanora!... Ela enche a menina de esperanças e lhe garante que, algum dia, eles vão formar uma família de verdade. E quem mais iria acreditar nela, além da garotinha?

Durante os anos 20, Baltimore era uma cidade animada; havia música por toda parte, até mesmo nas igrejas. Conjuntos tocavam por toda a cidade. Havia espetáculos ao ar livre, piqueniques ao som de música, bailes populares, excursões dominicais de trem ou de barco até Filadéfia ou Washington, com orquestras a bordo. Nos cinemas, pianistas acompanhavam os filmes mudos e, ao longo das ruas, quartetos de "menestréis" interpretavam as melodias populares mais em voga no momento, acompanhados por crianças que dançavam nas calçadas. As orquestras, como a de Clarence Holiday, tocavam em festas particulares, nos music halls[6] ou nos teatros. Numerosos músicos profissionais, como o jovem Duke Ellington ou o saxofonista Otto Hardwick, viajavam desde Washington, não só para tocar, como para escutar os músicos de Baltimore, como o percussionista Chick Webb ou o pianista Joe Turner.[7]

Billie cresce, sempre sozinha e cada vez mais livre. Pega serviços avulsos em troca de alguns níqueis. Uma faxina em casa de uma senhora da alta sociedade, babá por uma hora, um recado ou uma encomenda a entregar. Ninguém manda nela, de fato ninguém lhe dá a menor atenção. Sua mãe, sempre envolvida em novos casos amorosos, mal pensa nela. Houve um alívio, entretanto, embora de curta duração. Em 1920, Sadie casa-se com um estivador, Philip Gough. Como a respeitabilidade obriga, Charles Fagan instala os recém-casados em uma casa de North Freemont Avenue, mas a garotinha não vive muito tempo com eles. Seja como

6. Salões de música. Teatros populares do tipo *vaudevilles,* com uma série de números variados, canções, danças, prestidigitação, humorismo etc. Em inglês no original. (N.T.)

7. Edward Kennedy [Duke] Ellington (1899-1974), Otto Hardwick (1904-1970), William Henry [Chick] Webb (1909-1939), "Big Joe" John Turner (1911-1995), músicos de jazz americanos. (N.T.)

for, passa ali alguns períodos de tranquilidade e sempre se recordou de um lar normal com sua mãe e um padrasto cordial. Aos domingos, Sadie, que era profundamente religiosa, sempre a levava à missa.

Contrariamente às igrejas batistas, em que corais extrovertidos batiam palmas com força, acompanhados por trombones, gaitas e pandeiros, nas igrejas católicas não se cantavam as alegres músicas gospel, não se escutavam vozes vibrantes, nem havia balanços rítmicos. A pequena acompanhava a missa tradicional em latim, segundo o ritual católico, apostólico e romano. Simples, contido e pouco demonstrativo.[8]

Ao final de três anos, o casal se separa. Para sua família, Sadie deixa de ter um odor de santidade. Tiram-lhe a casa para pagamento da hipoteca. Sadie aluga um quarto na casa de Viola Green. O sentimento de insegurança da menina cresce ainda mais, mesmo que ela tenha feito amizade com um menino da casa, Freddie, o filho da proprietária. Sadie trabalha como copeira nas casas dos brancos de Baltimore. Nos fins de semana, Billie volta ao lar de Martha Miller. Cada fim de semana, Sadie viaja para Nova York e retorna na segunda-feira de manhã. São viagens que dão o que falar. Quando retorna de seus passeios por Nova York, ela sempre traz roupas muito bonitas para sua filha. Billie está sempre muito bem vestida, saias plissadas e blusas de cetim com mangas balão, cintos envernizados. São presentes de suas patroas, afirma Sadie. As pessoas fingem que acreditam.

A desonra é uma fatalidade. Um perfil que rebaixa as garotas. Eleanora entendeu tudo isso desde a infância. Mas ela tem um caráter muito diferente. Raiva e língua solta. Tem vontade de cantar o tempo todo. Quando está alegre, mas sobretudo quando fica triste. Sente falta da mãe. Percebe o desprezo que a rodeia. Então, para se vingar, ela tenta deixar Tia Eva com raiva, cantando músicas do tipo, *Meu homem*

8. No estado de Maryland, fundado por Lord Baltimore como refúgio para os católicos, durante o reinado de Elizabeth II, o catolicismo era a religião predominante, embora a maioria dos negros americanos fosse protestante. (N.T.)

isto, meu homem aquilo... – blues vulgares demais para o gosto da respeitável tia.

O grande prazer de Eleanora, sempre que tem alguns centavos: ir ao Dunbar, o cinema do bairro em que passam pequenos filmes pretensiosos em que reluz a atriz mais em voga no momento, Billie Dove.[9] Ela gostaria tanto de ser parecida com essa bela mulher sofisticada, que usa meias de seda branca e sapatos de verniz. Mais tarde, ela chega a adotar seu primeiro nome. A pequena não perde um único de seus filmes e aprende bem depressa que pode economizar dez *cents* se entrar às escondidas pela porta dos fundos.

Frequentemente, Billie mata aula e corre pelas ruas com os meninos. Esses garotos insolentes e de boca suja, entregues a si mesmos, são os reis das pequenas quadrilhas e dos roubos velozes. Mas eles se conservam em seus próprios bairros. Depois da promulgação das "leis Jim Crow"[10], a segregação dos negros tornou-se drástica. Estão proibidos de morar nos mesmos bairros que os brancos, de frequentar as mesmas igrejas, hotéis, restaurantes ou teatros, de sentar na parte da frente de um ônibus ou até mesmo de entrar no mesmo vagão de trem. São proibidos de ter cães. Na maior parte das lojas, os negros não são atendidos, mesmo nas lojas populares do tipo *Five and a Dime*[11], de uma das quais Billie não hesita, certo dia, em roubar as meias de seda com que tanto sonhava.

Inevitavelmente, ela é capturada por um policial e, aos dez anos de idade, é levada ao Juizado de Menores. É a primeira de uma longa série de encrencas com as autoridades. O juiz a declara "menor sem guarda" e, durante um ano, ela é

9. Billie Dove (1903-1997): atriz americana do cinema mudo. (N.T.)

10. Jim Crow é o estereótipo do negro no teatro americano, criado a partir de uma peça de 1838, tipo característico do music hall, frequentemente interpretado por brancos de rosto pintado. Por *Jim Crow Bills* se designa a discriminação étnica, especialmente contra os negros, por meios legais ou sanções tradicionais. Em geral eram estabelecidas por posturas de câmaras municipais. Embora no Sul alguns estados passassem leis nesse sentido, foram consideradas inconstitucionais, mas mantidas por pressão social e intimidação. (N.T.)

11. Cinco e dez centavos, lojas do tipo 1,99. (N.T.)

internada na Casa do Bom Pastor, uma instituição criada em 1894 para jovens delinquentes e destinada a meninas negras. É um grande prédio de tijolos vermelhos e aspecto austero, dirigido com mão de ferro por uma ordem de freiras, as "Irmãzinhas dos Pobres".

Nesse ambiente disciplinado, Eleanora encontra uma espécie de calma. Por motivos de privacidade, ela recebe, como todas as internas, um pseudônimo: Madge. Sob esse nome, que a protege e a corta de sua antiga vida e seu pesado contexto familiar, ela continua a série escolar sob a palmatória de Irmã Margaret. Em março de 1925, ela é batizada e toma a primeira comunhão. A garotinha parece radiante sob seu véu branco. É a primeira vez em que ela é vista animada e tranquila, com um sorriso de orelha a orelha... É a primeira legitimação de Eleanora: no seio da Igreja. É bastante curioso que sua mãe, tão carola, não tenha achado necessidade de batizá-la antes. Ainda mais estranho: ela será batizada uma segunda vez, em agosto do mesmo ano; e uma terceira vez, em 1926, quando retorna ao reformatório do Bom Pastor sob circunstâncias bem mais dramáticas. A criança não diz nada e aceita as múltiplas bênçãos.

Junto da Irmã Margaret, que se afeiçoou por ela, Eleanora passa longas horas aprendendo a costurar. Elas permanecerão em contato. Cada vez que Billie passar por Baltimore, ela irá visitá-la e até mesmo irá cantar um dia no reformatório para as meninas que se parecem tanto com ela.

Ao fim de nove meses, em virtude de seu bom comportamento, Eleanora é devolvida a Sadie. Que alegria encontrar-se entre os braços de sua mãe, risonha e cheia de boas notícias para contar!... Sadie abriu um restaurante, o East Side Grill, a dois passos dos quarteirões animados de Baltimore, ao redor de Pennsylvania Avenue, o bairro dos negros. Sadie cozinha principalmente pés de porco, feijão vermelho e arroz. Mal consegue dar conta do serviço, com apenas dois braços. Mesmo que ainda não tenha onze anos, a garotinha já é convocada e está habituada a trabalhar. Trabalhando até tarde da noite, logo ela larga a escola.

– Sem o menor remorso – afirma ela mais tarde. – Nunca gostei mesmo de ir às aulas. A única coisa útil que aprendi na escola foi fazer gazeta...

Enquanto isso, Sadie passa a morar com um operário chamado William Smith, que atende pelo apelido de Wee Wee. Um rapaz encantador, festeiro e muito mais moço do que ela. Só que Wee Wee vive correndo atrás de saias, e as brigas em casa são numerosas. Apesar do cansaço, é preciso sobreviver. À noite, ela sai frequentemente com Wee Wee. Eles vão a *fast houses* ou a *good times houses*[12], para comer e dançar. A dificuldade maior é escolher aonde ir. Baltimore é uma cidade portuária, cheia de marinheiros de folga e prostitutas de cais. Em certos lugares, a algazarra é tão grande que mal se escuta o som do piano. Eles moram em uma residência ao lado da casa de miss Lou, a mãe de Wee Wee, que aluga quartos a pensionistas. Billie é alojada em um pequeno sótão acima do terceiro andar. Frequentemente fica sozinha.

Voltando para casa com Wee Wee, na madrugada de 24 de dezembro de 1926, Sadie escuta gemidos e soluços. Preocupada, ela vai até o quarto da garota e descobre um de seus vizinhos, Wilbert Rich, abusando da criança. Wee Wee agarra o vizinho firmemente e Sadie telefona para a polícia.

Durante o processo que os opõe ao estuprador, a questão da irresponsabilidade de Sadie volta à baila mais uma vez. Ela perde a guarda da menina. A criança é novamente devolvida aos cuidados das irmãs do reformatório do Bom Pastor.

Esse estupro é uma história bastante estranha. Em sua autobiografia, Billie conta os fatos à sua maneira. Voltando para casa, depois da escola, ela não encontrou ninguém em casa. Billie afirma com o maior cuidado que sua mãe tinha hora no cabeleireiro. O vizinho, que ela apelida mr. Dick (em inglês, *dick* é uma palavra coloquial para pênis), a seduz com uma conversa de que vão se encontrar com a mãe dela. A menina o segue sem desconfiança até uma casa próxima. Um bordel. Uma mulher lhes abre a porta. Ela garante à garotinha:

---

12. Mais exatamente, *fast-food houses,* "casas para refeições rápidas", e *good time houses,* "casas de diversões", em geral semelhantes a bailões. (N.T.)

– Sua mamãe não vai demorar, mas ela telefonou dizendo que vai se atrasar um pouquinho...

O tempo vai passando e a menina começa a pegar no sono. mr. Dick a carrega para um dos quartos do fundo. Chegando lá, ele a estupra, enquanto a tal mulher segura a criança com firmeza. Mas a menina se debate tanto quanto pode, até que Sadie finalmente aparece, acompanhada de um policial que arromba a porta...

Billie explica que uma das moças de mr. Dick (um cafetão?), enciumada, havia esperado a chegada de Sadie e a prevenira:

– Sua filha seduziu meu homem e o levou para o bordel...

Fora ela que indicara onde ficava a dita casa de tolerância...

Um relato curioso e teatral. Essa história, descrita muitos anos depois pela Billie adulta, parece pouco plausível. Mas tem o mérito de atrair a atenção para o papel de sua mãe, pelo menos da maneira como ela o percebe. Ela se encontra ao mesmo tempo ausente da cena e simbolicamente presente.

Sem afirmar que Sadie fosse cúmplice dessa violação, constata-se que Billie lança suspeitas sobre sua responsabilidade. Sua mãe está ocupada em outra parte, como sempre faz, com coisas fúteis (está no cabeleireiro). Quem é esta mulher misteriosa que agarra a menina enquanto o outro a estupra? Provavelmente mais uma invenção, que traz à luz um fato que Billie sempre escondeu cuidadosamente. Ela admite que se prostituiu desde muito jovem, mas sempre omitiu que sua própria mãe a havia instalado em um bordel desde sua chegada a Nova York.

De forma semelhante, ela pinta sua mãe como uma mulher exemplar. Se tal fosse o caso, seria um motivo de grande espanto que, em vez de devolver a criança à sua família, o juiz a mandasse de novo para o Bom Pastor. De quem ele pretende proteger a criança? A mãe não apresentava qualquer garantia de moralidade? Mesmo que a criança só tivesse onze anos, o estuprador só ficou três meses na cadeia. Isso parece muito pouco. Dá para pensar em que tipo de argumentação ele se baseou para sua defesa. Ele implicou Sadie em seu crime? Ele a conhece bem, é um dos vizinhos, pode até ser que alugue um quarto na pensão de miss Lou, e Billie o descreve como um proxeneta. Estaria Sadie trabalhando para ele como prostituta?

Mais uma vez, contra sua própria vontade e talvez inconscientemente, Billie desmascara sua mãe. Em sua autobiografia, ela conta que todas as putas de luxo usavam grandes chapéus de veludo vermelho, enfeitados com plumas de ave do paraíso. Custavam uma pequena fortuna. "Quando minha mãe finalmente conseguiu um", diz ela, "eu chegava a brigar com ela, porque ela usava o tal chapéu da manhã à noite... Quando ela se enfeitava para sair, me contava que ia arranjar um marido rico que ia nos tirar do serviço pesado."[13]

Não podia ser mais explícita.

A jovem Eleanora estava, conforme se pode imaginar, envolta na sulfurosa aura sexual que em geral é imposta às jovens detentas. No Bom Pastor, as regras são severas e as punições frequentes. Para obter dinheiro, as religiosas recebiam grandes trouxas de roupa suja e a penosa tarefa de lavá-las era desempenhada pelas internas. Eram jovens negras, delinquentes entre quatorze e dezoito anos, sem grandes escrúpulos. Havia bandos e chefes de bandos. O comércio sexual era moeda corrente entre elas, e a jovem Eleanora, com suas curvas arredondadas pela idade, seu rosto bonito e pele clara, era objeto de frequentes ataques. É obrigada a lutar e, às vezes, forçada a se submeter.

O depoimento de uma das mulheres que trabalhavam no Bom Pastor, Christine Scott, dá uma ideia do comportamento de Billie durante os meses de sua permanência:

> Madge (Eleanora) era bem crescida e tinha o corpo normal de uma garota de quatorze anos (na época tinha onze). Tinha

13. *Lady Sings the Blues,* Billie Holiday e William Dufty, Doubleday, 1956. Tradução francesa de Danièle Robert, Parenthèses, 2003.

uma pele castanha muito bonita, os traços de seu rosto eram delicados e sua cabeleira magnífica. Era bonita e limpa. Mas era como um bloco de madeira. Não se interessava por nada, exceto costurar. Sempre estava triste e melancólica. Raramente mantinha relações de amizade com as outras. Durante os recreios, ficava parada sozinha em um dos cantos do pátio.[14]

Não resta dúvida de que a garotinha sofria de depressão. A expressão "ela era como um bloco de madeira" descreve bem a imagem de um ser cortado de suas emoções, sem energia, voltado para si mesmo. Depois da violação, ela se destacou de seu corpo. Só queria ignorar sua ferida. Então, passava a inventar histórias para si mesma, fantasiava, mentia para si e para os outros...

Enquanto isso, havia uma outra jovem no reformatório, que nessa época focalizava as atenções. Uma verdadeira tigresa, já abalada pela vida. Colecionava castigos. Além disso, para "marcar sua infâmia", cada vez que cometia uma infração, era obrigada a usar um velho vestido vermelho. Billie se recorda muito bem dessa outra jovem, uivando descontrolada dentro de seus farrapos vermelhos, em pé sobre um balanço que havia no pátio e que ela impulsionava cada vez mais alto. Nessa ocasião, a madre superiora teria declarado:

– Recordem minhas palavras: Deus vai castigar essa menina.

Nesse mesmo instante, o balanço rebentou e a garota foi projetada contra uma parede. Ela foi ao chão e quebrou algumas vértebras. Esse acidente marcou Billie profundamente.

Um dia, por qualquer erro já esquecido, chegou sua vez de usar o mesmo vestido vermelho. Sua mãe lhe havia trazido uma cestinha cheia de guloseimas e, como ela estava de castigo, distribuíram tudo entre as outras. Mas a punição ainda não tinha sido terrível o bastante. Nesse mesmo dia, havia morrido uma das internas, e a tradição exigia que uma das

14. *Les Multiples Facettes de Lady Day,* Robert O'Meally, Arcade Publishing, 1991. Tradução francesa de Isabelle Barbé, Denoël, 1992.

irmãs a velasse a noite toda na capela. Billie relata que, em vez disso, foi ela que encerraram toda a noite com o cadáver. Impossível suportar uma punição tão perversa. A garotinha batia na porta e gritava tão forte que não deixava ninguém dormir. Quando, finalmente, vieram soltá-la, estava com as mãos dilaceradas e cobertas de sangue.

Sadie moveu céus e terra para conseguir tirá-la de lá. Apelou para seu pai, Charles Fagan, o único que tinha condições financeiras para pagar um advogado. Finalmente, recuperou sua filha. É preciso não esquecer que também precisava da ajuda dela para atender o restaurante.

O fácil mundo da noite

Billie estava muito bem desenvolvida para sua idade. O policial que a prendera não a havia tratado como uma criança, mas como uma criminosa. Isso até seria justo, desde que não a houvessem acusado de atrair aquele bode velho para um bordel. Ela tinha sido posta na prisão para ser castigada. Pelo menos, era assim que Billie encarava as coisas. Nem lhe passava pela cabeça que pudesse ter sido colocada no Bom Pastor a fim de protegê-la.

O estupro e o aprisionamento que o seguiu e que ela vivenciou como se fosse um castigo foram determinantes na maneira como qual ela abordava a vida. Rejeitada pela família, negligenciada pelo pai e pela mãe, Billie é tomada de uma necessidade lancinante de ser aceita. Ela se sente culpada tanto pelo estupro como pela morte da avó. Para aliviar-se dessa culpabilidade, ela se coloca sempre em posições que a levarão a ser punida. Ela se torna dependente dos homens. Sente que seu corpo foi desvalorizado e envilecido e inflige maus tratos sobre ele: álcool e heroína. Pede aos homens de sua vida que a espanquem. Aceita a punição e a dor como um tipo de redenção. Os golpes, através do sofrimento, são um meio de alcançar o prazer.

Dessa infância brutalizada, é possível que a garotinha só pudesse ter conseguido sair após estar definitivamente marcada. Mas, ao contrário, ela sentiu-se impulsionada a recuperar sua vida e esforçou-se por continuar sua existência como uma moça endurecida que se decidira a tomar muito mais do que a dar. O restaurante de sua mãe ia de mal a pior, seu relacionamento com Wee Wee estava indo por água abaixo. Sadie decidiu procurar trabalho em Nova York, no bairro do Harlem, deixando Billie para trás, sob os bons cuidados de sua "avó" adotiva, Martha Miller.

A Vovó Martha se queixava de que a garotinha se tornara incontrolável. Não aceitava mais a menor restrição. Eleanora não voltou para a escola e entregou-se à sedução do mundo da noite. Uma mulher elegante, Ethel Moore, proprietária de uma "casa de divertimentos" denominada The Point, na zona do meretrício das docas de Baltimore, a tomou sob sua proteção. Era um lugar em que os negros vinham beber, cantar e dançar e, eventualmente, alugar um quarto para um breve encontro amoroso... Ethel ensinou a Billie as regras de um mundo fraudulento, em que se chamava os cafetões de "papais", as putas de "mamães", enquanto os demais eram, indiferentemente, "irmãos" e "irmãs". Uma nova família para Billie. Mais excitante e cordial do que a legítima e que lhe ensinou, segundo se pode imaginar, um mundo de coisas úteis. Entre outras, beber um copo de uísque e fumar um baseado.

Pouco depois, Eleanora cai nas mãos de Alice Dean, a madame de um bordel e dona de um pequeno cassino bastante prósperos, sempre no bairro de Fell's Point. Magnificamente vestida, com casaco de vison e sempre usando um grande chapéu enfeitado com plumas de ave do paraíso, essa mulher exuberante fascina a garota. Sua casa é muito bem cuidada, tranquila e limpa, "protegida" por policiais regiamente pagos. Billie propõe seus serviços, e é contratada para esfregar as escadas até sentir câimbras. É uma boa maneira de ser aceita na casa... Faz pequenas tarefas para as damas que ali trabalham, esvazia as bacias, vai buscar sabonete e toalhas limpas. É claro que não passa de uma criada para todo o serviço, mas não se importa com isso. O lugar é maravilhoso, a patroa é afável, as meninas são belas e alegres. Usam ligas de veludo encarnado, algumas vezes fixadas por presilhas, e saias de cetim de todas as cores. Riem, dançam, tocam música. As barreiras desaparecem. Os bordéis são os únicos lugares em que brancos e negros podem se encontrar. Os negros raramente têm dinheiro: a maior parte dos clientes são brancos. Algumas vezes, eles são roubados durante a ação pelas garotas, mas não vão se queixar à polícia.

Logo a posição de Billie "passa de linha para agulha"... Ela se torna a favorita dos clientes. Cheia de curvas arredondadas mas firmes, a pequena Lolita de boca suja agrada aos cavalheiros. Melhor ainda, ela sabe cantar bem. É o suficiente para transformá-la em *a piece of cake*, um bom bocado: logo se torna a coqueluche da casa. Isso desperta ciúmes, mas Billie logo aprende "a fazer penteados", isto é, a agradar e tranquilizar as companheiras.

Alice Dean lhe concedeu o privilégio de ir à sua saleta particular para escutar no gramofone Victrola os seus discos de Louis Armstrong e Bessie Smith.[1] *Pops* e Bessie, a "imperatriz do jazz". Ao escutar *West End Blues,* de Armstrong, Billie prende a respiração. As lágrimas lhe sobem aos olhos, o corpo todo se arrepia e a alegria a invade inteiramente. Billie caiu sob o domínio do jazz. Pela primeira vez, ela escuta cantar sem palavras. A voz é como se fosse um instrumento musical. É justamente o que dirão mais tarde dela, quando a compararem algumas vezes com um saxofone e outras com um trompete.

Nas segundas-feiras, boates e bordéis não abrem. É o Dia Azul, em que se toca blues em sessões fechadas. Se existe um piano, dois ou três pianistas se sucedem. Dançam *black bottoms*[2] endiabrados. Depois de algumas voltas na manivela da vitrola, escutam-se os últimos sucessos de Mamie Smith, Florence Mills[3] ou Louis Armstrong. Billie em seguida aprende a imitar sua voz rouca. Seu ouvido notável lhe permite memorizar e reproduzir todas as suas inflexões. Pouco a pouco, ela adquire um pequeno repertório e acompanha com sua própria voz as melodias em voga.

Bem depressa, adquire o costume de ir de clube em clube para interpretar os sucessos do momento. Ela acaba a noite nas *after hours*[4] dos bares que permanecem abertos

---

1. Louis Armstrong (1901-1971) era chamado *Satchmo.* O apelido *Pops* [Vovô] só foi aplicado muito anos mais tarde. Bessie Smith (1895-1937). Ambos músicos negros-americanos. (N.T.)

2. Baixo negro. Em inglês no original. Dança rápida e movimentada, característica dos negros-americanos, cujo ritmo era marcado principalmente pelo contrabaixo (*bottom*). (N.T.)

3. Mamie Smith (1883-1946) e Florence Mills (1895-1927): cantoras de jazz e blues negros-americanas. (N.T.)

4. De madrugada. Em inglês no original. Após a hora determinada para encerramento das atividades dos bares. (N.T.)

após a hora de fechar. Quando o pianista se cansa, põem um disco e ela canta as palavras.

É a época da Proibição.[5] A partir de 1920, decretou-se que a ingestão de álcool era a mãe de todos os vícios. Sua produção, venda e consumo foram proibidos em todo o território dos Estados Unidos. Os noctívagos bebem uísque de contrabando e fumam maconha nas salas dos fundos das casas fechadas e boates clandestinas, os *speakeasies*.[6] A carreira de Billie Holiday deslancha justamente nesses lugares em que as pessoas só vêm para dançar. É necessário embalar a boate. O jazz serve para fazer as pessoas esquecerem de sua pobreza, da segregação e da infelicidade.

Billie ama o mundo fácil da noite, o mundo de seu pai. Ela admira o estilo fanfarrão e exagerado dos frequentadores, muito elegantes em seus bonés e sapatos bicolores, os bolsinhos em seda de cores vivas destacando-se como bandeiras na parte interna dos paletós. Ela adora os ombros alargados por ombreiras, o andar gingado dos malandros nas calçadas. Os outros, os que ela chama de "jecas", não têm a menor possibilidade de agradá-la. Fell's Point é um bairro perigoso, mas Billie já faz parte da paisagem... Os homens da noite a apreciam e protegem. Ela é espirituosa, canta bem e não tem medo de ninguém. Ela até se diverte a provocá-los. *Kiss my ass!* ("Tô cagando pra vocês!"), grita ela o tempo todo. Aqueles que não se divertem com isso fazem-na passar um mau quarto de hora, caso consigam agarrá-la. Ela conhece como a palma da mão aquelas ruas sombrias que desembocam nas docas ou se enfiam pelas zonas mais miseráveis. Quando um bando de marinheiros bêbados anda atrás de briga, é preciso

5. A chamada "Lei Seca". As únicas exceções eram os medicamentos com base alcoólica e o vinho usado para comunhão. (N.T.)

6. Embora o termo "conversa fácil" se aplique principalmente aos bares clandestinos dos anos 20, fora cunhado em 1889 para referir estabelecimentos que vendiam bebidas após a hora de fechar, ou seus similares em estados que já haviam proibido bebidas alcoólicas em períodos anteriores; significa que era fácil convencer o *barman* a servir mais uma dose de bebida. (N.T.)

saber lutar só para chegar até em casa. Billie se habitua a enfiar uma navalha na parte de cima de uma das meias.

Algumas vezes, ela se reúne com outras cantoras nos concursos musicais de que ela gosta tanto. Durante a "Noite dos Calouros", no Custer Theater, as garotas passam pelo palco uma após a outra. Ganha a que receber mais aplausos da plateia. Billie se transforma em um verdadeiro sucesso e chama a atenção de todos. Logo a seguir, ela começa a cantar regularmente no clube Paradise.

Mais tarde, ela confessa ter copiado nota por nota certos temas de Louis Armstrong, como *Them There Eyes*. Armstrong é o primeiro a se apresentar no proscênio, como trompetista e cantor. Sua frase sincopada libera as palavras do acompanhamento. Longe de conservá-las dentro da melodia, ele as desloca, avança um pouco ou retarda um pouco o ritmo com relação ao compasso. Brinca com as sílabas, despreza o acento tônico e ousa substituir as palavras por sons sem significado. É o que chama de *scatter*[7], ou seja, cantar sua música por cima da música. Ninguém como ele sabe criar uma atmosfera tão descontraída e calorosa, maravilhosamente embalante. Criou um estilo totalmente novo. É o verdadeiro inventor do jazz.

A outra fonte de inspiração para Billie será Bessie Smith, com seu jeito de reduzir uma melodia ao seu essencial e entoar sua linha mais pura. A potência de sua voz de contralto, que se impõe acima da orquestra inteira, sua maneira de escandir as palavras e de declamar como se fosse uma atriz de tragédia são qualidades únicas. Sem a menor dúvida, é a maior cantora de blues de sua época.

---

7. Espalhar, misturar. Em inglês no original. (N.T.)

Eu prefiro viajar sozinha

Aos treze anos, Billie encontra Nova York.

Com a paciência esgotada, Vovó Martha exige que Sadie pegue a menina de volta. A garota só faz o que lhe dá vontade. Uma vergonha para uma família respeitável. Tal mãe, tal filha, resmungam pelas costas da jovem Billie. Dizem que ela passa a noite em casas de tolerância e só volta para casa de manhã, nas piores condições, algumas vezes com marcas negras no rosto...

A garota deixa Baltimore no começo de 1929. Para a viagem, usa um vestido de algodão branco com enfeites de tule e um cinto de verniz vermelho. Sadie, que mora no Harlem, vai recebê-la na estação de Long Branch.

Harlem, de que falam tanto!... Harlem, onde seu pai mora!... Finalmente no Harlem, a terra prometida...

No começo do século, o Harlem tinha sido um bairro principalmente residencial, cheio de verde e tranquilo, em que habitavam imigrantes judeus, irlandeses, alemães ou italianos. Mas, a partir da década de 20, a imigração dos negros do Sul em busca de trabalho nas grandes cidades do Norte foi transformando aos poucos o Harlem em uma concentração de pretos. Os brancos esvaziaram o bairro e, de acordo com as regras da especulação imobiliária, ele foi deixado ao abandono. Os imóveis antigamente ocupados por brancos foram subdivididos em pequenos alojamentos que sofreram uma progressiva decadência. Pouco a pouco, o Harlem se transformou em um gueto negro.

No final dos anos 20, relata-se que os negros sempre encontravam alojamento por ali e que havia trabalho para todos. Fala-se de sua vida noturna trepidante e de seu fervilhamento cultural, daquela *Renascença Black* de que o livro de Alain Locke, *The New Negro*[1], se tornou em estandarte. O Harlem está na crista da onda e dita a moda em matéria de arte, música e literatura. A música é tocada pelos negros e negros são os atores

1. Alain Leroy Locke (1886-1954): escritor afro-americano. *The New Negro* foi lançado inicialmente em 1925. (N.T.)

das peças de teatro. Poetas, romancistas, dramaturgos, todos celebram sua negritude e dão a conhecer talentos como Langston Hughes, Paul Laurence Dunbar, James Weldon Johnson, Claude McKay, Countee Cullen...[2] Finalmente, os negros têm suas próprias referências de primeiro plano. O escritor W.E.B. DuBois, militante da NAACP[3], a associação nacional para a melhoria das condições sociais das pessoas "de cor", que luta contra a discriminação racial e os linchamentos, exorta o povo a reivindicar seus direitos civis.

Musicalmente, são os blues que atingem o auge. Em 1920, o disco de Mamie Smith, *Crazy Blues*, vende mais de um milhão de exemplares e lança moda. Mais de cinco mil discos diferentes de blues são produzidos no decurso dos dois decênios seguintes. As comédias musicais e as "revistas negras" ocupam completamente os palcos da Broadway. Duke Ellington estreia no Cotton Club, Louis Armstrong e Bessie Smith no Alhambra. Os burgueses brancos vêm "acanalhar-se" nos clubes negros do Harlem, onde se dança black bottom, ragtime ou charleston.[4]

Durante os anos 20 a 30, o estilo pianístico Harlem Stride, do qual Art Tatum[5] foi mais tarde o campeão incontestado,

---

2. Langston Hughes (1902-1967), Paul Laurence Dunbar (1872-1906), James Welldon Johnson (1871-1938), Claude McKay (1889-1948) e Leroy Porter "Countee" Cullen (1903-1946): literatos afro-americanos, pertencem a várias gerações e nem todos podem ser classificados no movimento de renovação negra. (N.T.)

3. William Edwards Burghardt "WEB" DuBois (1868-1963), literato e ativista político afro-americano, morreu em Accra, Gana, e foi um dos fundadores do *Niagara Movement* e de sua sucessora, a NAACP (*National Association for the Advancement of Colored People,* a Associação Nacional para o Progresso dos Negros), em atividade até hoje. (N.T.)

4. O ragtime, introduzido em 1897, é um ritmo caracterizado pela forte síncope da melodia, com acompanhamento regularmente acentuado; o charleston, popularizado em 1925, é uma dança rápida de salão de baile, em que os joelhos são dobrados para dentro e para fora e os calcanhares são girados violentamente para fora a cada passo. (N.T.)

5. O Harlem Stride (passada do Harlem), ou, mais exatamente, Stride Piano, substitui a partir de 1952 a forma anterior, Stride Bass, estilo de piano jazzístico. Art Tatum (1909-1956), pianista e compositor negro-americano, provavelmente é o criador desse estilo. (N.T.)

faz furor em toda parte. A mão esquerda, vigorosa, garante o suporte rítmico, enquanto a mão direita opera sutis variações. No Harlem, Luckey Roberts, Willie "the Lion" Smith, Fats Waller ou James P. Johnson[6] disputam uns com os outros o título de "Rei do Stride".

Nas casas dilapidadas do Harlem, a moda agora são as *rent parties*. Entrada paga. Servem *soul food* [7], os pratos da cozinha negra do Sul dos Estados Unidos. Pianistas animam esses saraus musicais, em que os locatários de um mesmo imóvel se cotizam para ajudar aqueles que não podem pagar seu aluguel. Nos clubes que brotam em toda parte ocorrem torneios intermináveis entre os virtuosos do piano.

Os executantes individuais e as big bands se enfrentam em desafios musicais, enquanto um público tomado de entusiasmo deve escolher os melhores aplaudindo freneticamente. Sobre os pódios do Savoy Ballroom, duas grandes orquestras se alternam para acompanhar continuamente as centenas de bailarinos que se deslocam sobre uma pista de setenta metros de comprimento por quinze de largura. Apelidaram o Savoy de "a casa dos pés felizes". A clientela é mista. Chama a atenção o espetáculo dos dançarinos que executam figuras acrobáticas de lindy-hop e de jitterbug.[8] As garotas, de saias plissadas e meias soquete brancas, são jogadas por cima de um ombro, passam pelo meio das pernas de seu cavalheiro, se erguem de imediato, como se alguém lhes puxasse as rédeas, e continuam a dançar, sem perder o ritmo por um único minuto.

Em 1923, abre as portas o luxuoso Cotton Club. Um bar de luxo exótico, que explora a mesma fórmula das grandes

---

6. Lucian Roberts Roberts (Luckey Roberts) (1893-1968), William "Willie the Lion" Smith (1897-1973), Thomas "Fats" Waller (1904-1943) e James Price Johnson (1894-1955): instrumentistas e/ou compositores afro-americanos. (N.T.)

7. Literalmente, "festas de aluguel", porque a renda dos ingressos se destinava, realmente ou por troça, ao pagamento dos aluguéis atrasados da casa; "comida da alma negra", alimentos tradicionalmente consumidos pelos negros do Sul dos Estados Unidos, como miúdos de porco, patas de porco e ensopado de couve. (N.T.)

8. Dança de ritmo animado e passos velozes, originada no Harlem e mais tarde desenvolvendo muitas variantes locais. (N.T.)

"revistas negras" da Broadway: "brancos na sala, negros no palco". Uma segregação estritamente aplicada. As melhores orquestras negras, de Duke Ellington, Cab Calloway ou Jimmie Lunceford[9], sucedem-se intercaladas com números de garotas quase nuas, moças de cor ou mestiças de pele clara. Se fossem muito escuras, espantariam os burgueses... Corre o boato de que certas brancas se fazem passar por negras, porque o Cotton Club paga melhor do que os outros. Duke Ellington permanece tocando durante cinco anos, entre 1927 e 1932, com um conjunto de onze músicos, e faz tremerem as damas ao som de bongôs selvagens. Seu estilo *jungle,* que evoca a floresta virgem e as danças primitivas, sacode as paredes do clube, enquanto as *girls*, arregalando olhos assustados, dançam pelo meio de cipós...

Na Rua 125, o Apollo Theater, cinema e music hall, apresenta um filme novo a cada semana e atrações de palco. Números cômicos, matracas e cantores, e sempre uma excelente orquestra de jazz. Os músicos começam a tocar às dez horas da manhã e garantem cinco a seis espetáculos por dia, em troca de salários irrisórios. Seu trabalho só acaba pelas onze horas da noite, e o *midnight show* dos sábados dura até as duas horas da manhã. A partir de 1934, a cada noite de quarta-feira são organizados concursos de canto para amadores. O veredicto do público, particularmente turbulento e exigente, é muito respeitado pela imprensa musical. Grande número de grandes estrelas e astros, como Ella Fitzgerald, Thelonius Monk ou Sarah Vaughan[10], fez ali sua estreia.

A partir dos anos 30, a Rua 52 transformou-se na "Swing Street", a partir do novo ritmo musical, o swing[11]. Na "rua que nunca dorme" pulula uma grande quantidade de pequenos clubes e de *speakeasies*, esses bares clandestinos,

9. Cabell "Cab" Calloway, chamado *Hi De Ho Man* (1907-1994), e James "Jimmie" Lunceford (1902-1947): músicos afro-americanos. (N.T.)

10. Thelonious Monk (1917-1982), Ella Fitzgerald (1917-1996) e Sarah Vaughan (1924-1990): músicos e compositores afro-americanos. (N.T.)

11. Swing é um ritmo de jazz, em geral tocado por um grande conjunto dançante e caracterizado por um ritmo agitado e constante, harmonia simples e uma melodia básica frequentemente submersa em improvisações. (N.T.)

em que se bebe álcool contrabandeado. Ainda estamos na época da Proibição, e os reis do crime investiram em night-clubs. Alguns cabarés com marquises, cujos oitões se projetam sobre a calçada, abriram nos subsolos bares clandestinos ou um pequeno salão de jogo que os *bootleggers*[12] mantêm sempre bem sortidos de bebidas fortes.

Como o álcool, o dinheiro líquido corre aos borbotões; os músicos fazem bons negócios e as grandes orquestras, como as de Fletcher Henderson no Roseland ou de Chick Webb[13] no Savoy Ballroom, tocam para as multidões de bailarinos.

Junto a esses grandes conjuntos instrumentais, o papel dos solistas assume um caráter cada vez mais preponderante. Postados de costas para a orquestra, na beira do proscênio, têm o lugar de honra, arrastando a orquestra atrás de si, enquanto seus solos muito concorridos desencadeiam o entusiasmo do público. Coleman Hawkins toca com Fletcher Henderson; o trompetista Cootie Williams e o saxofonista Johnny Hodges se exibem com Duke Ellington, enquanto Lester Young se apresenta com a orquestra de Count Basie em Kansas City.[14]

No final dos anos 20, as antigas casas do Harlem se transformaram em favelas superpovoadas. Duzentas mil pessoas se acotovelam em um perímetro de nove quilômetros quadrados totalmente negligenciados pelos serviços de limpeza pública e de saneamento. Mas o Harlem é também uma cidade independente. Encontra-se de tudo. Tinturarias, mercearias, lojas de roupas, confeitarias e farmácias oferecem empregos subalternos, os únicos a que os negros podem

12. Contrabandista de bebidas, especialmente durante a Lei Seca. O termo existe desde 1634 e refere recipientes de bebida colocados no cano das botas. Em inglês no original. (N.T.)

13. Fletcher Henderson (1897-1952) e William Henry "Chick" Webb (1905-1939): músicos afro-americanos. (N.T.)

14. Coleman Randolph Hawkins (1904-1969), Charles Melvin "Cootie" Williams (1910-1985), John Cornelius "Johnny" Hodges (1906-1970), Lester Willis "Prez" Young (1909-1959) e William Count Basie (1904-1984): instrumentistas e/ou compositores afro-americanos. (N.T.)

aspirar. Há até um hospital, o Harlem General Hospital, que chamam de Necrotério ou de Açougue, e um consultório dentário, atendido por profissionais negros.

Tanto de dia como de noite, as ruas do Harlem permanecem animadas porém, não obstante, são seguras. Os brancos podem circular sem perigo. Naturalmente, existem traficantes de diversos tipos, há apostas clandestinas com os *bookmakers*, há confeitarias do tipo *delicatessen*, que servem de fachada para *speakeasies*, em que o álcool proibido é servido em taças de chá, lenocínio, *dealers*[15] de drogas ao longo da Lenox Avenue... Mas a polícia não interfere e vive à larga com as gorjetas ou desfrutando de serviços variados em espécie.

À noite, o Harlem transborda de lugares dedicados ao prazer. Bordéis, bares, música, *dancings*, bocas de marijuana. Um verdadeiro paraíso para a jovem Billie.

Saindo de Baltimore com uma cestinha de comida e uma pequena mala, a menina nem se lembra de descer na estação de Long Branch. A chegada a Nova York faz com que se esqueça de tudo o mais. Como se estivesse embriagada, joga a cestinha de provisões dentro de uma lata de lixo e se enfia no coração da cidade, caminhando sem parar ao longo das ruas, boquiaberta diante dos imensos edifícios, sonhando com encontrar seu pai na esquina de alguma rua. Clarence Holiday faz parte agora da orquestra de Fletcher Henderson, considerado como o melhor regente negro, e ela tem bastante esperança de encontrá-lo no Harlem.

Essa vagabundagem não dura muito. Ela é abordada por uma assistente social, que a conduz ao YWCA[16], um albergue para garotas. Billie tem a impressão de estar alojada no Waldorf-Astoria, de tanto que o lugar lhe parece luxuoso. Atrás da casa há escorregadores, balanços e uma porção de garotos com quem brincar.

---

15. Corretor de apostas ilegais, geralmente nas corridas de cavalos [apontador de livreta]. Em inglês no original. (N.T.)

16. Young Women Christian Association, a Associação Cristã de Moças

Logo sua mãe aparece para buscá-la, muito feliz por reencontrar sua filha. Ela lhe conseguiu um quarto em uma pensão familiar da Rua 140, no Harlem, na casa de uma ótima senhora. Florence Williams é uma mulher de maneiras perfeitas, sempre impecavelmente vestida. Duas outras mocinhas, Gladys e Inez, compartilham o apartamento, que é esplêndido.

> Mamãe não era isso que chamam de panaca, salvo em certas circunstâncias – conta Billie em sua autobiografia. – Ela pagou meu aluguel adiantado e recomendou a Florence que cuidasse bem de sua garotinha. Florence Williams era uma das maiores cafetinas do Harlem.[17]

Essa história é no mínimo duvidosa. Billie está novamente poupando sua mãe, tentando fazer com que se acredite que não estava envolvida no golpe. Mais uma vez, ela a apresenta como uma mulher ingênua, até mesmo uma boboca, que só busca o bem de sua filha e tem medo de tudo. A realidade é bem mais complexa, porque Sadie morava no mesmo local e se prostituía.

A menina, que ainda não completou quatorze anos, mora em uma casa de tolerância. Por instigação de sua mãe, torna-se *call-girl*[18] por vinte dólares a transa. Vestidos de seda e sapatos de salto alto, dinheiro entrando depressa, vida folgada. Mas que facilidade!... Billie é ainda uma criança, que fica extasiada com um telefone cujo receptor pode ser colocado sobre o aparelho e levado de um lugar para outro, em vez de ficar pregado na parede; e branco, ainda por cima, como nos filmes de Billie Dove. Virar uma call-girl é divertido e nem ao menos a deixa cansada!... Seus melhores clientes são jovens brancos que dão uma trepada rápida e saem encantados e às escondidas para encontrar a mulher e

---

17. *Lady Sings the Blues, op. cit.*

18. Prostituta, em geral de certa classe, com quem um encontro pode ser ajustado por telefone e que vai ao encontro do cliente. Em inglês no original. (N.T.)

os filhos. Eles voltam todas as semanas, às vezes duas vezes por semana. Billie ganha uma nota preta.

Com os negros, a história é outra. Eles demoram muito mais e querem o valor de seu dinheiro. Passam a noite inteira, ela precisa fingir que geme de prazer e tem de sacudir a perereca durante horas. Tem de conversar, dizer que eles são os melhores, que ninguém a faz gozar tanto etc. E depois, não é uma atividade sem riscos. Certa vez, depois de uma noite movimentada, um brutamontes que parecia um touro a deixa jogada no chão, em um tal estado que Sadie quer levá-la ao hospital e chama uma ambulância. Billie conta que recusou ser levada a um hospital que tinha a sinistra reputação de retirar os ovários das moças que entravam para se tratar de uma pneumonia...

A partir desse episódio, ela rejeita todos os clientes negros. Segundo Billie, é essa a razão por que Big Blue Rainier, um chefe de quadrilha que ela havia rejeitado, a denunciou à polícia. Na verdade, a polícia estava dando uma batida no bairro. Todo mundo é enfiado no camburão. Florence Williams e suas meninas, Inez, Gladys e Billie. Mais Sadie, de quebra... Além de uma verdadeira tropa de prostitutas.

> Era uma época podre – conta Billie, indignada. – Mulheres como Mamãe, que faziam limpeza de casas ou faxina em escritórios, eram presas em plena rua, quando estavam voltando para casa, e acusadas de prostituição. Se pudessem pagar, deixavam ir embora. Se não pudessem, tinham de passar pelas patas sujas de um policial nojento.[19]

Mais uma vez, Billie quer que sua Sadie apareça como mãe-coragem, uma mulher digna e trabalhadora, vítima da situação. Mas todo o tempo a vítima é ela.

Isso transcorreu no ano de 1929. A menina acaba de fazer quatorze anos. As cinco mulheres passam a noite na delegacia

---

19. *Ibid.*

de polícia e são levadas no dia seguinte à juíza Jean Norris, no tribunal de Jefferson Market. Horrorizada com a ideia de ser trancafiada até sua maioridade, Billie mente sobre sua idade. No registro policial figura o nome de Eleanora Fagan, seguido da anotação: 21 anos. Motivo da prisão: lenocínio.

A juíza Jean Norris havia se tornado, no ano de 1919, a primeira mulher a exercer a magistratura em Nova York. Com um rosto duro e intransigente, era temida por todos. Era obcecada por livrar as ruas de menores delinquentes e enviava, sem distinção de caso e até mesmo sem abrir processo, uma multidão de meninas para as instituições penitenciárias. Em 1931, acabou por ser excluída dos tribunais.

Florence Williams e suas meninas foram condenadas a penas leves. A mais pesada foi para Billie. Só para Billie. Cem dias na casa de correção de Welfare Island, mais uma temporada no hospital. E por que a mandaram se tratar em um hospital?

Billie relata que apresentou à juíza um atestado médico afirmando que estava doente. Ela afirma, todavia, que não havia feito qualquer exame médico, por falta de tempo, e que se achava perfeitamente sã...

Com base nesse misterioso atestado médico, fizeram com que passasse dois meses em um hospital no qual relata complacentemente ter aprendido a fazer injeções anti-sifilíticas melhor do que qualquer outra pessoa. Ela mesma teria sido tratada de sífilis? Ela teria sofrido um aborto ou uma ablação dos ovários que a deixou estéril? Ela teria ficado irremediavelmente traumatizada depois de ter sofrido brutalidades de caráter sexual? Se ela estava, conforme afirmou, completamente sã, por que a fizeram permanecer dois meses no hospital?

Sua autobiografia, pelo menos um terço dela, foi redigida a partir de entrevistas dadas a jornais, e não é lá muito confiável. Billie mistura histórias e épocas, inverte os papéis. Tem a habilidade de contar as coisas de modo a mascará-las. Omissões, lembranças deslocadas e subterfúgios nos lançam em pistas falsas, embora ao mesmo tempo nos deem indicações preciosas, se tentarmos ler nas entrelinhas. A alusão às moças de quem retiravam os ovários em um hospital sinistro assume um certo relevo quando se sabe que Billie nunca pôde ter filhos. Mais tarde, ela confidenciaria a um de seus amantes que seus ovários estavam "fodidos"...

Ao sair do hospital, ela comparece perante o juiz Jesse Silbermann, que a manda cumprir a pena em Welfare Island. Um lugar sórdido, em que passeavam enormes ratos. Quando não são os ratos que trepam em sua cama, são mulheres "empreendedoras", que ela tem de correr a bofetadas ou até mesmo a socos. Mete-se em brigas noturnas, que lhe rendem muitos dias de solitária e ainda lhe prolongam a pena. Um catre, nenhuma luz, um pedaço de pão duas vezes por dia, os próprios dias se confundem com as noites. Nesse buraco, nem sequer se consegue contar as horas que passam. Recebe uma única visita por dia, uma mulher corajosa e masculinizada que ama as meninas. Por sorte, essa machorra é uma bênção, uma pessoa de bom coração, que lhe traz cigarros e melhora sua comida. E depois, como afirma Billie, melhor ser o alvo de sentimentos contra a natureza do que não ser querida por ninguém.

Da solitária ela vai para a lavanderia. Da lavanderia para a cozinha, onde ela prepara para o diretor da prisão guisados de frango cozido com cogumelos e pato assado. Esse talento é recompensado por uma cama junto de uma janela. Dali ela consegue ver os barcos de passeio passando pelo East River e fica se perguntando por onde andará seu pai nessa cidade formigante que ela vê cintilar do outro lado da água.

Quando Billie sai de Welfare Island, já chegou o mês de outubro. Ao deixar a prisão, entregam-lhe de volta seu vestidinho de seda e seus sapatos de verniz e saltos altos. Malvestida, quase nua, ela toma a balsa para atravessar o rio, tiritando sob o vento glacial.

Junto ao cais, os cafetões de Nova York esperam novas recrutas, apoiados preguiçosamente nas paredes externas de seus grandes automóveis. Não há presas mais fáceis que essas pequenas ingênuas. Elas têm fome, têm frio, querem arranjar um emprego. Elas desfilam diante dos proxenetas que, com os dedos cobertos de anéis, chamam aquelas que lhes agradam, um verdadeiro mercado de escravas. Todas essas manobras se desenrolam sob os olhos da polícia, que olha para outro lado em troca de um punhado de dólares. Billie precisa comer, precisa de um casaco, de dinheiro. Um dos "protetores" a aborda. Ela concorda em seguir com ele e começa a "fazer programas" nessa tarde mesmo. Guarda uma parte do que ganha para dar a Sadie. Quando seu cafetão percebe isso, fica fulo de raiva. Billie lhe joga as poucas notas que tinha guardado na cara:

– Esta é a última vez que te dou um centavo! – grita ao cara. – Cafetão pra mim é só minha mãe!...

É só uma frase da boca para fora ou um grito que vem do coração?

Billie se reencontra com Sadie, que agora tem um quarto no Brooklyn. Sadie acredita que as duas podem começar outra vez. Para Sadie, a prostituição terminou. Ela arranjou um emprego de doméstica e aconselha sua filha a fazer o mesmo. Mas Billie se recusa a ser criada dos brancos. Sadie se lamenta, diz que a garota é uma cabeça-dura. Mas sua força de vontade se fortaleceu na prisão, não é mais uma criança que se pode conduzir facilmente. Papai vai nos ajudar, declara à mãe. Clarence Holiday triunfou na vida, agora toca regularmente guitarra ou banjo na orquestra de Fletcher Henderson. Ali só existem bambas: Benny Carter, Coleman Hawkins, Rex Stewart, Jimmy Harrison...[20] Billie garante à mãe que saberá como pressioná-lo e espremer dele alguns trocados.

Kenneth Hollon[21] é um jovem saxofonista de vinte anos. Ele mora ali pertinho e sopra seu saxofone ou um clarinete o dia inteiro. Atraída pela música, Billie bate-lhe à porta e lhe anuncia com a maior caradura que é cantora.

---

20. Rex Steward (1907-1967) e James Joel "Jimmy" Harrison (1869-1931): músicos afro-americanos. (N.T.)

21. Kenneth Hollon (1909-1974): músico afro-americano. (N.T.)

Só está precisando de um contrato. Sem a menor timidez, ela se assenta diante dele e começa a cantar *How Am I to Know?* Kenneth é conquistado por tal audácia misturada com tanto charme. Todo dia eles ensaiam e saem juntos por aí. Uma vez, se apresenta a ocasião e são contratados pelo Grey Dawn, um barzinho da Jamaica Avenue, no Queens. Ela canta *My Fate Is in Your Hands,* de Fats Waller, depois *Honeysuckle Rose.* Nessa época, os clientes têm o costume de jogar gorjetas no chão. Só nessa noite, ela recolhe mais de cem dólares em gorjetas. Uma pequena fortuna para dividir entre dois. Já na noite seguinte, ela se livra da obrigação de se abaixar e faz com que um dos músicos junte o dinheiro em seu lugar. Billie tem sua dignidade. A ideia de ter de dobrar a espinha, seja diante de quem for, branco ou negro, lhe causa revolta. Ela tem sangue quente e, apesar de sua juventude, sabe ser mordaz e tratar asperamente aqueles que a trataram mal. Na escola das ruas, ela aprendeu a se fazer respeitar.

Em seguida, Kenneth Hollon e Billie conseguem apresentações no Queens e, finalmente, no Elk's Club de Brooklyn.

Começam a indagar qual é seu nome. Provavelmente por causa da notoriedade de seu pai, ela se decidiu a trocar de nome. Tem agora quinze anos e, daqui para a frente, vai chamar-se Billie Holiday. Ela se recusa a usar, como os escravos faziam e como sua mãe ainda faz, o nome do senhor da plantação. Billie recusa a humildade de Sadie, ela não será uma Fagan. Ao se apropriar do sobrenome de seu pai, ela define sua filiação e proclama que quer ser uma intérprete musical, do mesmo modo que ele.

É usando esse nome que ela vai procurar Clarence. A orquestra de Fletcher Henderson toca todas as noites no Roseland Ballroom. Há tantas jovens que vão escutar os músicos, que Billie não encontra a menor dificuldade em deslizar no meio delas. O hábito determina que, no momento da paga, os músicos deponham seus instrumentos. As garotas se precipitam para agarrar aquele que pertence ao que mais lhes chama a atenção. O banjo de Clarence é muito cobiçado.

Ele faz um tremendo sucesso com as mulheres, mesmo que Fanny, com quem ele se casou em 1927, mantenha sempre os olhos bem abertos. Billie, com uma certa amargura, descobre que tem uma madrasta. As esperanças de Sadie de conseguir reatar com Clarence vão por água abaixo. Mas isso não parece que a tenha atrapalhado em nada. Para grande raiva de Fanny, ela importuna constantemente Clarence; ocorrem alguns memoráveis arranca-rabos e até batalhas renhidas a golpes de bolsa.

Clarence fica encantado ao ver que sua "pequena Bill" se transformou em uma linda jovem. Apesar de tudo, ele lhe pede que não fique proclamando que é sua filha. O sedutor profissional teme que isso o deixe mais velho perto de suas jovens fãs; é muito difícil resistir a todas essas *groupies*[22] que passam sonhando em se deitar com os tocadores de banjo.

– Acima de tudo, não me chame de *Daddy*[23] na frente de todo mundo – ele pede.

– Tudo bem – diz Billie, com um grande sorriso. – Não tem problema...

Isso vai facilitar bastante suas pequenas transações financeiras com seu pai e acalmará durante algum tempo as angústias de Sadie.

Ainda que a presença de sua filha crescida lhe cause um pouco de embaraço, ele quer ajudá-la. Ele vai apresentá-la à sociedade. Leva-a até o Rhythm Club, ao Band Box e, acima de tudo, ao Big John's Café na Jungle Alley, o coração do Harlem do swing. É aqui que se reúnem os músicos de Fletcher Henderson e de Duke Ellington. Sempre está à sua espera uma panela de ensopado especial preparada por Big John. Eles chegam depois do serviço para descansar um pouco, comer qualquer coisinha e sobretudo "fazer um bife",

22. Uma *groupie* é uma fã de um grupo de rock ou folk que, em geral, segue os músicos em suas excursões e se dispõe a prestar-lhes todo tipo de serviços. Em inglês no original. (N.T.)

23. *Daddy*: *Papai,* aqui tomado literalmente, mas usado também como termo carinhoso para um amante mais velho. Há uma razão dupla para que Holiday queira que a filha evite esse termo. Em inglês no original. (N.T.)

isto é, tocar juntos nessas jam sessions[24] informais, em que se fazem desafios, onde os músicos se medem uns com os outros, quando cada um pega uma melodia e se põe a improvisar como se a estivesse reinventando. Essas jam sessions são a oficina em que se desenvolve um padrão para a recriação musical, para o surgimento de mil variações, para descobrir todas as riquezas escondidas em cada melodia.

Billie chega com seu pai. Ninguém se aborrece ao lado dele. Ele tem tal liberdade de expressão, tal dom de conversação *ad lib.*[25], que recebeu o apelido de Lib Lab. Encantado ao ver que sua filha também é apaixonada por música, ele começa a lhe dar algumas dicas. O banjo ou a guitarra é o principal instrumento do naipe rítmico, e o seu papel dentro de uma orquestra é primordial. Quer se toque, quer se cante, é necessário saber marcar compasso. Billie não vai esquecer nunca dessas lições. Vai conservar para sempre um ritmo preciso e justo, tanto nas canções rápidas como nas canções lentas.

Billie fica sentada em um canto e só se põe a cantar se lhe pedem. Ela adora esses ambientes descontraídos, onde cada um interpreta à vontade o que quer. A liberdade de improvisação em torno de um tema e a independência entre os músicos dão um exemplo determinante para Billie. Tinha-se o direito de tocar o que se quisesse, de cantar como se tivesse vontade, no momento em que se tivesse vontade. O jazz tinha de tudo, menos cansaço e monotonia; era, como o descreveu o escritor Whitney Balliet[26], "o som da surpresa".

O guitarrista Lawrence Lucie[27] recorda ter encontrado Billie em 1930 no Bright Spot. Já era muito tarde quando ela

---

24. Desempenho improvisado de um grupo de músicos profissionais de jazz sem fins lucrativos. (N.T.)

25. Abreviatura de *ad libitum,* latim para "de acordo com a vontade de". O apelido *Lib Lab* corresponde a "boa lábia", indicando a facilidade de Holiday para "trovar" as mulheres. (N.T.)

26. Whitney Balliet: músico afro-americano, nascido em 1926. (N.T.)

27. Laurence Lucie: músico afro-americano, nascido em 1907, ainda vivia em 2004, na ocasião da escrita do original em francês. (N.T.)

chegou. Ninguém a conhecia ali. Ela se levantou e simplesmente começou a cantar com a orquestra.

> A gente custou a acreditar, ela era formidável, ela tinha um *feeling* de trovão, um verdadeiro *feeling* de jazz. Quando ela desceu do estrado, as pessoas disseram: Essa é a Billie Holiday. Ela esperou que nós tivéssemos acabado de tocar para vir bater um papo conosco. Ela adorava discutir com músicos, ela era engraçada e também gostava muito de rir.

Billie. Uma linda garota de quinze anos, com seios grandes, altura acima da média e um corpo muito bem feito, ainda que gorda demais para os critérios que predominam hoje em dia, com uma postura reservada, uma juventude encantadora e soltando inesperadamente gargalhadas formidáveis, um riso inextinguível e comunicativo.

Ela se sentia perfeitamente à vontade em sua companhia, bebia tanto quanto eles, tragava às vezes um baseado, mas principalmente escutava. Aprendia tudo de ouvido. Billie nunca aprendeu a ler música, mas decorava à primeira audição tudo que lhe interessava. Quando um dia um músico lhe perguntou, durante uma gravação, qual era o tom em que ela ia cantar, ela retorquiu: "Contente-se em me acompanhar". Os músicos de jazz se recordam todos da primeira vez em que a ouviram cantar em diversos locais do Harlem. Foram atingidos não somente por sua originalidade, como por sua beleza, sua vivacidade e seu encanto. Ela ia de mesa em mesa e cantava com uma voz fresca de menina. Alguma vezes emitia um som tão argentino como o de uma campainha de prata. Pelos motivos evidentes que a discrição ditava, nunca havia microfone nessas boates clandestinas. As cantoras, que muitas vezes também eram as garçonetes, iam passando de mesa em mesa, recolhendo as gorjetas.

Quando Sadie foi contratada como cozinheira do Mexico's, um pequeno clube do Harlem frequentado por músicos, Billie passou a dar uma mão na cozinha e a servir as mesas enquanto cantava. Essa lhe foi uma ótima escola, pois foi aí que aprendeu a verdadeira essência de uma cantora de jazz, ou seja, como interpretar de forma diferente uma mesma canção acrescentando-lhe suas variações pessoais e experimentando sua voz até descobrir quais eram suas novas possibilidades.

Chegou uma noite, no ano de 1931, em que Bobby Henderson, um jovem discípulo de Fats Waller, um pianista superdotado que aos quinze anos já havia tocado na orquestra de Fletcher Henderson, foi dar um passeio pelo Harlem. Era um jovem grande e tranquilo que adorava caminhar sem rumo certo pelas ruas. Entrou no Brownie's, um clube clandestino da Jungle Alley. Uma moça alta estava no palco acompanhada de um pianista. "Eu vi aquela garota muito bem feita de corpo lá no fundo, muito bem vestida, justamente uma mulher como admiro, escultural." Nessa época, Billie interpreta sobretudo os sucessos de Louis Armstrong, que ela tanto imitou em Baltimore. *All of Me, Georgia on My Mind*... Ela tinha um jeito muito individual de cantar; diferente de todas essas garotas que copiavam a voz alta e clara da *star*, Ethel Waters.[28]

Dot Hill, o acompanhante de Billie, faz um sinal a Bobbie para que se aproxime e lhe cede seu lugar ao piano, um hábito bastante difundido nos clubes de jazz. Billie nem lhe pede que toque alguma música que ela já conheça.

– O que é que você quer tocar, Bobby?

Ele ataca *Sweet Sue* com virtuosismo. Ela fica parada atrás dele e o escuta com a atenção de uma verdadeira música.

– Adoro essa passagem, você pode tocar de novo?

E como ele toca! Ele já está disposto a fazer tudo por esses belos olhos brilhantes e langorosos...

– Quanto melhor é o pianista, tanto melhor será Billie –, disse John Hammond[29], que foi escutar os dois muitas vezes. Bobby Henderson é o melhor. Será seu pianista oficial. Será também sua primeira paixão verdadeira.

---

28. Ethel Waters (1896-1977): cantora afro-americana. (N.T.)

29. John Henry Hammond (1910-1987): crítico musical anglo-saxão americano. (N.T.)

Durante a Proibição, o Harlem se tornou o lugar favorito, a atração dos jovens ricos e das celebridades. Durante vários anos floresceram os clubes reservados para brancos e alimentados de álcool pelos *bootleggers*. Jazz, espetáculos, danças, *fiesta*[30] durante a noite inteira. Em Nova York, não há uma noitada digna desse nome que não transcorra no Harlem e dure até o raiar do dia. Pelas seis ou sete horas da manhã, os modestos empregados veem passar diante deles as damas em vestidos de noite e os cavalheiros de smokings, que voltam para casa depois de um jantarzinho dançante. Ao meio-dia, são as salas de espetáculos e os teatros que se abrem.

A quebra da Bolsa em 1929 pôs fim a muitos anos de especulação financeira, arruinou milhares de nova-iorquinos, tanto os investidores modestos como os dotados de grandes fortunas, cujos haveres desapareceram brutalmente. Os milhares de falências arruinaram o sistema bancário, a pedra angular do edifício econômico. O país afunda na Depressão. A mendicância se encontra por toda parte, principalmente entre as classes menos favorecidas. Os negros são as primeiras vítimas, porque são os primeiros a serem demitidos. Em 1933, os mendigos de Nova York não recebem mais pensões, por falta de dinheiro. E 38% dos negros não podem mais atender às próprias necessidades básicas. A indústria fonográfica entra em crise. A fraca produção que ainda surge serve para suprir as jukeboxes, e os músicos caem na miséria. Eles tocam nos clubes por uns míseros dólares, às vezes simplesmente por um prato de comida quente. Um efeito perverso da crise é que as pessoas têm ainda mais vontade de se divertirem. Os bares exigem música, garotas bonitas, danças, lantejoulas e álcool aos borbotões para fazer esquecer a penúria, a miséria e a angústia do amanhã.

Para Billie e sua mãe, não há nada de novo. Sempre estiveram em estado de crise permanente. Sadie adoece, e

30. Do espanhol, dia santo celebrado na América Latina com procissões e danças; como *fiesta brava,* sinônimo para tourada; usado em inglês desde 1844 como sinônimo de festival com comemorações alegres nas ruas, carnaval. (N.T.)

as economias desaparecem. Chega um aviso de despejo. Billie promete encontrar um emprego. Oferece seus serviços em todos os clubes da Rua 133, o coração do jazz antes do desenvolvimento dos locais da Rua 52. O último em que ela entra é o Pod's and Jerry's. É um desses clubes situados nos subsolos dos edifícios de pedra marrom de Manhattan. Um clube elegante, com entrada reservada somente aos membros. Clientela mista. De noite, um verdadeiro balé de Cadillacs parando e saindo das portas. As limusines descarregam bandos de *beautiful people*, perfumados e usando casacos de vison. Willie "The Lion" Smith, o rei do Stride, recebe as celebridades.

Mas, quando Billie chega lá nesse dia, ainda não é a hora do pique; Jerry Preston encontra-se lá, por trás do balcão de seu bar. Um pianista toca languidamente em um canto. Alguns clientes estão sentados em frente a seus copos. Ela diz que é dançarina e quer fazer um teste. Jerry faz sinal ao pianista e Billie se apresenta. Ela só conhece dois conjuntos de passos, que repete sem parar até que Jerry, chateado, a manda parar. E ir buscar a sorte em outra parte. O pianista, que a vê à beira das lágrimas, quer lhe dar uma última chance.

– Você não sabe cantar?

– Mas é claro que sei!...

Ela pede que ele toque *Trav'lin' All Alone, Viajando sozinha*. Começa a cantar desde o fundo do coração essas palavras que refletem tão bem seu estado de alma. Jerry a escuta, os clientes prestam atenção, o pianista balança a cabeça em aprovação. Ela é contratada.

Quanto a Bobby Henderson, ele é contratado por William "The Lion" Smith para tocar em seu estabelecimento. O rei do Stride o considera digno de sucedê-lo.

O Pod's and Jerry's apresenta diversos números. Dançarinos de sapateado, prestidigitadores, cantoras. Cerca de quarenta mesas, ao lado das quais se fazem variações nas canções para ganhar as gorjetas, uma nota dobrada ao meio colocada à beira da mesa. Os artistas acabam de dar a volta no salão com os dedos eriçados de notas dobradas, que exibem como troféus. A música não para nunca. No momento em que um pianista está a ponto de partir, chega outro e desliza para o banco.

Willie "The Lion" Smith instalou um espelho inclinado por cima do piano. Isso permite ao pianista fiscalizar as gorjetas que as cantoras recolheram. Espera-se que elas dividam com eles. Um dos garçons também controla a coleta. Não seria possível que essas damas enfiassem alguns bilhetes na parte de cima de seu sutiã.

Billie é a última a cantar, entre a meia-noite e as três da manhã. Ela nunca canta da mesma forma, varia e improvisa. Ela não projeta a voz, canta sem esforço e mantém sempre a atenção de sua audiência. Tem uma voz insubmissa, cheia de vigor; pedem-lhe que cante melodias cativantes, de ritmo rápido, essas músicas que balançam e dão vontade de levantar da cadeira e dançar, as chamadas *jump tunes*. *Them There Eyes* é a música favorita do momento.

Bobby e Billie não têm muita sorte. Ela só ganha dois dólares por noite, mas, se os salários são ridículos, as gorjetas fazem diferença. Os atendentes das mesas só ganham um dólar para trabalhar a noite toda, mas enchem os bolsos graças à generosidade dos brancos. Porém, a grande atração no Pod's and Jerry's é uma certa Mattie Hite, uma mulher sem o menor acanhamento, que canta letras licenciosas com uma arte consumada por sua habilidade em erguer a saia e pegar as notas de banco com as nádegas, para grande alegria dos clientes. Ela sacode o traseiro de um jeito muito engraçado e depois pega as notas da beirada das mesas com as nádegas.

Para ver se consegue ganhar um pouco mais de dinheiro, Billie compra umas calças bonitas, adornadas de pedras de fantasia e começa a praticar esse exercício perigoso. Uma noite, ela repara uma nota de vinte dólares sobre uma mesa. Uma fortuna. Contorções, sacudidelas, nada adianta: apesar de suas coxas carnudas, as notas caem no assoalho. A sala estronda em gargalhadas. Ela se sente ridicularizada. Furiosa, pega a nota do chão e a atira furiosamente sobre a mesa. O cliente lhe diz uma frase injuriosa e ela lhe vira as costas sem uma palavra de desculpas. Ela vai ser despedida, sem a menor dúvida. Com um nó na garganta, mesmo assim ela canta o melhor que pode.

Depois de apresentar suas canções, as pessoas se levantam para aplaudi-la, e o cliente, bom perdedor, lhe coloca a nota de vinte dólares na mão. É nessa noite que ela compreende finalmente que lhe basta abrir a boca para se encher da grana. A partir de então, ela se recusa a ir buscar gorjetas nas mesas. As outras garotas do clube fazem troça dela:

– Ei, espia só a duquesa, tá achando que é uma *lady*?

Ela lhes responde violentamente, com toda a grosseria de que é capaz.

– Pronto, vejam quem é a Lady!...

E esse é um apelido que lhe fica para sempre.

Mas ela não é ainda Lady Day.

O serviço terminado pelas quatro ou cinco horas da manhã, Bobby e Billie vão de uma boate a outra, aquelas que ficam abertas *after hours*, com seu bando de camaradas e de músicos. Fumam maconha, que acabou de entrar na moda. No Harlem, os fumadores são apelidados de *vipers*. Quantidade de melodias de Cab Calloway, Louis Armstrong, Fats Waller ou Don Redman[31] fazem alusão a essa gíria. Bebem muito também e acabam a noite depois que o sol já nasceu, quando os cafés e os clubes estão servindo a refeição matinal.

Há um lugar que só se menciona a meia-voz, muito frequentado pelo pessoal do show business. É o Daisy Chain, situado na Rua 141, que é ao mesmo tempo uma casa de encontros e uma boate de orgias sexuais que funciona 24 horas por dia, sem intervalos. Não há a menor segregação. Muito pelo contrário. Negros e brancos têm encontros sexuais, as mulheres se abraçam abertamente, os homens se enlaçam. Uma ex-girl de music hall, Hazel Valentine, é a dona. É ela que inspira *Valentine Stomp,* uma peça suntuosa do pianista Fats Waller e, em 1937, Duke Ellington grava *Swingin' at the Daisy Chain.* Um lugar de prazer que estimula a imaginação.

31. Donald Matthew "Don" Redman, *the Little Giant of Jazz* (o pequeno gigante do jazz) (1900-1964): músico afro-americano. (N.T.)

Segundo Pops Foster[32], um dos cantores e bailarinos do Pod's and Jerry's, Billie vai lá de vez em quando. Mas só para olhar o que acontece por ali...

Quando seu contrato no Pod's and Jerry's termina, Billie e Bobby vão fazer o circuito dos restaurantes e dos *grillbars*. É preciso ter a alma firmemente atarrachada ao corpo para cantar enquanto o povão conversa em altas vozes e se empanturra de comida. Assim que passa a hora do jantar, eles vão fazer a ronda de diferentes clubes do Harlem. Algumas canções e depois vão embora para outro lugar. Tillie's, The Nest, The Mad House, The Yeah Man, The Bright Spot e ainda uma porção de outros, bem conhecidos ou obscuros, podem se gabar de ter recebido Billie Holiday em seu início de carreira.

E, todavia, a carreira de Billie não decola. Fora do Harlem, ela não é ninguém. Mas quem está preocupado com isso? Billie gasta tudo o que ganha, nunca dorme e bebe realmente demais. Certamente, essa foi a época mais alegre de sua vida.

---

32. George Murphy "Pops" Foster (1892-1969). Hazel Valentine (1903-1991) era efetivamente a madame de uma casa de encontros e bordel para gays e lésbicas, mas onde também se realizavam espetáculos e atividades mais leves. O nome *Daisy Chain* (Corrente das margaridas) já indicava anteriormente atividades homossexuais múltiplas entre homens. O estabelecimento também era chamado de *101 Ranch* (Fazenda 101), como eufemismo para *101 Raunch* (101 no cio). (N.T.)

Essa garota sabe cantar

John Hammond era um descobridor de talentos. Esse jovem, descendente de uma grande família da alta sociedade nova-iorquina, os Vanderbilt, era louco por jazz. Ele era correspondente da revista inglesa *Melody Maker,* escrevia para a revista americana *Down Beat* e frequentava os clubes do Harlem. Recém-formado na Universidade de Yale, recusa as sugestões paternas para uma carreira. À espreita de novos talentos, o que ele quer é trabalhar com música. Depois da depressão econômica, no início da década de 30, a indústria discográfica encolheu bastante. As vendas encontram-se em seu ponto mais baixo, só um sexto do que se vendia em 1927. Com a preferência a investir na produção, a Columbia Records importava discos de sua subsidiária inglesa. Depois de uma viagem a Londres, John Hammond voltou aos Estados Unidos com uma encomenda da Columbia Inglaterra. Em um período de dois meses, produziu quatorze sessões de gravação, com as orquestras de Bennie Carter, Joe Venuti, Fletcher Henderson e Benny Goodman.[1] Depois de obter suas letras de câmbio, a Columbia América o encarregou da produção de um disco de Benny Goodman. Eles têm toda a razão em confiar nele. Hammond, que se tornará mais tarde o responsável pelo departamento de jazz da Columbia, vai trazer-lhes, além de Benny Goodman, Count Basie, Harry James[2] e numerosos outros representantes da era do swing.

Em uma noite de 1933, ele entrou no Covan's, acreditando que iria escutar Monette Moore[3], uma cantora que ele estava cortejando. Ela recém começara os ensaios para um novo espetáculo da Broadway: *Flying Colors*. Uma cantora

1. Giuseppe "Joe" Venuti (1903-1978) e Benjamin "Benny" Goodman (1909-1986): regentes brancos de orquestras de jazz americanas. (N.T.)

2. Harry James (1916-1983): cantor e compositor norte-americano. (N.T.)

3. Monette Moore (1902-1962): cantora, atriz e bailarina afro-americana. (N.T.)

completamente desconhecida a substituiu: Billie Holiday. É uma moça alta e robusta, suas coxas são grossas e está bem plantada sobre as pernas, mas tem uma voz de gata e mia agradavelmente. Uma voz sem grande volume, fresca e sensual. Imediatamente, ele toma consciência de que está assistindo a um espetáculo único. Essa garota alia um misterioso senso de harmonia a uma rítmica perfeita e, além disso, produz uma alquimia entre a melodia e as palavras que, de um só golpe, assumem um novo relevo, mais forte, mais intenso. Ele fica de queixo caído. É uma descoberta. Ele aplaude com tanto entusiasmo que todo mundo pensa que ele é um caipira do Michigan.

Ele retorna na noite seguinte com seus amigos, Red Norvo e Mildred Bailey, a quem busca transmitir seu entusiasmo. Red Norvo é um excelente vibrafonista, e sua esposa, Mildred, adquiriu um apelido célebre, "Rockin' Chair Lady", depois que popularizou a canção *Rockin' Chair.*[4] No meio jazzístico, eles são conhecidos como mr. e mrs. Swing. A sua opinião é muito importante para Hammond.

É claro que Billie sabe quem eles são. Ela iniciou uma versão tórrida de *Hot Nuts* (Nozes quentes), cujas palavras se traduzem mais ou menos assim: "Quando um porco tem fome, começa a grunhir; quando uma mulher tem fome, ela procura nozes quentes". John começou a se remexer na cadeira, aborrecido. Mas Red apreciou e Mildred avalizou: "Essa moça sabe cantar", garantiu.

A partir de então, John começa a trazer todos os seus amigos ao Covan's. Os atores Charles Laughton, Paul Muni e Burgess Meredith[5], todos vêm escutá-la. Hammond queria dar a conhecer sua descoberta. Falava dela a todos os donos de clubes, a todos os músicos que encontrava.

Além disso, garante-lhe publicidade, escrevendo sobre todas as qualidades que vê nela, na revista *Melody Maker:*

---

4. Kenneth Norville "Red Norvo" (1908-1999) e sua esposa Mildred Bailey (1907-1961) divorciaram-se em 1938. (N.T.)

5. Charles Laughton (1899-1962), Paul Muni (1895-1967) e Burgess Meredith (1908-1997): atores brancos do cinema e teatro americanos. (N.T.)

Encontrei neste mês um verdadeiro achado na pessoa da cantora Billie Holiday. Com apenas dezessete anos, ela pesa mais de noventa quilos, é incrivelmente bela e canta de um jeito tal como nunca escutei outra pessoa antes.

Segundo sua opinião, ela já está pronta para gravar um disco. Graças a ele, todo mundo começa a falar de Billie. É nessa época que Bernie Hanighen, um jovem letrista ainda desconhecido, propõe a Billie uma canção, *If the Moon Turns Green*, que ela interpretará por muitos anos, seguida mais tarde pela magnífica *When a Woman Loves a Man.*[6]

Uma noite, John Hammond chega com o clarinetista Benny Goodman. Billie logo prestou atenção nele, porque Benny era um rapaz bonito, grande, louro, com jeito de moço de boa família. John Hammond acredita nele. É um excelente músico de estúdio e de rádio, um virtuose do clarinete, extremamente solicitado para tocar nas grandes revistas musicais da Broadway.

Benny sente-se subjugado, não consegue resistir àquela voz doce e venenosa. Ele precisa dessa garota. Tanto para si mesmo como para sua música – as duas coisas se confundem. Um pensamento amadureceu em seu espírito, resolveu fazer um disco junto com ela. John o observava pelo canto do olho, encantado de ver que as lentes dos óculos de Benny se embaçavam e que seu plano se estava desenvolvendo conforme previra, exceto que teve uma ideia luminosa que o inspirou a uma segunda fase: o clarinetista superdotado e a cantora novíssima em uma dessas sessões em que ele tinha a audácia inacreditável de misturar brancos e negros; a integração racial de que se tornara o campeão e que o levava a correr o risco de ser taxado de *nigger lover* (amante de negros) e, pior ainda, a dispor-se a ver seu disco boicotado pelos racistas dos estados do Sul.

Os estúdios da Columbia estão situados na Quinta Avenida. Em 27 de novembro de 1933, Benny Goodman está

6. Bernard Davis "Bernie" Hanighen (1908-1976): compositor e intérprete de jazz branco. (N.T.)

em uma fase de felicidade. Alguns dias antes, Hammond o havia contratado para acompanhar a grande Bessie Smith.[7] Ele acabara de gravar duas peças com Ethel Waters, a primeira cantora negra a ser consagrada como uma estrela, depois que ela lançou *Stormy Weather* no palco do Cotton Club. Ela apareceu na capa da revista de Irving Berlin[8], com a manchete *As Thousands Cheer*. Benny está impaciente para rever Billie. Quanto a Ethel Waters, ela morria de vontade de ver com que se parecia essa garotinha pela qual John Hammond e Benny Goodman haviam ficado pasmados. Bastou-lhe observar o jeito como Benny Goodman se precipitava a encontrar Billie outra vez para que compreendesse que o mar estava para peixe. Ela a examinou com a maior atenção e a avaliou. Em sua opinião, uma garota como ela não tinha a menor possibilidade de fazer carreira, a não ser que utilizasse sua sedução pessoal. Não passa de uma garota gorda demais e malvestida, ainda por cima. Mas, olhando bem, tem de admitir que realmente é bonita. Benny Goodman, bastante nervoso, apresentou as duas. Billie pareceu muito assustada, o que Ethel percebeu com grande prazer. Mais por malícia do que por um interesse real, ela decidiu assistir enquanto Billie gravava. "Não preste atenção em mim", falou muito dengosa, "vou ficar bem pequenininha por aqui..."

Billie sente-se inundada pelo medo. A presença de Ethel Waters a paralisa e a visão do grande microfone leva seu nervosismo ao auge. Ela nunca havia cantado antes diante de um microfone. Tomada de pânico, ela tenta fugir, mas o pianista Buck Washington[9] a pega por um braço.

– Não mostre a esses brancos que você está com medo – murmura ele. – Eles vão gozar às suas custas... Nem se preocupe com o microfone, aperte a bunda e cante, é só isso que você tem de fazer...

Billie ignorou o microfone e, depois de dois ou três ensaios, gravou duas peças: primeiro *Your Mother's Son-in-Law*.

7. Elizabeth "Bessie" Smith (1894-1937): cantora afro-americana. (N.T.)

8. Isadore Baline "Irving Berlin" (1888-1989): compositor judeu-americano. (N.T.)

9. Buck Washington (1903-1955): pianista e bailarino. (N.T.)

Ritmo rápido, uma voz de menina, aguda, segura e dinâmica, uma dicção nítida. Seu registro é meio curto, só canta uma oitava, mais ou menos, mas seu timbre é original. *Riffin' the Scotch,* a segunda peça, não saiu lá muito bem. Ela teve de voltar em dezembro para corrigir as falhas. Ganhou 35 dólares e está maravilhada. Ela ainda não ouviu falar na palavra royalties.

Nesse dia de novembro de 1933, quando Billie terminou a sessão, Ethel Waters já tinha ido embora, convencida de que a menina não era mais do que outra *croonette*[10], como havia tantas, e que, ainda por cima, cantava como se estivesse usando sapatos apertados demais. Em seu lugar, sentou-se uma outra Ethel, que fuzila Billie com os olhos. Ethel Goodman é irmã de Benny e também sua *manager*. Ela via com maus olhos o idílio nascente entre seu protegido e Billie e irá fazer tudo o que puder para terminar com ele. Não existe a menor dúvida de que Benny arriscará sua carreira caso se enrabiche com uma negra. Essa é uma coisa que ela vai explicar com a maior firmeza ao irmão, no dia em que Benny pretende apresentar Billie à sua família.

Ethel não precisa se preocupar por muito tempo. Dois meses mais tarde, o archote já virou cinzas. Benny Goodman se apaixonou por outra cantora, uma branca desta vez, graças a Deus!...

Se no começo Billie teve medo do microfone, logo descobriu como podia tirar partido dele. Nem seu timbre de voz, nem seu estilo minimalista poderiam substituir a pujança de voz de uma Bessie Smith ou os vocalismos de uma Ethel Waters. Mas agora, qualquer que seja o tamanho da sala de espetáculos ou a sonoridade da orquestra, descobriu que lhe basta cantar diretamente no microfone para projetar a voz. Desse modo, ela pode continuar seu diálogo íntimo com o auditório, sem jamais forçar a voz, nem desvirtuar seu estilo.

---

10. Cantora de melodias populares, a partir de 1930. A forma masculina *crooner* é bem mais antiga e remonta ao século XIX. *Croon* é falar ou cantar de maneira gentil e tranquilizante, como em um acalanto. (N.T.)

A carreira de Billie apenas engatinhava, e ela não era a única a chamar a atenção do público. No Harlem, os clubes regurgitavam de jovens cantoras ambiciosas. A competição era muito dura. Durante dois anos, Billie não se apresentou mais nos estúdios de gravação, completamente envolvida com sua ligação com Bobby Henderson. O que se havia iniciado como um simples flerte no Pod's and Jerry's tornou-se uma grande história de amor.[11]

Billie sente-se confusa diante desse rapaz sério e de maneiras perfeitas. Um rapaz que lhe fazia a corte sem temer o ridículo, que a respeitava e até a apresentava à sua mãe. Ela nunca encontrara antes o amor romântico. No dia em que ela o convidou para comer a galinha frita de Sadie, ele chegou com um buquê de flores. Uma coisa tão inaudita naquela casa, que ela teve de fazer um esforço para não lhe rir na cara. Além disso, é a primeira vez que alguém lhe pede permissão para abraçá-la. Ela se sente feliz porque ele a trata como uma jovem frágil, e ao mesmo tempo pressente que esse tipo de relacionamento não serve para ela. Ele é paciente, terno e compreensivo. Ele está enganado com a mercadoria, ela não tem direito a isso. Para ela, homens são tigres que se pode acariciar no sentido do pelo, mas sem jamais tirar os olhos de cima deles. Com apenas dezessete anos, ela já firmou sua opinião sobre o que é um homem: nada mais do que um predador. Quando Bobby Henderson lhe diz que a ama, ela fica feliz, mas que sentido têm estas palavras para Billie? Ela não compreende, quase chega a ter medo delas. Para ela, um relacionamento amoroso só pode ser realizado dentro de uma relação de força. Billie simplesmente não tem condições de se abandonar a um amor simples e belo.

Bobby, por sua vez, está fascinado com sua graça, sua feminilidade, tanto com sua capacidade de se vestir com as poucas roupas que tem como por suas maneiras à mesa, tão delicadas. Todavia, existia um traço de seu caráter que o perturbava. Bobby, que sempre vivera relações de confiança

11. Jody Bolden, cujo nome artístico é Robert "Bobby" Henderson, nascido em 1910, pianista de jazz e compositor afro-americano. (N.T.)

e de ternura com sua própria mãe, fica horrorizado com as brigas constantes entre Billie e Sadie. A mãe tem o dom de deixar a filha completamente descontrolada. São mais como duas irmãs brigando pela menor coisa.

É claro que ele não fazia a menor ideia do passivo que existia entre as duas mulheres. Ele não podia compreender seus laços neuróticos. Quanto mais sua mãe se torturava, tanto mais dura se mostrava Billie. Quando ela era criança, sua mãe a abandonou; quando cresceu, sua mãe a tornou uma prostituta. Agora, era Sadie que tinha necessidade dela. E o meio de pressão de Billie era o dinheiro. O dinheiro que sua mãe exigia e que Billie não tinha a menor vontade de lhe dar. "Meu cafetão é minha mãe", ela pensava com frequência. Ela se ressentia por sua dureza. Mas como poderia amá-la sem lembrar de tantas coisas, como separar os fios do amor dos fios do ressentimento? As crianças maltratadas votam a seus torturadores um amor indefectível e não reconhecem nunca que sofreram sem o menor motivo. Ao contrário, sentem-se culpadas e é assim que aumenta a sua falta de autoestima. Uma canção, *God Bless the Child*, escrita pela própria Billie, evoca sua relação. Era uma questão de dinheiro. Em sua autobiografia, ela conta muitas vezes que sua mãe se recusava a lhe dar. É provável que tenha sido justamente o contrário.

Em novembro de 1934, Billie e Bobby Henderson são contratados por uma semana no Apollo. É uma enorme oportunidade, devida provavelmente à notoriedade de Bobby.

Uma passagem pelo Apollo é uma distinção em si mesma, e o público muito demonstrativo não tem o menor escrúpulo em manifestar ruidosamente sua aprovação ou sua decepção. Os espetáculos do Apollo são muito concorridos e mudam a cada semana.

É um teatro rococó, muito ornamentado, com paredes de estuque e aplicação de anjinhos de gesso. Dois imensos balcões em formato de asas dominam o palco de cada lado. No primeiro dia, Billie está tão nervosa que praticamente não consegue sair do banheiro. Com o ventre crispado em cólicas, cheia de náuseas, ela para nos bastidores, incapaz de dar o primeiro passo para o palco. A plateia está impaciente, a atmosfera aquecida ao máximo. Quando Bobby Henderson inicia a introdução musical, ela se agarra ao braço do comediante Pigmeat Markham.[12] Ela precisa ir de novo ao banheiro!...

– Não, minha pequena, chega de banheiro, entre no palco!...

Ele a empurrou com tal vigor que ela só parou de correr quando chegou no microfone, frente a frente com o público. Seus joelhos tremiam e batiam um no outro, tanto que um gaiato sentado na primeira fila gritou:

– Ora, vejam só! Ela canta e dança ao mesmo tempo...

Apesar de tudo, ela cantou, diante de duas mil pessoas, *If the Moon Turns Green* e *The Man I Love,* com sua vozinha, que não estava muito firme nesse dia, mas tampouco desagradou. Ainda que Billie tenha afirmado mais tarde, em sua autobiografia, ter alcançado um grande sucesso, a imprensa naquele dia não fez grande caso de sua primeira apresentação.

Billie se saiu melhor no Alhambra, no Sunset e mais tarde no Hot-Cha, um restaurante frequentado pelas pessoas elegantes que residiam na Park Avenue. Quando ela aparecia, esperava tranquilamente até que toda a atenção se concentrasse sobre si mesma. Enquanto isso não acontecia, ela não começava. O vaivém dos garçons ficava mais discreto, as conversas baixavam de tom ou cessavam. Os jornalistas falam muito bem em suas colunas dessa vozinha singular, ao mesmo tempo langorosa e cheia de queixume, tão bem adaptada às baladas sentimentais. Não havia a menor dúvida, ela encantava. Parava-se bem ereta. As mãos à frente do corpo, os pulsos levemente dobrados. A cabeça ficava um pouco mais para trás ou então pendia docemente sobre um dos ombros. Seus quadris se moviam levemente. Ela fechava os olhos e colocava tanta convicção em seu canto que as

---

12. David Markham (1904-1981), comediante afro-americano, usou os pseudônimos *Pigmeat* (carne de porco), *Judge* (juiz) e *Shorty* (baixinho), de acordo com os tipos interpretados. (N.T.)

cançonetas de blues mais medíocres se transformavam em cantos de amor que capturavam as mentes e iam direto aos corações. Coisa estranha, em sua boca as palavras arquibatidas soavam de forma diferente. Talvez porque ela acrescentasse um duplo sentido, um traço de ironia; como se ela acreditasse que todo amor era ridículo.

Uma noite, quando ela se preparava para sair do Hot-Cha, Billie percebeu através da penumbra um grandalhão recostado no balcão do bar. Ele havia pegado no sono, sentado em seu tamborete. Sem dúvida era um cara bonito, que já tinha sido notado por uma garota, a qual o estava abordando com movimentos langorosos. Sua mão deslizou depressa para o bolso do desconhecido e saiu de lá com a carteira dele. Billie se aproximou:

– Largue isso – foi logo dizendo.

A garota propôs dividir com ela.

– De jeito nenhum, esse é o meu cara – retorquiu Billie, que lhe arrancou a carteira das mãos e a colocou de volta no bolso dele.

O homem se acordou. Eles se apresentaram e começaram a conversar. Ele se chama Louis McKay. Billie não sabia ainda, mas um dia ele se tornaria seu marido.[13]

---

13. Louis McKay (1910-1981), que se casou com Billie Holiday em 28 de março de 1957, embora, segundo consta, fosse seu amante ocasional desde 1951 ou talvez mesmo antes, era um valentão da máfia, talvez um executor, mas tornou-se promotor de arte com o apoio da esposa e foi consultor do filme *Lady Sings the Blues,* que o apresenta sob seu melhor aspecto. (N.T.)

O Presidente, a Duquesa e Lady Day

Pouco depois da apresentação no Apollo, sua ligação com Bobby Henderson termina brutalmente. Billie descobre que o jovem tão bem-educado já é casado. Ela perdeu um amante, mas encontrará nesse mesmo ano aquele que a irá acompanhar musical e afetivamente até o final de sua vida. Um jovem saxofonista recém-chegado do Mississippi: Lester Young.[1]

Ele vinha de Kansas City, onde tocava com a orquestra de Count Basie, e fora contratado havia pouco por Fletcher Henderson para substituir Coleman Hawkins, o saxofonista que todos adoravam na época. Ele começou no Cotton Club. Não foi fácil para o jovem Lester, na época com 27 anos, substituir uma personalidade tão forte como Hawkins. Enquanto o som de Hawkins é pujante e "musculoso", o de Lester é leve e gracioso. Os outros músicos da orquestra estão desapontados. Eles preferiam Chu Berry[2], um saxofonista cujo estilo é mais próximo do de Hawkins. Eles lhe dão claramente a entender que não gostam dele e não param de conversar baixinho enquanto ele toca. Fletcher, todavia, impôs Lester e lhe deu todo o apoio. Chegou até mesmo a hospedá-lo em casa durante algum tempo. Até que sua mulher, Leora[3], começou a reclamar.

Billie o escutou pela primeira vez em uma jam session. Foi no final de uma noite ou no começo de uma manhã, ninguém lembra mais direito. Ali se encontra a fina flor dos músicos de jazz, entre eles o pistonista Benny Carter[4]; Lester Young se juntou a eles, com sua velha gaita reformada tantas

1. Lester Young (1909-1959): músico afro-americano. (N.T.) .

2. Leon "Chu" Berry (1908-1941): músico afro-americano. (N.T.)

3. Leora Meoux Henderson (1919-1981): esposa de Fletcher Henderson, agente e empresária de sua orquestra, em que às vezes também tocava instrumentos de sopro. (N.T.)

4. Benjamin Bennett "Benny" Carter (1907-2005): instrumentista afro-americano. (N.T.)

vezes que as chaves estão presas com elásticos. Ainda que, ao contrário de Billie, Lester se tenha beneficiado de uma sólida formação musical, sua abordagem da música é muito parecida. Simplicidade, intuição, sentimento. Nenhum efeito nos tempos fortes dos compassos, um *vibrato*[5] discreto, uma variação em torno de uma nota bem escolhida, em vez de uma série de ornamentos cintilantes. Um som ao mesmo tempo melancólico e langoroso e, além disso, outra curiosidade: ele tocava seu saxofone tenor como se fosse contralto (mudando a afinação, mas não o timbre). Uma cumplicidade se estabeleceu de imediato entre Billie e ele. Um amor musical à primeira vista.

Quando o saxofonista Chu Berry aparece, Benny Carter lhe faz um desafio. Uma justa musical com Lester Young. Do mesmo modo que Hawkins, Chu Berry é um astro do jazz. Quando ele toca, o público bate os pés, assobia e bate palmas em cadência. Chu Berry disse não ter trazido seu saxofone, mas isso não é obstáculo para Benny Carter, que se ofereceu para ir buscá-lo. Ele tinha plena confiança em Lester, e esse concurso informal era uma forma de promovê-lo. Com qual peça eles vão se enfrentar? Chu Berry escolhe *I Got Rhythm*.[6] Foi uma péssima escolha. É justamente o cavalo de batalha de Lester, que já desenvolveu quinze variações diferentes sobre esse tema. Chu Berry levou uma sova de interpretação.

Billie acompanha Lester Young até seu hotel, o Teresa. Enquanto caminham pelas calçadas desertas, de manhã bem cedo, descobrem uma série de gostos comuns, entre eles a marijuana. Têm o mesmo senso de humor. Eles tagarelam e riem bastante, os dois levemente chapados. Aos chegarem diante do hotel, Lester se inclina e beija-lhe a mão.

– Boa noite, Lady, ou quem sabe, bom dia, Lady Day...

O dia já está claro.

---

5. Efeito ligeiramente tremulante na melodia acrescentado ao tom vocal ou instrumental para maior expressividade e volume, obtido por variações de altura rápidas e leves. (N.T.)

6. Composição do músico clássico/popular judeu-americano George Gershwin, sobre texto de seu irmão Ira. (N.T.)

– Você sabe, o dono da casa está me esperando... – acrescenta ele.

É um rato grande e gordo que se instalou sobre sua pilha de camisas e que volta sempre, por mais vassouradas que leve...

Billie, horrorizada, lhe propõe imediatamente que venha se instalar em sua casa. Sadie, que sempre prepara uma pequena ceia para os que deitam de madrugada, o recebe de braços abertos. O apartamento é uma enfiada de pequenas peças ao comprido, como em um vagão de estrada de ferro, com uma entrada em cada ponta. Uma dessas, pomposamente chamada de "sala de música", é mobiliada com um velho piano desengonçado e as pilhas de discos de Billie.

– Você fica instalado aqui – diz-lhe Sadie, que logo é tomada de afeição por este homenzarrão desajeitado e de olhar reservado, com cabelos avermelhados que levam todo mundo a chamá-lo prontamente de *Red.*

Lester está encantado. O pequeno apartamento nunca está vazio, sempre tem frango frito e feijão vermelho para os músicos famintos, os conhecidos do bairro e as putas fugindo da polícia, que se escondem o tempo suficiente para serem esquecidas.

Os amigos de Billie costumam chamar sua mãe de Mama Holiday. Mas Sadie foi tão regaladamente generosa para com ele, que Lester lhe presta outra homenagem. Passa a chamá-la de Duquesa.

Ele também escolhe para Billie um novo nome que permanecerá com ela mesmo depois de sua morte. Muitos já a chamavam de Lady. Foi ele que encontrou Lady Day, acrescentando-lhe uma misteriosa poesia. Por que não Lady Night? Talvez porque ele a considerasse tão bela e luminosa à luz do dia como à noite em um lisonjeiro vestido de cetim, sob o feixe prateado de um projetor. Em resposta, Billie também começou a lhe procurar um apelido, algo que pudesse lhe qualificar a excelência, tanto como músico de primeiro plano como em sua condição de homem. O homem mais importante dos Estados Unidos era o presidente Franklin D.

Roosevelt.[7] Lester era o melhor dos músicos, merecia que ela o chamasse de Prez.

O Presidente, a Duquesa e Lady Day passam juntos momentos deliciosos. Com seu maravilhoso senso de humor, sua benevolência e a elegância de seu caráter, ninguém duvida que a presença de Lester tenha contribuído para adoçar o relacionamento entre Billie e Sadie. Ela compreendeu logo que Lester é inofensivo e que entre sua filha e ele não se passa nada de caráter sexual. Portanto, ela não tem nada a temer. Ele não vai lhe tirar a filha. Os dois jovens partilham de uma terna cumplicidade, não chegam a ser amantes, são muito mais do que amigos. Uma espécie de ato amoroso que encontra seu clímax na fusão musical, ao passo que em casa são como irmão e irmã, paparicados de pequenas atenções por sua mamãe. Protetora em demasia, presente demais, se acreditarmos em Billie, que afirma ficar agastada com os conselhos, reprovações e angústias de sua mãe. Ainda que ela demonstre um afeto caloroso e esteja sempre pronta a lhe prestar toda espécie de serviços, também faz marcação cerrada e enfia o nariz por toda parte, como se quisesse se imiscuir em cada aspecto da vida de sua filha e viver através dela. Se ela vem algumas vezes escutá-la cantar, é também para supervisioná-la, saber com quem ela se encontra, quem anda à volta dela, quanto é que ela ganha. Ela nunca esconde que tem muito medo de que sua filha vá embora e a deixe abandonada em sua solidão. Como ela mesma fez, nos tempos de Baltimore... Assim, ela se gruda em Billie, ocupa o terreno inteiro com sua presença e suas lamúrias constantes.

Sadie exige demais e Billie precisa mantê-la à distância. Mas ela não pode passar sem sua mãe. Sente-se responsável por ela. A cada noite lhe telefona para lhe dizer onde vai e com quem. Ela não diz necessariamente a verdade, mas sua mãe pode dormir tranquila.

A partir do momento em que terminou seu trabalho "alimentar", Lester acompanha Billie aos restaurantes ou aos

---

7. Franklin Delano Roosevelt (1882-1945), 32º presidente dos Estados Unidos, de 1933 até sua morte, por efeito crônico da poliomielite. (N.T.)

clubes. Ela adora escutá-lo iniciando um de seus fantásticos solos às suas costas, mas sem jamais atrapalhar seu canto, sem nunca se meter em seu caminho. Seu saxofone soa como uma segunda voz fazendo eco à sua. E a voz da Lady, sua maneira de modular e dar às notas uma cor diferente, soa como um saxofone. Só vendo para crer o jeito que ele toca, balançando o saxofone da direita para a esquerda, levantando o instrumento bem alto para um dos lados, ao mesmo tempo em que ondula as pernas, enquanto marca a cadência com a ponta do pé. Além disso, Lester é elegante, com suas roupas bem talhadas. Usa um chapéu negro de copa dura, em estilo espanhol. É um cara original. Sua maneira de falar é única. É um *jive* [gíria dos negros do Harlem][8] deslocado, cheio de figuras poéticas, de comparações, de metáforas inventivas. É preciso se acostumar com ele, antes de conseguir compreender tudo. Seu saxofone foi batizado por ele de Lady Violet e arranja apelidos para todos os músicos com quem se dá. E divide tudo com Billie, menos a cama.

É Billie que o orienta através de Nova York, que o leva a conhecer todos os bons lugares, que o ensina a reconhecer os odores da grande cidade. As noites passam depressa – música, álcool e maconha. Nem é preciso sair a procurar pela droga, há em toda parte. Nessa época, a venda da marijuana ainda não fora proibida.

De fato, a Proibição perdeu o fôlego. A partir de 5 de dezembro de 1933, o consumo de álcool se tornou legal novamente. Os sindicatos do crime logo se adaptam para o tráfico ainda mais suculento dos estupefacientes. As drogas inundam o mercado. Os bares, as boates noturnas e os músicos são seus primeiros alvos.

Ainda que já tenham começado a falar por toda parte que Lester Young é tão bom, sob todos os aspectos, quanto o mestre Coleman Hawkins, ele sai da orquestra de Fletcher Henderson. Leora, a mulher de Fletcher e a *manager* da or-

8. A partir de 1928, passou a indicar uma forma de música ou de dança derivada do swing. A partir de 1953, passou a indicar uma coisa falsa ou uma vigarice. (N.T.)

questra, insiste com ele vezes sem conta que deve tocar de um jeito diferente, mais forte e mais viril, o mesmo tipo de sonoridade produzida por Coleman Hawkins. Lester prefere sair do conjunto. Ele não consegue de jeito nenhum imitar o "grande som" de Hawkins. Já experimentou toda uma série de truques para aumentar seu volume, já tentou tocar de uma porção de maneiras diferentes. Mas nada adianta. Ele se queixa a Billie, que morre de rir. Ela também correu durante algum tempo atrás do "grande som", o magnífico volume da voz de Bessie Smith. Até que renunciou às tentativas inúteis de cantar *St. Louis Blues* como ela.

– Esqueça disso – é o que ela lhe aconselha. – Nós não temos essa caixa de som e, depois, imitar qualquer um faz com que a gente perca o próprio *feeling*. Sem *feeling*, você pode fazer o que quiser, não vai passar nunca da estaca zero.

Lester aprende a lição. Então passa a improvisar, marca os tempos fracos em vez de marcar os fortes, evita o *vibrato* e inventa uma sonoridade sem timbre, muito peculiar dele, que dança acima das notas. Dessa insuficiência de fôlego nascerá um novo estilo, o precursor do sucesso do bebop[9], que influenciará de forma permanente todos os saxofonistas de jazz. Lady Day já lhe havia predito:

– Espere só, que você vai ver. Daqui a uns tempos, todo mundo vai estar copiando você.

Mesmo que Fletcher Henderson ainda lhe dê todo o apoio e afirme a todos os seus músicos que eles não lhe chegam aos pés, Lester vai embora e ingressa na orquestra de Andy Kirk[10], em Kansas City. A orquestra e a mulher de Fletcher acabaram ganhando dele.

9. Estilo de jazz caracterizado por complexidade harmônica, linhas melódicas retorcidas, mudança constante de acento métrico, executada em ritmo rápido. (N.T.)

10. Andrew Kirk (1898-1992): regente de orquestra e compositor. (N.T.)

Ela é uma *torch-singer*

John Hammond, o eterno promotor de Billie, convence Irving Mills, o empresário de Duke Ellington, de que ela é a cantora ideal para *Symphony in Black,* um curta-metragem de nove minutos de duração que o "Duque" está preparando e cuja produção é garantida por Fred Waller.[1] O cenário é simplista. Um triângulo amoroso, duas mulheres e um homem. No papel da mulher desprezada entra Billie, que canta uma peça escolhida por Duke especialmente para ela, *Saddest Tale,* uma soberba canção de blues, em que seu fraseado recorda o estilo vocal de Bessie Smith. Ela se agarra ao homem que a deixou por outra. Ele a joga ao assoalho com um empurrão. Ela continua a cantar no chão, mesmo vencida e machucada. São as queixas de uma amante desprezada, mas também a paixão de uma mulher por seu homem. Duke Ellington demonstrou grande discernimento. Ele viu em Billie aquela que não tinha qualquer chance, uma mulher a quem se mente e a quem se nega amor. Perfeitamente normal que ele a tenha escolhido para o papel de vítima. Quanto ao ator, o dançarino Earl "Snakehips" Tucker, de uma elegância arrasadora, faz o tipo perfeito do cafetão.[2]

Ela só tem dezenove anos. Seu corpo desabrocha, seu rosto é encantador sob os cabelos curtos. Suas bochechas arredondadas lhe dão um certo aspecto de ingenuidade e candura. O timbre rouco de sua voz comunica perceptivelmente a mágoa pungente. É como se fosse a primeira ferida causada à inocência.

Desde seu primeiro aparecimento no cinema, Billie alcança total sucesso em criar um personagem cuja vida e cujas canções se confundem. Essa osmose imediata acrescenta a seu

---

1. Irving Mills (1894-1985). Fred Waller, o promotor (1886-1954), inventou o Cinerama em 1950, lançado em 1952. (N.T.)

2. Earl Tucker (1905-1937), chamado de "Boa Constrictor (Jiboia) Humana" por seu contorcionismo, inventou o estilo de dança "Snakehips" (Quadris de cobra) em 1930. (N.T.)

desempenho uma força singular, a sensação de que ela revela ao cantar uma verdade que se encontra a ponto de aflorar.

Mas aquela de quem se fala muito então é uma nova cantora de dezoito anos, que faz dançarem as multidões que acorrem ao Savoy Ballroom, uma garota que saiu do nada e que se produziu com uma das melhores orquestras do momento, a do percussionista Chick Webb. Essa garota sem a menor experiência hipnotiza as multidões que vão ao Savoy. Billie precisa ver por si mesma. Ao chegar ao grande salão de baile, ela sobe a majestosa escadaria de pilares de mármore, iluminada por lustres de vidro laminado. A imensa sala de danças está abarrotada de gente. Ela se enfia discretamente em um canto, sem sequer tirar o casaco. Mas essa Ella Fitzgerald de fato é excelente... Que energia! Ela estala os dedos enquanto canta, martela o chão com os pés para marcar o ritmo. Tem um embalo dos infernos, essa peste. Como ela gostaria de estar em seu lugar, a estrela do Savoy, cantando com a grande orquestra de Chick Webb, em vez de estar escondida em um restaurantezinho, cantando no meio do barulho dos talheres contra os pratos, meio abafada pelas conversas! Ela não sabe ainda que dois anos mais tarde, em 1937, ela irá enfrentar Ella Fitzgerald nesse mesmo Savoy Ballroom, acompanhada por Count Basie e sua orquestra, e que seus admiradores respectivos ficaram discutindo durante anos qual das duplas, Holiday/Basie ou Fitzgerald/Webb, tinha conseguido superar a outra...

Mas, por agora, essa concorrente expansiva, de dinamismo irresistível, a deixou inquieta. A carreira de Ella está deslanchando como impulsionada pela roda da fortuna. É um reconhecimento imediato, enquanto Billie tem o sentimento de que a sua ainda está patinando.

Todavia, em abril de 1925, Billie é beneficiada por um golpe de sorte na pessoa de Ralph Cooper. Ele é um apresentador famoso, uma estrela no Apollo e uma celebridade no Harlem. Acaba de montar sua própria orquestra. Um dia, em que está jantando no Hot-Cha, uma jovem cantora sobe à pequena plataforma que fica a um canto do restaurante. Não lhe chama nenhuma atenção em particular, está habituado com todo tipo de gente envolvida no show business. Entretanto, no momento em que escuta sua voz, ele esquece seu espaguete.

> Foi nesse momento que eu observei que ela era linda, que tinha um sorriso encantador e, sobretudo, que cantava de um jeito como eu jamais escutara antes. Dava a impressão de que chorava ao cantar... Eu nunca havia escutado uma voz assim descansada e tranquila, ao mesmo tempo lânguida e sensual. Aquilo não era blues, eu nem sequer sabia do que se tratava.

Depois de haver organizado numerosas "noites de calouros" no Apollo, Ralph Cooper sabia perfeitamente detectar um talento quando cruzava com um. Pede logo para falar com o gerente do Hot-Cha. Ele promete citar seu restaurante durante a transmissão de rádio difundida diretamente do palco do Apollo, se ele concordar em emprestar-lhe Billie. Tão logo ela acabou de apresentar seus números, ele já lhe propôs ser a cantora de sua orquestra.

Billie está no céu. Ralph Cooper é conhecido por seu bom gosto em matéria de artistas e é, além disso, um personagem muito influente. Sua grande orquestra vai alcançar o maior sucesso. Com o coração batendo forte no peito, Billie chega ao Apollo para seu primeiro ensaio com a orquestra. Na mesma hora mandam que volte para casa a fim de escolher um vestido adequado para o palco. De fato, ela não tem nada à altura, e Cooper lhe compra um vestido e um par de sapatos. O ensaio não chega a um resultado definitivo. A orquestra não leva muita fé em sua futura apresentação. Mas Cooper tem confiança em sua intuição. Billie canta algumas canções de amor que não comovem muito o difícil público do Apollo, mas é notada pela imprensa, que a menciona como "uma cantora fértil de encanto", e também a chama de *a torch singer*, uma cantora que queima de paixão.

Seja como for, Ralph Cooper lhe propõe que fique uma segunda semana. Por precaução, ele contratou também um cantor de Chicago, Herb Jeffries.[3] Ele pede a Billie que cante algumas peças mais arrojadas. A ideia é boa. Billie interpreta *Them There Eyes* e *If the Moon Turns Green.* Essas canções estão muito mais de acordo com o gosto do público do Apollo, que aplaude e pede bis muitas vezes. Infelizmente, Ralph Cooper desiste de sua experiência com a grande orquestra e se torna, em vez disso, um dos mais famosos disc jockeys. Billie retorna decepcionada para o Hot-Cha. Mais uma oportunidade que perdeu.

Existe uma fotografia dela com os músicos, nos fundos do Apollo Theater, usando seu vestidinho quadriculado de meninazinha. Bem ao lado dela está Ben Webster[4], com o saxofone embaixo do braço, mas virando os grandes olhos para outro lado. Ela será vista frequentemente em sua companhia. Ben Webster é um saxofonista da orquestra de Fletcher Henderson, um homem bem do jeito que ela gosta, um rapaz bonito com caráter explosivo. Tem igualmente uma boa inclinação para a garrafa e, a partir do momento em que bebe um copo ou dois a mais, se torna violento. Billie esconde as manchas roxas no rosto sob uma espessa maquilagem.

A impressão que se tem é a de que ela gosta de ser desenferrujada a pancadas. Será essa a única forma de se sentir prazer físico depois que se foi estuprada? Recriar circunstâncias similares parece paradoxal, até mesmo incompreensível. Todavia, é assim com Billie. Com seus homens ela nunca para de reproduzir metaforicamente a violação de sua infância. Exorcizar o medo, negar a violência do acontecimento revivendo suas circunstâncias vezes sem conta? Ou então quer ser castigada a força de golpes para ser perdoada pela imundície de seu corpo?

Esforçar-se para ser espancada, provocar uma briga após a outra, dar pancadas para que o adversário retribua e

---

3. Herbert Jeffrey Jeffries, nascido em 1911, foi o primeiro cowboy negro a desempenhar o papel principal em um filme de faroeste. (N.T.)

4. Benjamin Francis Webster (1909-1973). (N.T.)

depois se entregar ao levar um último soco ou bofetada, sem ter mais força sequer para fechar as coxas. Era assim que ela sentia prazer?

Sadie fica profundamente inquieta por esse amor de cadela. É difícil esconder da mãe os olhos roxos ou a cara inchada. Mais difícil ainda é lhe confessar até que ponto ela gosta disso. E voltam de novos as mesmas queixas da mãe sobre os homens, são todos uns salafrários, não prestam para nada, são uns exploradores... Depois de algum tempo, Billie nem a escuta mais. Os queixumes da mãe a exasperam. Sadie, que foi deixada por todos os homens de sua vida, sente por eles um ressentimento violento. Cada homem que aparece diante dela é um perigo em potencial e ela se esforça ao máximo para denegri-lo. O único que jamais caiu em suas graças foi Lester Young.

Infelizmente, ainda que Billie amasse Lester, ele não lhe agrada. É doce demais, frágil demais. Não é viril o bastante perante seus olhos. Jamais teria sido capaz de levantar a mão para ela. E, depois, ele sabia fazê-la rir, ele a deixava feliz, despertava nela o entusiasmo por seu próprio talento. Billie jamais poderia escolher um homem assim. Seria bonito demais.

Sadie resolve fechar sua porta a Ben Webster. Uma noite em que ele vem de carro buscar Billie, ela se atira sobre a filha, armada de um guarda-chuva. E chega mesmo a atacá-la. Billie estoura em gargalhadas perante tal espetáculo, o que aumenta ainda mais a cólera de sua mãe. Tentativa irrisória. Billie lhe agarra os braços e chega até a empurrá-la para um lado. Se fosse preciso, teria até mesmo passado por cima do corpo dela.

Top and Bottom

Teddy Wilson[1] é um pianista talentoso, com um toque refinado, que tocou com a orquestra de Benny Carter e já gravou com os melhores músicos. Tem a reputação de ser extremamente inventivo e brilhante. John Hammond organizou uma série de gravações em torno de Teddy Wilson para a companhia fonográfica Brunswick. Depois do final da Proibição, o mercado das jukeboxes se encontra em plena expansão. Existe pelo menos uma em cada bar, e elas têm de ser alimentadas com canções populares. A produção de discos é estimulada. John Hammond se tornou um homem de grande influência no mundo do jazz e com as companhias produtoras de discos. Cheio de entusiasmo e dotado de grande talento de persuasão, ele convenceu as firmas fonográficas de que suas escolhas são bem fundamentadas e de que ele sempre contrata os melhores intérpretes.

Nesse período da Depressão, os músicos negros conseguem poucos contratos e aceitam trabalhar mediante pagamento reduzido. Para essa primeira sessão em estúdio, John Hammond escolheu Ben Webster no saxofone, Roy Eldridge no pistão, John Trueheart na guitarra, John Kirby no contrabaixo, Cosy Cole[2] na bateria e Benny Goodman, o único branco, no clarinete. E Billie.

Isso não está de acordo com o gosto de Teddy Wilson, que prefere cantoras mais demonstrativas, como Beverly "Baby" White[3] ou Ella Fitzgerald. Ele já escutou Billie no Hot-Cha e não ficou convencido do seu talento, apesar da opinião favorável de sua esposa Irene, ela mesma uma excelente pianista e também compositora.

É ela que abre a porta quando John Hammond traz Billie, a fim de apresentá-la a Teddy. Mesmo que Irene se

1. Theodore Francis "Teddy" Wilson (1912-1986): compositor e músico afro-americano. (N.T.)

2. Roy David Eldridge (1911-1989), John Trueheart (1902-1976), John Kirby (1908-1952) e Thomas "Cosy" Cole (1901-1988): instrumentistas afro-americanos. (N.T.)

3. Beverly "Baby" White (1911-1998): cantora afro-americana. (N.T.)

tenha demonstrado muito acolhedora, Billie percebe perfeitamente a reserva de Teddy Wilson. Ele está muito mais preocupado com a escolha dos músicos do que com ela. Foi ele que escolheu as canções a serem gravadas, e Billie não tem a voz adequada para elas. Já que o orçamento de que Hammond dispõe é apertado, ele também se encarregará dos arranjos. Todavia, mesmo que Teddy Wilson guarde sua distância, Irene e Billie se tornam muito boas amigas. Quando Irene se separar de seu marido, virá morar por uns tempos com ela. Ainda mais tarde, Billie interpretará com frequência uma de suas maravilhosas composições, *Some Other Spring.*[4]

Billie volta muitas vezes à casa dos Wilson. Eles ensaiam trinta canções e, no final, conservam apenas quatro. Não há necessidade de ensaios com os instrumentistas. Todos são especialistas em improvisação. Mas Billie precisa primeiro aprender uma música de ouvido, antes de poder criar variações sobre a melodia, a fim de acrescentar seu toque pessoal justamente nos detalhes.

Em 2 de julho de 1935, a sessão de gravações reúne os músicos em grande forma, enquanto Billie se acha particularmente inspirada. Eles gravam quatro títulos, dos quais somente dois se tornam antológicos, *What a Little Moonlight Can Do* e *miss Brown to You.*

As canções de maior qualidade, compostas por Cole Porter, George Gershwin ou Harold Arlen[5], eram reservadas para os intérpretes brancos. Os negros deviam pegar as suas no catálogo de Tin Pan Alley[6], o das canções populares de

4. Irene Kitchings Wilson (1912-1999). (N.T.)

5. Cole Porter (1891-1964), George Gershwin (1898-1937) e Harold Arlen (1905-1986): compositores americanos. (N.T.)

6. Grupo de editores e compositores brancos, estabelecido inicialmente na Rua 28 West, entre a Broadway e a Sexta Avenida, que imprimia partituras de música popular, depois ocupando vários locais em Manhattan. Fundado em 1885, desapareceu por volta de 1934, embora alguns críticos afirmem que se adaptou aos novos tempos e permaneceu até o início dos anos 50, quando o fonógrafo e o rádio definitivamente acabaram com a demanda de música impressa. Recebeu o nome (Beco das panelas de lata) em razão da cacofonia que produziam dezenas de pianos tocando simultaneamente melodias diferentes. (N.T.)

segunda classe. Por exemplo, *Yankee Doodle Never Went to Town* ou *Eeny Meeny Miney Mo,* canções em sua maior parte medíocres. A intenção era agradar o maior público possível. Billie traz a essas palavras frequentemente afetadas uma interpretação nova e uma originalidade que dão um frescor inusitado a essas expressões batidas e um lugar de primeira escolha nos repertórios dos cantores de jazz. *What a Little Moonlight Can Do, You Go To My Head, I Cried for You* ou *Easy Living* são transfiguradas por Billie.

Teddy Wilson dirá mais tarde que essa primeira sessão de gravações, ainda que algumas vezes igualada, jamais será ultrapassada. O disco irá figurar entre as melhores vendas da Brunswick durante o ano de 1935.

Ao longo do ano, eles gravam quatorze canções juntos, em quatro sessões de gravação. O exigente Teddy Wilson, ao acompanhar Billie com sutileza, lhe dará a ocasião de refinar seu estilo.

Billie acaba de completar vinte anos, mas sua voz e seu estilo já são imediatamente identificados pelo público.

No começo de agosto, Billie obtém um novo contrato no Apollo. Contrariamente à lenda de que o público lhe reservou uma acolhida triunfal, não foi ela e sim Baby White, a preferida de Teddy Wilson, que obteve o maior sucesso. Quanto a Billie, a crítica censurou novamente sua voz arrastada e suas canções lentas, recomendando-lhe ritmos mais vivazes.

É digno de nota que, mesmo ainda muito jovem, Billie teve a coragem de afrontar o público impetuoso do Apollo sem se desviar de seu estilo introvertido e minimalista. O gosto do momento pendia para as canções de timbre claro, para as vozes "de cabeça" que projetavam as palavras e abusavam do *vibrato* a fim de ajuntar um efeito melodramático a suas canções.

O mais difícil é não cantar com esse trêmulo na voz. Billie usa o *vibrato,* mas criteriosamente, a fim de reforçar a potência de uma determinada palavra ou para enfatizar uma sensação. Muitas vezes dirão que ela vibra em uníssono com a música.

Em setembro, Teddy Wilson e Billie são contratados pelo Famous Door, na Rua 52. Teddy toca entre os entreatos e acompanha Billie. A jovem está feliz. É seu primeiro trabalho em um clube da Uptown de Nova York, a parte mais chique de Manhattan... Uma chance para se tornar conhecida fora do Harlem, uma oportunidade que deve a Irving Mills, o empresário de Duke Ellington. Todavia, bem depressa, ela se desencanta.

Teddy e ela são escalados alternadamente com a orquestra do trombonista George Brunis[7] e contratados até novembro. O clube é dirigido por uma cooperativa de músicos brancos, entre eles Glenn Miller[8], e sua política é segregacionista Billie não tem o direito de permanecer no salão, nem ao menos no balcão do bar. Não pode ficar em nenhum lugar onde possa ser vista. É totalmente proibido se misturar com o público ou dirigir-se a um branco. A partir do momento em que suas apresentações terminam, ela deve sair do palco e desaparecer. Desse modo, ela tem de esperar o novo número fora do clube, caminhando pela rua ou sentada no velho carro de Teddy Wilson. Se chover, ela deve ficar isolada, sentada nos degraus da escada. O trompetista Max Kaminsky[9], que toca no começo da noitada, percebe a jovem de vestido de seda em um canto escuro.

– Eu me chamo Billie Holiday. Eu trabalho aqui – lança ela com um ar de desafio.

Será que ela também precisou explicar que era uma artista, dar um nome à pobre garota negra que espera que a chamem para cantar algumas canções? Será que ela vai agradar, ou provavelmente desagradar? Nessa época, ela está cheia de dúvidas sobre sua carreira que não deslancha, sobre

7. George Brunies ou Brunis (1902-1974). (N.T.)

8. Alton Glenn Miller, nascido em 1904, desapareceu misteriosamente sobre o Canal da Mancha em 1944, quando viajava com outro oficial em um pequeno avião para se reunir à sua orquestra, localizada na França. (N.T.)

9. Max Kaminsky (1908-1994): instrumentista judeu-americano. (N.T.)

seu talento que não é reconhecido, sobre seus amores sem amanhã. O álcool e a maconha fazem agora parte constante de seu cotidiano.

E, no Famous Door, Billie só permanece quatro dias. Seu estilo suave desagrada a clientela. Os diretores de clubes não dão a menor importância a estados de alma e não pretendem dar uma grande compensação aos artistas. Uma cantora que não lota sua boate é logo despedida. Passam à seguinte. Billie não cobre as despesas.

Em outubro de 1935, o Connie's Inn, um antigo clube do Harlem, abre suas portas no estilo da Broadway. Para a reinauguração, foi organizado um grande espetáculo, *Stars Over Broadway*, com os artistas negros mais talentosos. Irving Mills novamente consegue que Billie figure na distribuição de papéis, junto com alguns outros de seus protegidos. Eles vão estar em boa companhia, porque o ídolo do momento, Louis Armstrong, está encabeçando o cartaz, com a orquestra de Luis Russell.[10] O evento tem grande importância, porque o Connie's Inn é muito famoso na época. Uma foto de Billie aparece no *Nova York Amsterdamer News,* com a legenda "Charming Billie Holiday". A encantadora Billie foi dispensada em janeiro. Ainda que o crítico musical Leonard Feather[11], que lhe era devotado, tenha alegado uma intoxicação alimentar, sua maneira de cantar foi qualificada como uma série de gemidos e determinou seu sacrifício. Seu estilo condensado e pouco demonstrativo não convinha para uma grande revista musical da Broadway, voltada para o espetacular.

Foi substituída por Bessie Smith, que não dava o que falar há bastante tempo. Sua voz ainda era poderosa, mas sua maneira de cantar tinha evoluído para o fraseado mais moderno e embalador do swing. O sucesso de *Stars Over Broadway* tornou-se completo, e a imprensa fez eco aos aplausos. Que pensou Billie? Que não tinha talento, nem um quarto

10. Luis Russell (1902-1963): instrumentista e regente afro-americano. (N.T.)

11. Leonard Feather (1914-1994): crítico musical judeu-britânico. (N.T.)

do talento da cantora mais velha, que ela não agradava e não conseguia encontrar o seu lugar. Que talvez nem tivesse um lugar em parte alguma... Ela tinha vontade de rever seu querido Lester, que havia voltado para a orquestra de Count Basie. Mas eles estavam longe, em Kansas City. Ela havia escutado por acaso uma transmissão radiofônica diretamente do Reno's Club. A orquestra tocava swings ao fundo, e ela havia tentado reconhecer a sonoridade tão particular de Lester. Ele lhe fazia tanta falta... Em sua ausência, ela preparou um grande *Top and Bottom*, sua bebida favorita, metade gim, metade vinho do porto. Depois do segundo copo, ela achou que não estava tão mal assim com Teddy Wilson. Afinal de contas, já começavam a falar de suas gravações em um monte de lugares e os discos estavam vendendo bem. Na verdade, estavam no alto das listas de venda, junto com os de Duke Ellington. Nada mal para o começo. Ela se consolou, dizendo que ao menos tivera a sorte de encontrar um bom agente.

Billie's Blues

Joe Glaser[1] era um personagem curioso. Vinha de Chicago. Sua mãe era dona de um clube de jazz, o Sunset, em que Louis Armstrong havia triunfado durante a década de 20. Um grande número de boatos circulavam a seu respeito. Diziam que tinha relações com a máfia, que organizava lutas de boxe desonestas, que era até mesmo proprietário de uma casa de encontros. Por razões obscuras, tivera de sair rapidamente de Chicago. Ao chegar a Nova York, Glaser reatou relações com Louis Armstrong e lhe propôs tornar-se seu empresário. Ele havia percebido que até então não existia nenhum agente verdadeiro para os talentos negros e tinha decidido especializar-se. Glaser proclamava por toda parte que Louis Armstrong era o melhor trompetista do mundo inteiro. E tratou de comprovar essa afirmação obtendo para Louis um contrato com a companhia de discos Decca.

Glaser queria colocar Billie em seu plantel e lhe pediu que deixasse Irving Mills. A fim de surpreendê-la, ele lhe propôs imediatamente um contrato com a orquestra de Fletcher Henderson no famoso Grand Terrace Ballroom de Chicago. Um nightclub de luxo. Duzentos e cinquenta dólares por semana. Tanto pior para Irving Mills; era impossível resistir a uma oferta dessas: Fletcher Henderson encontra-se então no auge de sua carreira. Billie vai logo pegar um trem, com o coração cheio de esperança. Para ela, é uma forma de se ver reconhecida finalmente, já que seu pai fez parte dessa orquestra.

A fivela fechara o cinto, ela finalmente conseguira sucesso e era agora uma verdadeira intérprete, tal como Clarence. Enfim eles pertenciam à mesma família, a dos músicos excelentes. Para festejar o acontecimento, ela decide levar sua mãe consigo. Sadie não se faz de rogada.

Em uma bela noite de junho de 1936, Billie enfrenta a multidão de dançarinos do Grand Terrace Ballroom com

1. Joseph Abraham Glaser (1882-1975): empresário judeu-americano. (N.T.)

o coração cheio de confiança. E então se dá conta de que fracassou. O público não está preparado para ela, não mostra qualquer reação, nem ao menos dança. Seu estilo particular desagrada. É um completo fracasso.

O proprietário do Grand Terrace, Ed Fox[2], é um homem de péssimo gênio, que já demitiu o cantor precedente e se sente no direito de dar lições a Fletcher Henderson sobre a maneira de reger sua orquestra. Billie canta devagar demais para seu gosto. Ela não é dinâmica o bastante, não mexe com as pessoas. Essa gente toda tem de dançar, para morrer de calor e consumir bebidas.

Billie ergue bem a cabeça e protesta que não sabe cantar de outro jeito. Fox a demite na mesma hora e, pior ainda, a cobre de insultos. Billie lhe joga um tinteiro à cabeça que, por um triz, não lhe fura um olho. Ele a agarra com violência e a joga fora de seu escritório.

Quantas vezes é necessário se humilhar antes de se dizer o que pensa? "Só sendo negra e pobre é que se sabe", afirma Billie. Através de sua vida profissional, ela nunca buscou enfrentamentos. Sempre se mostrou conciliadora e calma. Mais de uma vez deixara que os donos de clube lhe passassem a perna na hora do pagamento. Mas os insultos, a injustiça e a má-fé a deixavam revoltada. Ela se recusava a deixar que lhe pisassem os pés.

Billie tem muitos amigos. Sua mãe, em parte, é responsável por isso. Mesmo que algumas vezes falte dinheiro, o apartamento de Sadie está aberto a todos. Sempre há alguma coisa para comer e se arranja uma cama para um conhecido em maré de azar. Sadie está encarregada da cozinha de um teatrinho improvisado que fica no andar térreo. Os músicos se reúnem ali e às vezes sobem para o apartamento com suas garotas. Os vizinhos e os comerciantes da esquina observam as idas e vindas. Começam a falar que o apartamento é lugar de encontros com prostitutas e que Sadie ganha uma

2. Edward Bucher Fox (1888-1942): empresário americano de origem europeia. (N.T.)

comissão. Chegam a falar que Billie tampouco se recusa a ganhar alguns dólares a mais.

Seus amigos a amam por sua feminilidade e por sua beleza. Além disso, Billie é alegre, sorridente, sempre pronta a se divertir. Ela esconde sua gentileza sob um tom grosseiro e uma linguagem de carreteiro. Suas amigas são *bitches* ("cadelas sujas") e Lester é um *motherfucker* ("filho da puta"). Só que, em sua boca, essas são palavras carinhosas. Como sua mãe, Billie é generosa. Se uma de suas amigas se encanta com um anel ou vestido, ela lhe dá imediatamente. Sempre que Billie está ganhando dinheiro, ela ajuda seus camaradas que estiverem passando necessidade. E quando ela vai fazer uma turnê, sempre deixa alguma coisa que pode ser distribuída entre os mais apertados. O dinheiro corre entre seus dedos e todos se aproveitam dele.

Mas, de vez em quando, Billie afunda na melancolia. Então, ela fecha a porta do quarto e o melhor é que ninguém venha incomodar.

Todavia, à noite, perante um auditório cativado e atento, ela se sente novamente feliz. Cantar é a sua terapia.

À noite, todo mundo sai. O único problema é escolher aonde ir. Há uma legião de clubes na Rua 52, que concentra a maioria das boates de jazz de Nova York. A música se encontra por toda parte e chega a sacudir as paredes. As pessoas batem os pés e balançam ao compasso. Não se perde tempo nos estrados dos clubes, os números se sucedem a ritmo de tambor de galé – um sai, entra outro. É só o tempo de terminarem os aplausos e um bando de *chorus girls* já substituiu os dançarinos de sapateado. Os cantores vocalizam no salão, enquanto os garçons, com as bandejas na ponta dos braços, vão dançando por entre as mesas. Os verdadeiros dançarinos são virtuoses. Há concursos de dança no Savoy que duram horas a fio, em um ritmo desenfreado. Mal dá tempo de respirar. Alguém desmaiou? Retira-se o corpo bem depressa da pista de dança. As orquestras se substituem sem esfriar os bancos. A música não morre, não para nunca.

Depois do trabalho, Billie se encontra com suas amigas dançarinas ou cantoras. Elas vão beber alguns copos nos bares sempre abertos da "rua que não dorme nunca". Sempre existe uma jam session funcionando em alguma parte. Algumas vezes, elas vão à casa de Irene Wilson tomar o café da manhã. Irene senta-se ao piano e Billie canta, mas só quando está com vontade. O dia já começou. Se o tempo estiver bom, todas elas vão tomar banho de mar, na praia de Rockaway.

Depois do episódio infeliz por que passou em Chicago, Billie não fica mais sem trabalho.

No Famous Door, de onde ela foi despedida no outono anterior, Eddie Condon, cantor, guitarrista, tocador de banjo, a convida a participar das jam sessions que ele organiza todos os domingos. Gozador, companheiro leal e alegre, contador de histórias de grande talento, ele consegue atrair todo mundo. Os melhores músicos se encontram ali. Fats Waller, Bessie Smith, os pistonistas Bunny Berigan[3] e Roy Eldridge... Mal se consegue imaginar o ambiente que se estabelece por ali nas tardes de domingo...

E, Billie está apaixonada. Mais uma de suas "paixões avassaladoras" a que ela não consegue jamais resistir. Durante as apresentações de *Stars Over Broadway*, ela conheceu um belo dançarino, Chink Collins.[4] Um rapaz atraente, com uma graça quase feminina. Eles dão preferência a um novo clube, o Brown Derby, na Lenox Avenue, frequentado pela gente do teatro. Em 14 de junho, eles recebem seus amigos para lhes anunciar que decidiram casar-se. Brindes, aplausos, música, álcool correndo como água, o acontecimento é festejado na maior das alegrias, entre as volutas perfumadas da marijuana. Algumas semanas mais tarde, todo mundo já se esqueceu da festa e até Billie não lembra mais seus planos de casamento. Seu *pas de deux* com o dançarino terminou.

---

3. Albert Edwin "Eddie" Condon (1905-1973) e Roland Bernard "Bunny" Berigan (1908-1942): músicos americanos de origem europeia. (N.T.)

4. Charles William "Chink" Collins (1904-1999), chamado na época de *The Dance Pirate* (o pirata dançarino). (N.T.)

Sob insistência de John Hammond, suas gravações com Teddy Wilson continuam. Os dois gravam cinco vezes durante o ano de 1936. Billie está na melhor forma. Em junho, eles gravam *These Foolish Things, It's Like Reaching for the Moon, Guess Who?* e *I Cried for You,* em uma atmosfera informal e espontânea de jam session, em que todos se sentem à vontade. Diferentes músicos vão sendo trocados, em função de sua disponibilidade, mas Hammond sempre garante que sejam da melhor qualidade. No dia dessa gravação, Johnny Hodges toca saxofone contralto e Harry Carney, clarinete.[5]

Sessão após sessão, os discos Teddy Wilson/Billie Holiday permanecem no alto das colunas de vendas, a tal ponto que o letrista Bernie Hanighen, conhecido antigo de Billie, lhe propõe assinar um contrato individual. Um contrato só para ela, prevendo cem dólares de salário por semana! Os discos irão trazer o título *Billie Holiday and her Orchestra*, sob o selo Vocalion, uma subsidiária da gravadora Brunswick.

Bernie Hanighen foi nomeado supervisor de todas as gravações dos selos Vocalion, Brunswick e Columbia pela American Record Corporation, a principal fornecedora das jukeboxes. Não poderia ter ficado mais importante. Hanighen reatou com Billie no Famous Door, durante uma das jam sessions das tardes de domingo. Tornaram-se amantes. Bernie se esforça ao máximo para que ela obtenha um *status* melhor, feliz de poder oferecer esta situação como um presente a Billie, que ele encontrava alguns anos antes, logo que chegara a Nova York e não conhecia ainda ninguém. Fora justamente para ajudá-lo que ela escolhera e difundira uma de suas canções, *If the Moon Turns Green.* Ele jamais se esquecerá disso.

Agora não se trata mais de ser apenas uma executante entre os muitos que rodeiam Teddy Wilson; ao contrário, ela se tornou a solista no centro de uma orquestra cuja função é ressaltar as suas interpretações.

Para essa primeira sessão sob seu nome, a 10 de julho de 1936, Hanighen contrata, entre outros, Bunny Burigan,

5. John Cornelius "Johnny" Hodges (1906-1970) e Harry Carney (1910-1974): ambos instrumentistas afro-americanos. (N.T.)

o espantoso pistonista em quem havia reparado no Famous Door, juntamente com um recém-chegado muito talentoso, Artie Shaw[6], um clarinetista que sonha em montar sua própria orquestra e que lança olhares doces para Billie.

Dois títulos se destacam dessa gravação. Um deles é *Summer Time,* uma canção nova na época, escrita por George Gershwin para sua ópera *Porgy and Bess,* um fracasso na Broadway. Billie a transforma em uma criação inesquecível. Nesse mesmo dia, ela grava uma composição de sua própria autoria que se tornará um grande clássico: *Billie's Blues.*

Finalmente Billie sente confiança no futuro. As rádios começam a chamá-la para seus programas de auditório. Ela participa da famosa transmissão das noites de sábado: *Saturday Night Swing Club*, produzida pela CBS. Uma estreia que permanecerá nos anais do jazz. Nenhum patrocinador, nem um só anúncio, exclusivamente jazz.

John Hammond permanece ativamente interessado em Billie. Consegue um contrato para ela no Onyx Club, ainda que o personagem principal em cartaz seja um violinista, que atende pelo nome de Stuff Smith. Ele atrai uma multidão. O dono do clube acabou de renovar seu contrato por mais seis meses. Billie canta nos intervalos de suas apresentações e faz tanto sucesso que o violinista fica enciumado. Billie está ocupando o palco por tempo demais e lhe rouba o espetáculo. Ela recebe pedidos de bis demais para agradar ao ego de Stuff Smith.[7] Ele começa a fazer pressão para que não lhe seja mais permitido bisar seus números. Uma semana mais tarde, exige que seja demitida. *Ou ela, ou eu!...* Mesmo que aprecie Billie imensamente, o proprietário não pode resistir a esse tipo de chantagem. Mais uma vez, é Billie a demitida. Só que desta vez é porque está fazendo sombra à vedete do

---

6. Arthur Jacob Arshawsky "Artie Shaw" (1910-2004): instrumentista, compositor e regente judeu-americano, mais tarde crítico de música popular e jornalista. (N.T.)

7. Julian Brian Smith (1913-1985), apelidado "Stuff" pelo consumo de drogas. (N.T.)

espetáculo. Só isso é uma revanche em si mesma, ainda que a pílula seja dura de engolir.

Felizmente, ela reencontra seu querido Lester, que voltou do Kansas. Os espetáculos não iam lá muito bem no Reno's Club de Kansas City, e a orquestra de Count Basie se aprontou para fazer uma turnê. Lester Young há pouco participou do funeral de seu pai e está com vontade de ver de novo sua Lady Day. A reputação de Billie cresceu, e Lester ficou sabendo que Billie irá cantar com a orquestra de Louie Metcalf[8], no Renaissance Casino. Os músicos serão escolhidos com o máximo cuidado. Lester quer ser um deles e volta para Nova York. Ele pressente que Billie vai colocá-lo em órbita. Não se trata de um cálculo de sua parte, apenas o reconhecimento de seu próprio talento.

A partir do momento em que se reencontram, recomeça sua intimidade, seus flertes delicados, as brincadeiras que só os dois compreendem. Essa estranha relação amorosa em que a música é uma vibrante troca de palavras de amor e na qual as notas são os beijos. E, para Lester, Billie continua sendo a Lady, e ela o ama por isso. Pouco a pouco, o apelido vira seu nome. Todo mundo passa a chamá-la de Lady.

Ela encontrou um outro parceiro preferido na orquestra de Metcalf. Seu próprio pai, Clarence Holiday, está tocando guitarra. Esta será a única vez em que eles trabalharão juntos. Será que ela já ouviu falar que seu pai se queixa *urbi et orbi*[9] de que ela grava com todos os guitarristas de Nova York, menos com ele? Provavelmente porque Billie tem com ele algumas contas a acertar.

Clarence está encantado com o sucesso de sua filha. Enquanto ele se gaba de ser seu pai, se arrisca a adquirir a reputação de um velho metido a conquistador entre suas amiguinhas. Ele ainda tem alguma influência sobre ela e lhe recomenda que pare de tentar copiar Louis Armstrong.

---

8. Louis "Louie" Metcalf (1905-1966): músico e regente afro-americano. (N.T.)

9. "À cidade e ao mundo." Em latim no original, indicando aqui "por toda parte" ou "a quem quisesse ouvir". (N.T.)

– Encontre seu próprio estilo, minha filha. Se Armstrong lhe agrada, imite o som de seu trompete de preferência à voz dele... Não se esqueça que é da melodia que a gente lembra.

Quanto à sua vida particular, ele não se atreve a lhe dar conselhos. Já tem muito trabalho para lidar com sua esposa e suas amantes.

Na estrada, em um micro-ônibus Blue Goose

A Grande Depressão prejudicou o país inteiro. Para sair da crise, Roosevelt fez passar no Congresso uma série de leis sociais e econômicas. Foi o *New Deal*, que afastou os Estados Unidos de sua concepção puramente liberal da economia e atribuiu um papel intervencionista ao governo federal. Entretanto, nos anos 30, a crise do desemprego é aguda. Sobretudo entre os negros. Somente em Nova York, um milhão e meio de pessoas vive do auxílio do governo. Os sem-teto são numerosos e fazem filas para receber o sopão distribuído gratuitamente.

No Harlem, a pobreza aumenta ainda mais; os pardieiros se espalham ao longo da Lenox Avenue. A superpopulação torna-se extrema. Em 1935, moram somente nessa rua 350 mil pessoas, das quais dez mil residem em subsolos e porões. Famílias inteiras se enfiam em uma única peça. O ressentimento contra a discriminação, a pobreza e o desespero da comunidade negra provocam uma explosão de cólera. Em março de 1935, uma revolta avassala o Harlem. Dez mil negros pilham as lojas dos brancos, depredam as ruas, causam dois milhões de dólares de prejuízos.

O dinheiro anda escasso. Os clubes se ressentem da diminuição da clientela, e os proprietários reduzem os animadores contratados.

Billie, entretanto, tem bastantes chances para obter trabalho bem depressa. Ela canta na Uptown House, de Clark Monroe, um homem muito bonito, que tem o apelido de *Clark Gable Negro*. E as sessões de gravação com Teddy Wilson continuam regulares. Ela também grava discos com o selo Vocalion. Em 1936, três seções de gravação de *Billie Holiday and her Orchestra* ocorrem sob o patrocínio de Bernie Hanighen e mais outras nos anos seguintes. Mas sua relação amorosa logo chega ao fim, porque ele vai assumir o departamento musical dos estúdios Warner, na costa leste. Bernie Hanighen fará uma longa carreira. Ele continuará a compor canções para comédias musicais e para o cinema, em especial para Fred Astaire.[1]

John Hammond, sempre ativo, quer trazer a orquestra de Count Basie para Nova York. A essa altura, Count Basie está longe de ser o astro em que se transformará mais tarde. Ainda adolescente, acompanhava ao piano os filmes mudos, depois fez parte dos "Blue Devils" de Walter Page, ingressando a seguir na grande orquestra de Bernie Moten.[2] Após a morte deste último, reuniu alguns músicos do grupo e foram tocar no Reno's Club de Kansas City. Durante uma transmissão radiofônica ele foi escutado por John Hammond. Algumas notas de piano, um estilo imediatamente identificável e um balanço tremendo, eis aí Count Basie.

Hammond lhe consegue um contrato no Grand Terrace Ballroom de Chicago. Os músicos não param quietos nunca.

– Nosso truque – dizia o trompetista Buck Clayton[3] – é entrar no palco na hora e tocar como se fôssemos um banco de loucos nos desafiando.

Mas, no momento em que chegam, dão mais a impressão de uma briga de gatos! Hammond fica arrasado e não para de pedir a Basie que substitua alguns de seus músicos. Ele lhe sugere, entre outros, o nome de um guitarrista, o excelente Freddie Green.

Além disso, ele anda com uma ideia na cabeça: trazer sangue fresco às sessões com Teddy Wilson. No grupo de Basie, ele já escolheu aqueles que ele quer contratar para a sessão de janeiro de 1937. Os melhores mesmo. Lester

---

1. Clark Alonzo Monroe (1908-1963): empresário afro-americano. Clark Gable (1901-1960), Frederick Ernest Austerlitz, "Fred Astaire" (1899-1987): atores brancos de Hollywood. (N.T.)

2. "Diabos azuis" ou "Diabos do blues", nome do conjunto em inglês no original. Walter Page, seu regente (1900-1957), e Bernard Wilson Moten (1886-1932): instrumentistas e diretores de orquestra afro-americanos. (N.T.)

3. Wilbur Dorsey, "Buck Clayton" (1911-1991): instrumentista afro-americano. (N.T.)

Young, está claro, mas também Buck Clayton, o trompetista; o baixista Walter Page, o percussionista Jo Jones e Freddy Green.[4] Ele vai pedir também a Benny Goodman que venha tocar com eles.

Essa sessão, a primeira das famosas gravações de Billie com Lester Young, será um modelo no gênero. Lady Day finalmente está rodeada de maravilhosos solistas, em afinidade perfeita com ela. Esses músicos das grandes orquestras sabem também se colocar no diapasão de seu universo íntimo. Nessa troca sem restrições, cada um apresenta, em contraponto com a voz de Billie, sua própria versão da melodia. Eles irão permanecer em uma magnífica empatia emocional durante todo o decorrer da sessão. Teddy Wilson relatará mais tarde até que ponto Billie estava alegre e cordial e como parecia feliz em cantar. Nesse dia, são gravados quatro títulos, entre os quais os soberbos *I Must Have That Man* e *This Years' Kisses*. Freddy Green se recorda de que Billie havia trazido uma música de sua própria autoria:

> Não havia nada escrito, apenas algumas notas que colocava sobre o piano. Ela colocava as canções sobre o piano, Teddy dava uma olhadela e começava a tocar. E depois, todos nós entrávamos também. Nós gravávamos o primeiro coro e Lester começava a solar por cima. E nem era necessário repetir muitas vezes a mesma peça...

A colaboração entre Billie e Lester Young durará quatro anos – de 25 de janeiro de 1937 a 21 de março de 1941. Eles gravarão juntos cinquenta títulos, na maior parte do tempo com a seção rítmica da orquestra de Count Basie. Comunhão imediata, intimidade, a mesma percepção da melodia.

– Ela canta como ele toca, ele toca como ela canta – dirá Lee Young[5], irmão de Lester.

---

4. Joseph "Jo" Jones II (1911-1985) e Frederick Charles "Freddy" Green (1911-1987): instrumentistas afro-americanos. (N.T.)

5. Leonidas Raymond "Lee" Young (1917-2008), instrumentista afro-americano. (N.T.)

Depois de haver inicialmente imitado a maneira de cantar e o pistão de Armstrong, sua forma de ligar as notas passou a inspirar-se muito mais nos saxofonistas, particularmente em Lester Young. E o jeito que Lester tocava correspondia ao dela. Ele modulava em torno das notas e deslocava sua duração, sem chegar a transformar a melodia. Do mesmo modo que ele, Billie brincava com a melodia, em um grau de liberdade que chegava algumas vezes às raias da desenvoltura. Embora sempre conservasse o ritmo, ela fraseava de forma a variar o andamento, suas palavras seguiam adiante da melodia ou pareciam retardá-la ao ponto da agonia, mas sem jamais se deixarem distanciar em excesso. A sua maneira de articular as palavras, de acentuar algumas, de emiti-las com simplicidade, sem utilizar os efeitos do *vibrato,* comunicava um sentimento de segurança e naturalidade. Ela era a maravilhosa atriz de suas canções, aquela que as cantava da forma mais convincente.

Frank Sinatra[6], que vinha escutá-la cantar nos clubes da Rua 52, irá aprender a lição de sua despreocupação e da descontração que caracterizava sua forma de pronunciar e de colocar as palavras.

Em Nova York, a orquestra se alojou no Hotel Teresa, no Harlem. Lester não permaneceu ali por muito tempo, voltando a seu antigo alojamento, na casa de Sadie e de Billie. Para comer, não precisa ir longe, porque o restaurante de Mama Holiday fica logo no térreo. Sadie serve seu famoso frango frito e costeletas de porco a seus queridos músicos que, na maioria das vezes, "se esquecem" de pagar. Nesse ritmo, é claro que o restaurante não pode dar lucro. Mas aquela que emprestou o numerário a Sadie não espera ser reembolsada. Em sua autobiografia, Billie evoca uma misteriosa Brenda, uma jovem da alta sociedade, uma rica herdeira, moradora da Quinta Avenida. Uma amiga muito querida, disposta a fazer tudo para agradá-la.

---

6. Frank Sinatra (1915-1998): cantor e ator ítalo-americano. (N.T.)

Trata-se provavelmente de Louise Crane[7], uma das primas de John Hammond, que era agente artística. Ela sempre se havia mostrado muito generosa com Billie e até mesmo lhe dera um dispendioso casaco de pele.

Sadie tinha uma regra fixa de que um homem não devia passar a noite na casa dela. Ela não era tão rigorosa com as amigas de Billie. Duas amigas que partilham do mesmo leito, o que pode haver de mais inocente? De manhã, todo mundo se encontrava ao redor da mesa para o café.

John Hammond concebeu a ideia de convencer Basie a contratar Billie para sua habitual excursão de espetáculos. Ele sabe que Billie tem vontade de conhecer o país. E seu querido Lester toca na orquestra. Desde que ela passou a gravar com ele, Billie não deseja mais ninguém para acompanhá-la. Basie hesita, porque já tem seu vocalista, o excelente Jimmy Rushing[8], um *bluesman* de Kansas City. Não tem vontade de aumentar suas despesas. Hammond o arrasta até a Uptown House, a fim de escutar Billie, mas o "Conde" não se decide.

Na noite de 23 de fevereiro de 1937, enquanto se aprontava para entrar em cena, Billie recebe um telefonema e lhe dão a notícia de que seu pai, então em uma turnê com a orquestra de Don Redman, acaba de morrer em Dallas. O choque é tanto mais duro quanto as circunstâncias de sua morte são pavorosas. Clarence havia pegado um resfriado, depois uma gripe forte, que lentamente se transformara em pneumonia. Sentindo-se cada vez pior, começou a procurar os hospitais de Dallas, no Texas. Em um dos estados mais racistas do Sul, todos se haviam recusado a recebê-lo. Finalmente, conseguiu ser admitido no Hospital dos Veteranos de Guerra, no Pavilhão Jim Crow, reservado aos negros.[9] Já era

7. Edna Louise Crane (1897-1946): filantropista e promotora de eventos. (N.T.)

8. James Albert "Jimmy" Rushing (1901-1971): cantor afro-americano. (N.T.)

9. Apenas um apelido derrisório. A ala do hospital não tinha esse nome. (N.T.)

tarde demais para ele. Billie disse que não foi a pneumonia, foi Dallas que o matou.

Foi também em 1937 que Bessie Smith morreu nas mesmas circunstâncias, mais uma vítima da segregação. Fora gravemente ferida em um acidente de automóvel, perto de Clarksdale, no Mississippi. Ainda que Clarksdale tenha recebido o apelido de "berço do jazz", recusaram-se a admiti-la no hospital local, e ela faleceu antes de chegar a Memphis.

Apesar do desgosto de Billie e de sua mãe, o enterro de Clarence se transforma em uma farsa grotesca. Sadie, em sua fantasia persistente de ser a esposa legítima, recusa-se a entrar no Cadillac emprestado por Clark Monroe, em que já se encontra Fanny Holiday. Ela aluga uma viatura, mas se perde no caminho e só chega ao cemitério bem depois de concluída a cerimônia fúnebre. Quanto a Billie, ela descobre que tem uma segunda madrasta, na pessoa de uma linda mulher, chamada Atlanta, que chega flanqueada por seus dois filhos, o meio-irmão e a meia-irmã de Billie. Eles têm a pele tão clara que Billie conta mais tarde que eram brancos!... E Atlanta, que ela qualifica como uma mulher muito rica, era na realidade dançarina de um bar de segunda classe.

Sem ter dado uma resposta a Hammond, Count Basie e sua orquestra partem para Filadélfia. Mas John Hammond não perde a coragem assim tão facilmente e insiste com Basie que faça uma audição com Billie. Ela viaja especialmente para isso até Filadélfia e Count acaba por contratá-la. Em 13 de março de 1937, ela se apresenta pela primeira vez com a orquestra em Scranton, na Pennsylvania. Count Basie fica feliz. Sua grande banda conta com um elenco de incomparáveis instrumentistas e dois formidáveis vocalistas. Rushing, que praticamente "urra" seus blues, e Billie, que "sussurra" suas canções. Ele a contrata para a turnê.

Em 19 de março, eles se encontram no palco do Apollo. É o sucesso habitual de Basie, só que, dessa vez, Billie alcança um verdadeiro triunfo. Apoiada pelo contraponto de Lester

Young, ela teve a boa ideia de só interpretar as canções que construíram sua reputação ao longo das gravações com os selos Brunswick e Vocalion.

– Há mais originalidade, força e brilho na voz de Billie do que na de todas as outras cantoras, inclusive Ella Fitzgerald – é o comentário entusiástico da crítica.

Quanto a Lester, todo mundo o nota, devido à sua maneira exclusiva de erguer seu saxofone enviesado, com a campânula virada para um lado, erguendo o instrumento de tal maneira como se quisesse assoprá-lo em direção ao teto. Ele lança um estilo. Seduzidos, os jovens do Harlem imitam seu passo arrastado, sua estranha postura e a cabeça inclinada para o ombro.

Se Billie Holiday foi a principal razão do sucesso do espetáculo no Apollo, Count Basie soube lhe dar o devido crédito. Doravante ele deixa que ela mesma escolha as canções que vai cantar. Isso é uma estreia em si mesma, porque habitualmente os vocalistas interpretavam as peças favoritas da orquestra. Desse modo, ao mesmo tempo em que faz parte da orquestra, ela conserva sua identidade própria. Seus dois acólitos preferidos, Lester Young e Buck Clayton, fazem por meio de seus fabulosos solos um perfeito contraponto à emoção criada por sua voz.

– Quando ela cantava uma frase bela, eu não começava a tocar antes que ela tivesse terminado, nunca me atravessava no caminho dela – disse Clayton. – Nós fazíamos a introdução e o refrão final. Entre os dois, cada um interpretava do jeito que melhor sabia.

– O que havia de mais fabuloso na orquestra de Basie é que a gente trabalhava completamente sem partitura. A metade dos músicos nem sequer seria capaz de decifrar uma melodia escrita e nem tinha vontade de que lhes pisassem nos pés com uma coisa dessas. Os caras iam chegando, um deles liberava um tema, um outro retomava a mesma música no piano, um terceiro fazia uma variação, em geral do gênero *da-dip da-dop,* então Daddy Basie começava a batucar um pedacinho novo e era bem desse jeito que as coisas se arranjavam.[10]

Em maio e junho de 1937, John Hammond organiza três sessões de gravação com Teddy Wilson e sua orquestra. Os músicos de Basie foram convocados. Eles gravaram peças como *Me, Myself and I, Foolin' Myself, I'll Get By* ou *Mean to Me,* em que o contracanto do saxofone de Lester faz réplica à voz de Billie. A impressão que se tem é a de que ele também canta as palavras enquanto assopra em seu instrumento. Estas peças, puras obras-primas de ritmo e de atmosfera, se tornarão clássicos da colaboração de Billie com Lester Young.

Após uma noitada no Savoy Ballroom, em que Billie eletrizou os dançarinos com *Swing, Brother, Swing,* lá estão eles de novo na estrada, sacudidos pelos solavancos de um micro-ônibus Blue Goose. Percorrem oitocentos quilômetros por dia, às vezes mil. Durante as turnês se dorme muito pouco. "Quando se chega em um hotel, a gente dá uma espiadela para a cama, louca de vontade e, quando se termina de tocar, a gente olha de novo para o leito, desta vez com nostalgia e... embarca de novo no micro-ônibus."

"A gente" dorme dentro do carro mesmo, abafado ou glacial, dorme-se pouco e mal. A única mulher do grupo, Billie se integra perfeitamente. Ela se transformou em "mais um dos caras da orquestra". Os quatorze dólares que ela ganha por dia são muito pouco, quando tem de pagar por seu quarto, pela roupa lavada, pelas roupas e o cabeleireiro. Praticamente não sobra nada para enviar à mãe. Algumas vezes, ela pede a Lester que jogue alguns de seus poucos dólares por ela, já que, para disfarçar o aborrecimento, os passageiros do micro-ônibus jogam dados. Baltimore, Cincinatti, Newark, as cidades vão passando. As apostas são bem pequenas, ninguém está nadando em ouro. O único que não participa é Jimmy Rushing, um verdadeiro cubo de gordura

10. *Lady Sings the Blues, op. cit.*

envolvendo músculos. Só se ele conseguisse esquecer que já tinha sido pianista de bordel!... Billie não gosta nada dele, acha-o um pretensioso, que quer bancar o puritano. Quando alguém lhe pede emprestados cinco *cents,* ele dá uma lição de moral. Uma noite, Lester estende os dados para Billie. Sorte de principiante, os inocentes ganham às mãos-cheias. Ela, que nunca jogou dados antes, lança com a mão esquerda e olhem lá! Ela ganha todas as partidas. Ela se vicia no jogo. Todas as noites ela joga dados, ajoelhada no fundo do micro-ônibus, e "rapeleia" todos os músicos. Chega em Nova York com as meias estraçalhadas, mas com os bolsos cheios de dólares para oferecer a Sadie.

De tanto cantar assim, acompanhada pelos melhores, Billie progride, estimulada pela crescente consideração dos músicos. A cada noite, uma nova cidade, um novo desafio. Uma noite, em uma boate de terceira classe, na noite seguinte, em um grande hotel, estalando de elegância, a orquestra não escolhe muito. É preciso estar por cima sempre. A apresentação é muito importante. Os músicos usam ternos impecáveis. Uma só mancha e eles vão para a lavanderia. E a cantora deve estar perfeitamente penteada e maquiada, com vestido longo de festa.

Billie começa a trilhar caminhos diferentes e os músicos a seguem, surpresos, seduzidos. Quem ela deseja impressionar é Freddie Green. O Conde tem o maior respeito por seu guitarrista, um homem com um *beat* excepcional. Ele tem uma maneira toda particular de deitar a guitarra sobre os joelhos quase na horizontal e então tirar dela sonoridades de uma amplitude inacreditável. Billie se imagina frequentemente sentada no lugar da guitarra, mas Freddie é um homem discreto, reservado e que, além do mais, é pai de dois filhos. Billie se esforça ao máximo para seduzi-lo. Ela nunca foi assim brilhante, tão audaciosa na música. O homem se defende o mais que pode, mas como resistir a uma voz que parece estar executando a dança dos sete véus? Ela só canta para ele e este responde com uma serenata cheia de experiência. *Oh no, they can't take that away from me.* Não, ninguém pode lhe tirar aquilo que ela tem. Além disso, se Freddie se faz tanto de rogado, sempre existe o belo, o magnífico Buck Clayton, o trompetista de olhos verdes. Esse é um que não faz corpo mole a seus convites. Na música e em tudo o mais, ele se atira até o fundo. Lester nem se incomoda com isso. Para sua Lady Day, ele é pura indulgência.

Billie adquiriu autoconfiança. Cada noite se torna uma ocasião em que pode afirmar mais um pouco o seu estilo. Nenhum dos músicos interfere em seus solos. Somente Lester tem o direito de se intrometer um pouco, desde que "deslize na ponta dos pés". Ele também canta com seu saxofone. Quando se escuta, quase que se pode entender as palavras. O mesmo timbre, a mesma sensibilidade. Ele compreende o efeito que quer produzir e se enrola em torno das palavras, acaricia e exalta cada termo... Ele passeia ao redor das frases. O Conde lhes dá toda a liberdade, consciente de que assim eles lhe oferecem o melhor de si mesmos. O outro saxofonista da orquestra, Herschel Evans[11], sente-se um pouco despeitado. Mesmo que seja o melhor amigo de Lester, acha meio amargo que Billie exija sempre que seja o outro que vai lhe fazer o acompanhamento.

Uma noite, a trupe chega no Fox Theater, em Detroit. O ambiente é pesado, as sensibilidades estão aguçadas por recentes distúrbios raciais. Desde as primeiras apresentações, o diretor do teatro começa a receber queixas. O número de *girls* com muito pouca roupa é apresentado logo antes da orquestra de Count Basie... Todos esses músicos negros e essas garotas brancas quase peladas devem se misturar nos bastidores, e isso é intolerável, indecente. E essa moça que canta com a orquestra, ela não é meio branca, por acaso? Sua pele dourada sob a luz do projetor "parece clara demais para que ela esteja se metendo com essa negrada", afirma o próprio diretor. A vontade que Billie tem é de mandar longe todos esses puxa-sacos. Todavia, para evitar um incidente que possa prejudicar a orquestra, Billie aceitar passar uma maquilagem misturada com tinta escura!... Ridícula ironia

11. Herschel Evans (1909-1939): instrumentista afro-americano. (N.T.)

da sorte... Basta pensar nos *minstrel shows* da década de 50 do século XIX, em que os músicos brancos pintavam a cara com rolha queimada a fim de parodiar os negros. Billie foi forçada a experimentar o lamentável sentimento de ser uma caricatura de si mesma.

Em janeiro de 1938, há um show memorável no Carnegie Hall, diante de 2.500 pessoas. A orquestra de Benny Goodman completa e reforçada por vários músicos de Count Basie: Lester Young, Buck Clayton, Freddie Green e Walter Page. E Billie.

Depois da apresentação, cuja gravação permanecerá entre as mais bem vendidas de toda a história do jazz, todo mundo se reencontra no Savoy Ballroom para o grande espetáculo de swing, a disputa esperada há tanto tempo: entre duas grandes orquestras e seus vocalistas. Há tanta gente se empurrando para entrar no Savoy que o quarteirão inteiro está bloqueado pelos engarrafamentos. A escaramuça vai ser mesmo entre Ella Fitzgerald, com a orquestra de Chick Webb, o rei do Savoy, e Billie, com a equipe do Count. Ella, uma estrela em plena ascensão, que ginga, cheia de otimismo e brilho, contra Billie, que desenvolve seu universo íntimo e dialoga com os músicos. A sala quase desaba com os aplausos. A orquestra de Basie faz a multidão dançar entusiasmada com *Swing, Brother, Swing*, enquanto Chick Webb revoluciona a atmosfera com seus solos de bateria. O público sapateia, sacode lenços no ar, grita de entusiasmo. É muito difícil dizer quem recebeu mais aplausos, comentam os jornais, que indiferentemente dão a vitória a uma ou a outra das cantoras. É impossível, de fato, porque o estilo de cada uma é incomparável.

Mesmo que o público pareça se inclinar em favor de Ella, Billie a persegue de muito perto, está em seus calcanhares. A dupla Basie-Billie parece destinada a uma carreira extremamente fulgurante quando, de repente, no final de fevereiro, a imprensa anuncia que Billie e o Count se separaram. Surge toda espécie de rumores. Billie tinha sido despedida porque dormia com todos os músicos. Jimmy Rushing, por sua vez, diz a quem quiser ouvir que ela não tem condições para ser uma profissional. Basie menciona discretamente uma questão de dinheiro, mas não parece que esta tenha sido a verdadeira razão de sua separação.

John Hammond se havia tornado um homem de grande influência no meio musical. Por questões de negócios, ele havia insistido com Basie para que Billie interpretasse determinadas canções. Count Basie não pode fazer nada, Billie só faz o que lhe dá na telha. Além disso, Hammond, sempre muito insistente e direto, exige que ela passe a cantar blues, porque, na sua opinião, sua carreira vai progredir muito mais depressa se ela se conformar à imagem amplamente aceita da cantora negra. Ela logo recusa. Ela não vai ser mais uma dessas mamães gordas que cantam blues "curvadas sobre um saco de algodão recém-colhido" e nem tampouco vai se sacrificar ao gosto do público só por causa das exigências da moda. Ela é uma cantora de jazz, uma verdadeira intérprete.

Se Billie originalmente tinha um caráter reservado e até mesmo tímido, de tanto confrontar a orquestra e o público ela adquiriu a força para se afirmar. Ela não vai deixar que determinem sua conduta.

Para Sadie, que se lamenta e fica perguntando de que elas vão viver, ela responde que já está em tempo de tirar umas férias.

White Only

Os diretores de orquestra sabem que, para ascender à verdadeira notoriedade, precisam transmitir seu som pelas ondas de rádio. A cada semana, o programa radiofônico *Swing Club* é difundido de uma costa a outra dos Estados Unidos e obtém um imenso sucesso.

Em março de 1938, a estação de rádio WABC programa Billie com a orquestra de Art Shaw durante meia hora antes do famoso *Swing Club* e, em abril, eles passam a se apresentar duas vezes por semana. São apoiados na imprensa por ditirambos de entusiasmo. "Seja lá o que você pretende fazer, não perca de jeito algum Billie Holiday com Art Shaw", recomenda o influente jornal *Nova York Amsterdamer News*.

Excelente clarinetista, muito procurado pelos estúdios de gravação, Art Shaw tinha inicialmente montado um quarteto de cordas, mas depois evoluiu para uma formação do tipo swing, contratando o saxofonistas Tony Pastor, o pianista George Auld, Max Kaminsky no pistão e Cliff Leeman na bateria.[1]

Billie havia se juntado à banda de Art Shaw em Boston algumas semanas antes. Isso fora consequência de um momento em que ele a havia notado, quando ela ainda cantava no Pod's and Jerry's. Art Shaw buscava uma ideia chamativa para o lançamento de sua nova orquestra e alguém lhe havia sugerido: "Então contrate uma cantora negra". Sua orquestra era formada exclusivamente por brancos. Quando criança, Art Shaw tinha sido alvo do antissemitismo e sofrera bastante, de modo que a ideia lhe agradou bastante. Assim que descobriu que ela estava livre, convidou-a para fazer uma turnê com ele. Billie não hesitara por muito tempo, ainda

1. Antonio Pestritto "Tony Pastor" (1907-1969), John Altwerger "George Auld" (1919-1990) e Clifford "Cliff" Leeman (1913-1986): instrumentistas brancos. (N.T.)

mais que ela seria paga corretamente e que Artie era um rapaz muito bonito.

Era evidente que Freddie Green não iria mudar de vida por causa dela. Ainda que estivesse muito apaixonado, ele achava muito melhor conservar a distância. Talvez um afastamento fosse suficiente para estimular um amante hesitante. Um risco a tomar, contrariando o ditado "Longe dos olhos, longe do coração", mas Billie não tinha muitas ilusões. Além disso, Artie não a desagradava nem um pouco.

Apesar de sua reputação de "músico de serenata", que só tocava música lenta e langorosa, um acompanhamento bem ao gosto das costureiras e comerciarias de lojas da moda, Artie é extremamente sedutor, muito seguro de si e começa a empregar todos os recursos de que dispõe para conquistá-la.

Quando Billie lhe anuncia sua intenção de partir em um novo giro de espetáculos, Sadie treme e chora. Seu restaurante está agora fechado, as despesas são pesadas demais e sua clientela de músicos fracassados abusou demais de sua boa vontade. Billie promete que lhe enviará dinheiro e, além disso, lhe consegue um emprego de cozinheira na casa de Red Norvo e Mildred Bailey. Não contente de ter agora a seu serviço a mãe de sua concorrente, Mildred espalha por toda parte que Sadie é uma péssima cozinheira. Uma noite em que o casal esperava amigos para jantar, encontram Sadie deitada embaixo da mesa, cozinhando uma bebedeira... Mildred leva seus convidados a um restaurante, enquanto Red leva Sadie de volta para casa. Fim do episódio.

Mildred irá contar essa história por muito tempo, com os devidos enfeites. Golpe baixo contra aquela que apoiou antigamente, mas que agora se transformou em uma rival perigosa.

Billie consegue sua revanche. Durante um desafio entre as orquestras de Art Shaw e Red Norvo, em Boston, Billie confronta Mildred Bailey e a derrota em toda a linha.

Ainda que seja campeão da integração, Art sabe que vai encontrar grandes dificuldades por ter contratado uma negra para sua orquestra de brancos. Por uma questão de discrição, Billie se oferece para permanecer nos bastidores enquanto não estiver cantando, mas Art insiste que ela permaneça no palco durante toda a apresentação. Está apaixonado por essa mulher soberba e quer impor sua presença. Durante a primavera de 1938, a orquestra de Art Shaw se apresenta no Roseland State Ballroom[2] de Boston e em outras cidades da Nova Inglaterra, um circuito controlado pelos Irmãos Schribman.[3] A rádio WABC frequentemente retransmite seus concertos.

Fiel a seu credo, Billie se atém a seu repertório habitual e se recusa sempre a interpretar as cançonetas medíocres que os editores de música lhe querem impor. Eles compreendem que com Billie suas canções não têm qualquer chance de passar para a rádio e fazem uma verdadeira conspiração para influenciar Art. Para atingir seu alvo, eles fazem pressão sobre Sy Schribman, o homem que detém o monopólio das apresentações de orquestra em toda a Nova Inglaterra e que tem direito a uma percentagem sobre os espetáculos de Art.

Com base na política de segregação, eles o convencem a contratar uma cantora branca. Na realidade, eles estão contando com alguma garota mais maleável e mais inclinada a interpretar tudo que lhe for determinado. Depois de algumas audições, Art se decide por uma jovem cantora, Helen Forrest.[4] Mas não há questão de substituir Billie. Uma vez que o *budget* não permite pagar duas cantoras, os músicos se cotizam e abrem mão de uma parte de seu salário para Billie.

Helen Forrest irá declarar mais tarde que Billie havia insistido generosamente com Artie para que ele orquestrasse arranjos especialmente para ela. Efetivamente, eles gravam

---

2. Massachusetts é conhecido como o "estado das roseiras", daí o nome "Salão de Baile do Estado das Roseiras". (N.T.)

3. Sydney e Charles Schribman: promotores e agentes musicais judeu-americanos. (N.T.)

4. Helen Forrest (1917-1999), chamada "The Blue Lady" ou "Bonnie Blue". (N.T.)

juntos uma série de peças, para grande satisfação das companhias discográficas. Ninguém duvida de que Billie ficou um tanto amargurada. Especialmente porque algumas salas recusam absolutamente receber uma cantora negra. Nesses casos, é Helen Forrest que canta em seu lugar e que até mesmo interpreta os temas que haviam sido arranjados para a própria Billie. Enquanto isso acontece, Billie fica sentada em um dos automóveis da orquestra, se enregelando de frio.

Antes de partir para uma nova turnê através do Kentucky, no Sul dos Estados Unidos, Art passa por Nova York a fim de gravar com um novo selo, o Victor. Decide então modificar seu nome que, segundo sua própria opinião, lembra demais um espirro. Art Shaw torna-se Artie Shaw[5]. Em 24 de julho de 1938, ele grava a peça que iria transformar sua vida. *Begin the Beguine*[6] era uma velha lengalenga de Cole Porter que o orquestrador de Artie, Jerry Gray[7], havia transformado. Eles não podiam adivinhar o futuro, esta música era somente o lado B de um disco chamado *Indian Love Call*. Foi todavia tal face que o tornou conhecido no mundo inteiro. Nesse mesmo dia, ele faz um galanteio a Billie. Ele lhe oferece uma canção como prova de amor. Billie vai gravar *Any Old Time*[5], a única peça em que sua voz foi gravada com a orquestra de Artie Shaw. O próprio Artie fez o arranjo, especialmente para a voz de Billie. Infelizmente, Billie não se lembra de adverti-lo de que já se encontra sob contrato com o selo Vocalion e, em consequência, as vendas do disco são suspensas.

Desde o início da excursão, Artie pressente que as coisas não vão dar certo. Billie endureceu, e seu caráter tornou-se mais explosivo. Sua linguagem igualmente se transforma. O grupo viaja em diferentes automóveis, seguidos por um

---

5. Isso não adianta muito. Passam a chamá-lo de *Artichoke* [Alcachofra]. (N.T.)

6. O beguine é uma dança popular bastante vigorosa das ilhas de Santa Lucia e Martinica, parecida com a rumba. Do francês *créole* antilhano "béguin", namoro ou flerte. (N.T.)

7. Jerry Gray (1915-1976): instrumentista e orquestrador branco. (N.T.)

caminhão com o material da orquestra. Billie vai passando de um para outro, às vezes nos carros em que vão os músicos, às vezes no velho Rolls-Royce de Artie Shaw, que se esforça para conservá-la perto de si. Ele é um conversador compulsivo, que pode se meter a discursar sobre qualquer assunto, embora seu assunto preferido seja ele mesmo. É o Sr. Sabe-Tudo. Ele já leu tudo, já viu tudo, até já escreveu um livro... Ele tem o dom de irritar Billie, que, além disso, o acusa de ter mau hálito. Chega a lhe pôr o apelido de Breath (hálito, respiração).

Ele lhe conta que passou dois meses escrevendo seu livro em um lugar escondido. Sem se barbear uma única vez.

– Quando retornei a Nova York – diz ele –, era o retrato de Jesus Cristo...

Na boca zombeteira de Billie ele se transforma de imediato em "Jesus Cristo, seu clarinete e sua orquestra".

– Ei, caras, vocês sabem a última do Breath?

Os músicos se retorcem de rir.

Mas não dá para gargalhar todos os dias.

No Sul, o racismo é ainda mais virulento que no Norte. Os incidentes se multiplicam rapidamente. Quando Billie andava em excursão com Count Basie, a orquestra inteira era confrontada pelo racismo ambiente. Agora, ela é a única face escura e os brancos mais mesquinhos querem que "a negra fique em seu lugar".

Billie não pode entrar nos restaurantes em que a equipe faz escala para jantar. É obrigada a comer na cozinha. Quer nos restaurantes, quer nas lancherias de terceira que encontram à beira das estradas, os atendentes a ignoram ou se recusam diretamente a servi-la. Até lhe proíbem o acesso aos banheiros públicos. É preciso que o automóvel pare em algum lugar discreto à beira da estrada a fim de permitir que ela se alivie ao ar livre.

Cada refeição apresenta um novo problema. Ela para de descer do automóvel e pede aos músicos que lhe tragam um sanduíche. Fazer reserva em um hotel é um quebra-cabeça. Ela não pode se hospedar no mesmo em que dormem os músicos. *White Only*. Reservado para brancos. Ela tem de ser levada ao outro lado da cidade. Para chegar à sala de espetáculos, tem de passar pela entrada de serviço. É proibida de circular pela sala, de falar com os clientes, de beber um trago, de ficar no palco entre suas próprias apresentações. Enquanto ela não estiver cantando, deve retornar ao lugar reservado aos negros, na maior parte do tempo uma espécie de armário de material de limpeza, e ficar esperando, sem sair dali, até que lhe façam sinal para voltar.

Todas as vezes, corajosamente, Artie se interpõe, luta para que Billie seja respeitada. Mas isso a deixa ainda mais revoltada. Quando lhe recusam passagem pela entrada principal de um *dancing*[8], Artie e a orquestra ameaçam a gerência de que ninguém iria entrar então. Ela fica reconhecida e grata pelo apoio, mas a pressão se torna insuportável.

Uma noite, em St. Louis, o gerente do *dancing* de um grande hotel, um velho grosseirão que anda em cadeira de rodas, quase morre sufocado quando a enxerga:

– Mas o que é que essa negra está fodendo na minha sala? Não estou precisando de negras para a limpeza. Botem essa batuqueira na rua!...

Mesmo depois que Artie lhe explica que é a cantora de sua orquestra, o velho não quer nem saber. É um contrato de três semanas que eles podem perder. Billie se contém. Ela propõe um negócio ao velho, que fica petrificado por tanta audácia. Que ele a deixe cantar uma única noite, garante que vai lhe encher a sala. Se ela não alcançar um sucesso completo, então todos irão embora sem protestar. Algumas pessoas assistem à cena. Eles desafiam o velho racista a "pagar para ver", ou seja, aceitar a aposta. Billie, que se sente responsável por toda a orquestra, supera a si mesma e recebe uma enorme ovação. Não obstante, exigem que Artie Shaw contrate uma cantora branca, e assim Helen Forrest retorna à orquestra.

8. Salão de danças. Em inglês no original. Em geral eram lugares de diversão, em que as moças apenas dançavam com os clientes em troca de tíquetes. Cada dança tinha a duração de um minuto; na época da Segunda Guerra Mundial, cada tíquete custava um dólar. (N.T.)

Em Louisville, no momento em que Billie terminou de cantar e já vai se retirar do palco, um engraçadinho começa a berrar:

– Ei, façam a negra continuar cantando!

Desta vez, é demais para ela. Billie vê tudo vermelho. Replica no mesmo tom e chama o intrometido de fresco de merda. Depois de um momento de estupor, a sala inteira se revolta. Retiram a cantora bem depressa por uma porta oculta, enquanto a orquestra recomeça a tocar o mais alto que pode a fim de fazer com que o incidente seja esquecido.

Billie percebe ainda mais a extensão da ignomínia do tratamento que lhe reservaram quando vão ao Canadá e ela desce no mesmo hotel que os músicos brancos. Entra pela porta principal com os outros, preenche a ficha, recebe a chave de seu quarto... No restaurante, apresentam o cardápio a ela em primeiro lugar!

Entretanto, ao retornar ao Sul, o caráter de Billie se azeda, ela se torna rebelde, algumas vezes até mesmo provocadora. Sua linguagem de carreteiro não melhora em nada as coisas. Ela já engoliu demais esses insultos contínuos. Anuncia a Artie que não vai continuar mais com a orquestra. O próprio Artie está enojado do Sul, deprimido por essa turnê de pesadelo. Está até mesmo pensando em dissolver sua orquestra, quando lhe chega a notícia do sucesso fulgurante de *Begin the Beguine.* Sua carreira está lançada. Benny Goodman, o outro clarinetista, vai ter de se cuidar com ele.

Da noite para o dia, Artie Shaw se torna um astro de primeira classe. Em Nova York, todos competem para recebê-lo. Ele ganha agora 25 mil dólares por semana, e os patrocinadores acorrem mesmo assim. Em setembro, Artie e sua orquestra se apresentam na capa da revista *Metronome.* Mas a cantora que posa com eles para a fotografia é Helen Forrest. Para Billie, é uma humilhação a mais.

O golpe é ainda pior quando a gerente do Lincoln Hotel, em que Artie conseguiu um grande contrato, declara que os hóspedes estão se queixando. Eles cruzaram com uma negra no elevador. Péssima publicidade, até mesmo para um hotel que traz o nome de Lincoln[9], o presidente que aboliu a escravatura. A partir desse momento, Billie deve tomar o elevador de serviço, entrar e sair do hotel pelas cozinhas e permanecer circunscrita a seu alojamento, sempre que não for chamada a entrar em cena. Pela primeira vez, Artie Shaw se entrega. Está exausto com essas querelas constantes. Além disso, sua situação mudou muito. Tornou-se célebre e não tem mais direito a dar um passo em falso.

A sala do Lincoln está equipada para as transmissões de rádio, e suas apresentações devem ser difundidas a cada noite, pelas ondas radiofônicas, de um lado ao outro dos Estados Unidos. O patrocinador, a marca de cigarros Old Gold, não quer saber de uma cantora negra em sua programação. Sai Billie. Artie parou de lutar para que ela permaneça no palco enquanto os demais tocam e, submetido a pressões de todos os lados, ele a solicita cada vez menos. É Helen Forrest que será escutada na rádio. Billie deve aceitar essas condições drásticas e engolir sua humilhação. Logo ela não está cantando mais que um ou dois números ao longo de toda a noite. Durante o resto do tempo, ela fica mofando em seu quarto, oscilando entre a dúvida e a cólera. Já faz algum tempo que ela adquiriu o hábito de trazer uma garrafa de gim em sua bolsa de viagem.

---

9. Abraham Lincoln (1809-1865), 16º presidente dos Estados Unidos (1861-1865). (N.T.)

Strange Fruit

Pressentindo que Billie não iria permanecer muito mais tempo com a orquestra de Artie Shaw, John Hammond lhe conseguiu um contrato em um novo clube que vai abrir as portas *downtown*, em Greenwich Village. O Café Society. Essa será a última vez em que ele ajudará sua carreira.

Entre John Hammond e Billie existem várias contrariedades. Depois que ela saiu da orquestra de Basie, ele se convenceu de que Billie faz escolhas erradas e sabota suas próprias chances. Por maior que seja seu talento, é essencial que a carreira de Billie seja bem gerenciada. O mínimo que ele espera dela é que se comprometa totalmente com a carreira. Sua aparente indiferença e sua atitude refratária o desacorçoam. Por seu lado, Billie dificilmente suporta ser dirigida por Hammond e se queixa de que ele não lhe traz nada de interessante. Não lhe dá nenhuma canção boa para as sessões de gravação com Teddy Wilson. Quanto à sua carreira, Billie vive um dia de cada vez e não faz planos a longo prazo. Sem a menor dúvida, ela não tem suficiente confiança em si mesma para encarar seu talento como um terreno fértil que necessita de cultivo. "Uma carreira tem de ser construída", repete-lhe Hammond, que está cansado de sua obstinação em rejeitar todas as suas sugestões. Não fez nenhuma gravação com as orquestras de Count Basie ou de Artie Shaw e, infelizmente, os períodos em que ela se apresentou com ambas as orquestras se situam anteriormente àqueles em que um ou outro se viesse a tornar conhecido. Mesmo que os discos com Teddy Wilson vendam bem, a difusão por via radiofônica é o trampolim indispensável ao sucesso de um artista. Foram as rádios que impulsionaram a carreira de muitas cantoras, entre elas Lena Horne[1] e Ella Fitzgerald.

Pouco a pouco, John Hammond perde o interesse por Billie. Ele terá muitos outros favoritos em sua longa carreira

---

1. Lena Mary Calhoun Horne (1917-2010), só é considerada negra por racismo. Seu último álbum foi lançado em 2006. (N.T.)

e será o responsável pelo sucesso de, entre outros, Aretha Franklin, George Benson, Bob Dylan e Bruce Springsteen.[2]

Billie parece estar sempre com as cartas erradas. É como se cada passo que desse à frente fosse seguido inelutavelmente de dois passos para trás. Os rumores correm à solta, de que ela passa embriagada e de que fica de péssimo humor quando bebe. Também de que não cumpre nenhum compromisso, de que seu caráter é muito violento; murmuram que não dá para confiar muito nela e que provoca confusões por onde quer que passe. O álcool não é a razão de tudo. Muitas vezes, ela chega chapada nas sessões de gravação. Ela até mesmo se recusou a apagar seus baseados depois de um pedido direto dos responsáveis pelas gravadoras de discos.

A partir de outubro de 1937, a maconha se tornou ilegal. O Diretor do Departamento Federal de Narcóticos, H. J. Anslinger[3], é um homem muito ativo e se esforçou até conseguir que a droga fosse declarada tão perigosa quanto a heroína, a cocaína ou o ópio. A nova lei, que proíbe o consumo, venda ou transporte dessa substância, aumentou consideravelmente seu campo de ação e garantiu ao Departamento importantes verbas federais.

O mundo da noite e muito especialmente os músicos de jazz, grandes fãs de um baseado, são os primeiros a serem visados. Doravante, cada fumante de maconha se tornou um contraventor da lei e está sujeito a punições exemplares.

O Café Society abre em 30 de dezembro de 1938, no lugar antes ocupado por um bar clandestino de subsolo, na Sheridan Square. Seu proprietário, Barney Josephson, fabricante de calçados, não sabe nada sobre o mundo do jazz. Ele se dirige a John Hammond e pede sua orientação.

---

2. Aretha Franklin, nascida em 1942 (seu último álbum saiu em 2006) e George Benson, nascido em 1943, são cantores afro-americanos. Robert Allen Zimmerman "Bob Dylan", nascido em 1941, e Bruce Frederick Joseph Springsteen, nascido em 1949, são cantores judeu-americanos. (N.T.)

3. Harry Jacob Anslinger (1892-1975), baseou parte de sua argumentação contra o uso da maconha nos "negros que estupravam mulheres brancas" sob influência da erva. (N.T.)

O Café Society se apresenta como o primeiro clube antissegregacionista. Suas paredes são decoradas com pinturas representando cenas caricaturais dos frequentadores de nightclubs do *jet-set* branco. *Este é o lugar frequentado pelos infrequentáveis,* proclama o clube, que se gaba de ser contra os direitistas e contra o racismo. Não vai apresentar números tipo Pai Tomás, não vai mostrar os "negros bons". Nas orquestras e espetáculos, se misturam igualmente negros e brancos. Há tanta integração no palco como na plateia. Ele pretende estar a meio caminho entre os bares politicamente engajados de um lado e os clubes de jazz e music halls do outro. Para contrastar com os clubes afetados dos brancos de classe alta, estilo smoking e gravatinha borboleta, são porteiros esfarrapados e de luvas rasgadas que acolhem as celebridades do show business, os escritores e os esquerdistas de todas as nuances. Até mesmo Eleanor Roosevelt, a esposa do presidente dos Estados Unidos, se apresenta ali uma vez – aliás, a única em que entrou em um clube de jazz.

Ainda que Roosevelt não se tenha pronunciado nunca claramente contra a segregação, sua esposa era muito bem conhecida por sua simpatia para com os negros. Um dia em que a associação Filhas da Revolução se havia recusado a receber a famosa cantora de gospel Marian Anderson[4] no Constitution Hall, Eleanor Roosevelt reagiu, devolvendo seu cartão de associada. Melhor ainda, ofereceu uma bela revanche à cantora negra: em março de 1939, domingo da Páscoa, diante de 75 mil pessoas, Marian Anderson cantou o hino nacional americano nas escadarias do Memorial de Lincoln.

Na noite da inauguração, Billie se apresentou com a orquestra do trompetista Frankie Newton. Ninguém estava preparado para acolher as seiscentas pessoas que se acotovelam para entrar em um lugar previsto para duzentas. Os sanduíches são encomendados na lancheria da esquina. Josephson obteve licença para vender bebidas alcoólicas, mas

4. Anna Eleanor Roosevelt (1884-1962) foi grande ativista social e defensora dos direitos civis ao redor do mundo, chamada pelo presidente Truman de "primeira dama do mundo". Marian Anderson (1897-1993), cantora afro-americana, intérprete versátil, do folk à ópera. (N.T.)

ainda não recebeu autorização para os espetáculos de palco, que só chega no último minuto. Mas pouco importa, Billie começa a cantar. O sucesso é tremendo. Benny Goodman fica tão impressionado com sua apresentação que a contrata no dia 17 de janeiro seguinte para a Camel Caravan, seu programa de rádio. Toda a imprensa saúda acaloradamente o nascimento do mais liberal dos clubes, o Café Society.

Billie continua se apresentando nele durante mais de sete meses, à razão de três conjuntos de números por noite, com três ou quatro canções em cada conjunto. Usando um vestido de seda decotado, braceletes que estalam uns contra os outros junto a seus pulsos, coloca do lado da cabeça três enormes gardênias. Sob o feixe do projetor que destaca seus magníficos ombros, ela simplesmente fascina seu auditório.

Como de costume, ela escolhe seus temas preferidos, sem dar bola para a opinião de John Hammond, que reprova suas canções por considerá-las muito deprimentes. *I'm Gonna Lock My Heart, More Than You Know* e *Some Other Spring* são histórias de amores desfeitos, de mulheres abandonadas, de solidão e frustração.

Mas Billie está feliz de novo: ela se apaixonou por seu pianista, Sonny White.[5] É um músico maravilhoso e está encantado com ela. Ele lhe oferece um magnífico anel de noivado. Sua ligação irá durar praticamente por todo o ano de 1939. Entretanto, coisa estranha, cada um deles continua morando na casa de sua própria mãe. E as mães, sem a menor dúvida, não serão inocentes dos motivos que levarão a seu rompimento. Sadie queria conservar sua filha para si mesma e, certamente, algo de semelhante se passava com a mãe de Sonny White.

Sadie passa o tempo todo a pôr sua filha em guarda contra os homens:

– São todos uns canalhas e não merecem a menor confiança – diz ela, fazendo-lhe tinir os ouvidos com a história da traição de Clarence, da qual jamais se recuperou. – Con-

---

5. Ellerton Oswald "Sonny White" (1917-1971): pianista afro-americano. (N.T.)

serve sua liberdade, minha filha. Os homens só querem nos comer, ou nos rebentar de porrada, eles pensam que somos os capachos deles...

Cada homem novo que aparece é suspeito aos olhos de Sadie. Interrogatórios sem fim, admoestações, gemidos e de novo as histórias de Clarence, aquele ingrato que a abandonou assim que soube que ela estava grávida.

Nessa afirmação pesa um duplo subentendido: não somente o nascimento de Billie é a causa de sua desgraça, mas se Billie a deixar, vai ser, como o pai, o motivo da infelicidade de Sadie.

Billie não tem somente admiradores, também recebe um bom número de admiradoras. Garotas que vêm visitá-la em seu camarim, tímidas mas excitadas, os olhos brilhando com aquele pequeno lampejo que ela aprendeu a reconhecer em Alderston. Aquilo que era moeda de troca na prisão tornou-se agora uma homenagem à sua beleza e à sua fama crescente. Essas meninas lhe oferecem rosas vermelhas, buquês de gardênias, um lenço de seda, um frasco de perfume.

Uma delas, uma encantadora jovem da alta sociedade nova-iorquina, vem assistir todas as noites enquanto ela canta. Essa garota se contenta em permanecer quieta em seu canto e devorá-la com os olhos. Uma noite, ela lhe envia um presente surpreendente. Billie fica inicialmente perplexa, mas depois estoura de riso ao descobrir dentro da caixa de uma loja de roupas famosa um terno de homem. Assenta-lhe como uma luva. Essa garota decididamente é original. Billie lhe manda um recado por um criado. Que venha buscá-la depois do espetáculo. Ela vai esperá-la, vestida com a fantasia.

– Meu nome é William. Qual é o seu?.

Seria Louise Crane, a prima de John Hammond? Barney Josephson, o proprietário do clube, afirma que uma certa Louise vinha buscar Billie todas as noites.

As drogas são formalmente proibidas no Café Society. Billie se entendeu com um motorista de táxi, o qual, entre duas apresentações, fica dando voltas ao Central Park enquanto ela fuma seu baseado tranquilamente, só ou acompanhada. O táxi é um lugar excitante, onde se pode realizar todo tipo de atos ilícitos, sob o olhar eventual do *voyeur* que espia pelo retrovisor. E tem mais: Mama Holiday nunca diz nada se ela vai com uma amiga para casa. Uma linda loura. E depois outra. Garotas que ficam toda a noite, até de manhã, e Sadie chega até mesmo a lhes levar café na cama.

Para suas louras, Billie tira sua cabeleira postiça e penteia seus cabelos curtos para trás. Ela continua a se vestir de homem e a dizer que seu nome é William. Ela trata suas minas com bastante grosseria. Do mesmo jeito que os fanchões de Baltimore. Já há quem a chame de "Mister Holiday".

Em uma tarde de março de 1939, um jovem professor secundário, Abel Meeropol, que usa o pseudônimo de Lewis Allan, vem propor a Barney Josephson um poema que ele musicou. "Pensei em Billie Holiday", explica com mais precisão. O título é *Strange Fruit.*

As palavras fazem Josephson prender a respiração, quase sufocado. Trata-se de frutos estranhos agitados pela brisa do Sul, metáfora para um linchamento, em que negros supliciados, a boca torta e os olhos saindo para fora das órbitas, balançam na ponta de uma corda, pendurados em galhos de árvores. É uma cena que recorda irresistivelmente uma horrível fotografia dos anos 30.

Inicialmente, Billie hesita, porque a letra não tem nada a ver com seu repertório de canções de amor. Barney Josephson, que compreende de imediato o partido que pode tirar dessa peça como propaganda para o Café Society, insiste com ela para que aceite. Ele deixa a orquestração a cargo de Daniel Mendelsohn.[6]

As más línguas afirmaram que Billie, que só lia a revista de fofocas *Confidential* e as tiras de quadrinhos sentimentais, não havia entendido o alcance do texto. Isso é subestimar Billie, que, muito certamente, foi sensibilizada pelo seu propósito. Mais tarde, ela irá afirmar ter escolhido essa canção

6. Daniel Mendelsohn (1915-2002): compositor e escritor judeu-americano. (N.T.)

em memória de seu pai. A seus olhos, sua morte foi um verdadeiro crime racista, tanto quanto um linchamento.

Na primeira noite em que Billie verdadeiramente tomou consciência do que estava dizendo, ela cantou *Strange Fruit* com tanta emoção que as lágrimas corriam por suas faces.

O impacto sobre o público foi enorme. *Strange Fruit* tornou-se a canção registrada do Café Society e emprestará um novo brilho à carreira de Billie Holiday. É a primeira vez em que uma canção evoca sem ambiguidade a questão da violência racial. Os blues só haviam abordado o assunto de forma indireta, mas *Strange Fruit* é uma canção que fala frontalmente do linchamento. *Strange Fruit* é a primeira *protest song* americana e traz uma mensagem cujo impacto irá perdurar. Ela se transformará no estandarte dos negros em seu combate contra os linchamentos, um hino em memória a todas as vítimas do racismo.

Nessa época, no Sul dos Estados Unidos, ensinam aos meninos negros que nunca fitem os brancos nos olhos. Somente olhar para uma mulher branca já era uma justificativa para linchamento, mas dizer uma praga, insultar um branco, portar-se com gabolice ou até mesmo ter a ousadia de comprar um carro também eram... O negro deve ficar em seu lugar, e cada atrevimento é severamente punido. Com pena de morte. O negro é enforcado, queimado, acorrentado ao para-choque traseiro de um carro e arrastado por toda a cidade. O Sul pratica o linchamento como uma recreação inocente e, nas pequenas cidades, todos os habitantes, famílias inteiras, se reúnem para assistir a um, logo depois do piquenique dominical... Os linchamentos são uma demonstração de força, uma forma de provocar horror a fim de mascarar o medo da negritude com todas as fantasias de potência sexual que a ela estão associadas. Diante da populaça desenfreada, aplicam-se aos cadáveres ferros em brasa nos testículos, cortam-lhe um dedo "como recordação" ou então eles são diretamente castrados. À noite, a Ku Klux Klan organiza cerimônias assustadoras ao redor de uma gigantesca cruz flamejante. O fogo... É com ele que se vai limpar os Estados Unidos de negros, de judeus e de todos esses que impedem o país de ser uma América branca e protestante.

Apesar de uma longa campanha da NAACP e mesmo que repetidas vezes a Câmara dos Deputados tenha aprovado uma lei antilinchamento, ela nunca chegou a ser votada no Senado.

As árvores do Sul dão um fruto estranho,
Sangue nas folhas e sangue nas raízes,
Corpos negros balançam na brisa do Sul,
Um estranho fruto pendente dos choupos.

Esta é a cena pastoral do valoroso Sul:
Os olhos arregalados e a boca retorcida,
Perfume de magnólias, doce e fresco,
Então o súbito odor de carne queimada.

Eis aqui o fruto para os corvos arrancarem,
Para a chuva colher, para os ventos sugarem,
Para apodrecer ao sol, derrubado pelas árvores.
Eis aqui uma estranha e amarga colheita.[7]

A cada noite, *Strange Fruit* é interpretada no final do programa. Param de servir aos clientes, pede-se que façam silêncio, as luzes são apagadas, só o rosto de Billie brilha em um pequeno círculo de luz. Ela fecha os olhos e vira a cabeça para trás. Seus lábios cor de sangue articulam lentamente as palavras e pontuam cada frase com silêncio pausado, enquanto a plateia prende a respiração.

---

7. *Southern trees bear strange fruit, / Blood on the leaves and blood at the root, / Black bodies swinging in the southern breeze, / Strange fruit hanging from the poplar trees. / Pastoral scene of the gallant south, / The bulging eyes and the twisted mouth, / Scent of magnolias, sweet and fresh, / Then the sudden smell of burning flesh, / Here is the fruit for the crows to pluck, / For the rain to gather, for the wind to suck, / For the sun to rot, for the trees to drop, / Here is a strange and bitter crop.* Abel Meeropol (1903-1986): autor judeu-americano. (N.T.)

A intensidade dramática é levada ao auge quando ela acentua as últimas palavras da canção: *It is a strange and bitter crop!* ("Eis aqui uma estranha e amarga colheita."). As palavras são mais declamadas do que cantadas. E a última delas é um grito feroz que petrifica a assistência. Billie baixa a cabeça. Obscuridade total. Quando as luzes se acendem, o palco está vazio. Ela não canta mais nada depois de *Strange Fruit.*

Ela insiste que respeitem seu ritual. Uma noite em que ela julga que o público não lhe está dando a devida atenção, para bem no meio, vira-se de costas e levanta o vestido para mostrar a bunda nua perante a assistência imóvel de surpresa. Suprema provocação. Se vocês não gostam do que eu canto, é isso que vocês merecem... *Kiss my ass...* ("Me beijem a bunda!")

Billie fica mais difícil de lidar. Seu relacionamento com John Hammond está longe de ser harmonioso. *Strange Fruit...* Um erro monumental, segundo ele decreta. Ele atribui a essa canção o começo do declínio dela. Ao se transformar em uma cantora "engajada", a "egéria"[8] da gente da esquerda, ela ficou, segundo ele, séria demais e perdeu todo o seu frescor. Essa canção trágica não convém a seu estilo vocal. De acordo com ele, Billie nunca mais irá atingir a qualidade demonstrada nos anos precedentes.

Bem ao contrário, ela se tornaria, a partir dessa ocasião, o personagem principal e comprometido de uma canção de que ela, muito mais que intérprete, era parte integrante e testemunha. *Strange Fruit* tornará Billie célebre e modificará sua percepção da própria arte. Ela toma consciência de sua importância contestatória e continuará a interpretá-la até o fim da vida. Mais tarde, ela afirmará que foi essa canção que focalizou sobre ela a atenção do FBI, cuja perseguição acabou por levá-la à prisão. Com efeito, foi só depois que ela desobedeceu à ordem de não cantar *Strange Fruit* no Earle Theater de Filadélfia, que ela foi presa por porte de drogas.

---

8. Inspiradora, conselheira. Segundo a mitologia romana, a ninfa Egéria morava em uma caverna e aconselhava Numa Pompílio, o segundo rei de Roma (715-672 a.C.). (N.T.)

À medida que crescia sua notoriedade, Billie criou sua própria identidade, apropriando-se de certas canções. Elas se tornaram parte integrante de sua vida e de sua verdade. Ela não suportará que ninguém mais as interprete. No começo dos anos 40, conta-se que ela se precipitou contra o cantor Josh White[9], armada de faca, porque ele ousou cantar *Strange Fruit.* Mas ele conseguiu acalmá-la, dizendo-lhe que todos deviam cantar aquela música até o momento em que não fosse mais necessária.

Irene Wilson conta que uma noite um branco da Geórgia se encontrava na primeira fila enquanto Billie cantava *Strange Fruit.* Quando ela acabou de cantar, ele a chamou grosseiramente:

– Chegue aqui, Billie!...

Ela se aproximou, pensando que ele queria oferecer-lhe um trago.

– Eu vou lhe mostrar agora o que é que é um fruto estranho...

Ele tinha feito um desenho obsceno em seu guardanapo. Billie agarrou uma cadeira e bateu-lhe com ela na cabeça. Louca de raiva, ela se põe a bater nele até que o leão de chácara intervém, pega o camarada e o lança na rua...

Strange Fruit levanta uma grande celeuma, provoca artigos nos jornais e controvérsias. Para grande decepção de Billie, a Columbia se recusa a gravá-la em disco, temendo ser boicotada por seus distribuidores do Sul. Mas Milt Gabler, o proprietário de uma loja de discos, acabou de montar Commodore Records, um selo especializado em jazz. Ele já gravou Willie "The Lion" Smith e os melhores músicos de Kansas City, entre eles Lester Young. Ele toma uma decisão rápida. Se a Columbia concordar em "emprestar-lhe" Billie, ele se encarregará de produzir *Strange Fruit.* O acordo é concluído imediatamente. A 20 de abril de 1939, Billie grava com a orquestra de Frankie Newton, que toca no Café Society. Além de *Strange Fruit,* também é gravada

9. Joshua Daniel "Josh" White (1914-1969): músico afro-americano. (N.T.)

Yesterdays e, na outra face, *I Gotta Right to Sing the Blues* e *Fine and Mellow,* um blues soberbo composto pela própria Billie e que, no decorrer do tempo, se tornará a melhor venda da Commodore. Gabler tinha bom faro, também as vendas de *Strange Fruit* foram excelentes.[10]

Para não ficar atrás, a Columbia organiza uma gravação para dezembro: *Night and Day, The Man I Love...* Billie se reencontra com Lester Young e os músicos de Count Basie. Esta será a primeira gravação de *The Man I Love*, uma canção que irá acompanhá-la até o final de sua carreira. Ao evocar a falta de amor e a esperança (talvez vã) de encontrá-lo um dia, esse tema reflete um sentimento profundamente entranhado na alma de Billie. O público não se sentirá enganado. A canção fará um enorme sucesso.

Ela grava novamente com Teddy Wilson *Some Other Spring* e *Them There Eyes.* Em agosto, Billie termina seu contrato no Café Society, vai cantar no Apollo e depois no Harlem, no clube de Clark Monroe, a Uptown House. Depois de seu rompimento com Sonny White, ela inicia uma breve ligação com Clark Monroe... E depois com o saxofonista Buddy Tate.[11]

O Café Society é seu feudo. Ela é novamente contratada para a estação de inverno, mas não permanece muito tempo desta vez, porque Josephson se recusa a lhe dar um aumento de salário. Tanto pior para ele, ela sai batendo a porta com violência e deixa em seu lugar Hazel Scott, uma jovem pianista que Barney Josephson, desde o começo de sua atuação, já qualificara de "negra demais"... O clube Ernie's lhe oferece o salário que ela exige. Billie não tem mais medo de ficar desempregada.

---

10. David Abraham "Milt" Gabler (1911-2001) era filho de judeus austríacos; Francis "Frankie" Newton (1906-1954), músico afro-americano. (N.T.)

11. George Holmes "Buddy Tate" (1913-2001). (N.T.)

Casamento e ópio

No final de 1939, Jimmy Monroe, irmão de Clark Monroe, acaba de voltar da Europa. Depois de haver vivido em Londres, ele retorna de Paris, onde dirigiu um clube na praça Pigalle. Dotado de um rosto com traços finos e de um sorriso irresistível, ele se apresenta ora como empresário, ora como antigo atleta. Ele está casado com uma vedete da canção popular, Nina Mae McKinney[1], e retorna todo enfeitado de penas de pavão, ao lado de uma magnífica londrina, que ele exibe por toda parte, como um sinal de sua classe europeia. Suprema sofisticação, ele fuma ópio, um hábito que trouxe de Paris, onde se tornou a última moda.

Billie sente uma paixão avassaladora. Quando um homem lhe agrada, ela não fica lhe lançando olhares dengosos, ela fala diretamente. Billie não hesita em saborear de imediato o que a vida lhe oferece. *Get high* em um homem, uma mulher, um copo de bebida, um *joint*.[2] Quem poderia crer que Billie buscasse uma relação durável, um homem que dissipasse suas angústias de meninazinha abandonada, que a amasse e protegesse? Um sonho de comerciária bem escondido sob uma máscara de valentona? Nada mais do que uma fantasia. Porque não é esse tipo de homem que convém à sua natureza mais profunda.

---

1. James Herbert Monroe (1911-1966) era também trombonista. Eles casaram em 25 de agosto de 1941 e se divorciaram em 1957. Mas, antes disso, Billie também casou com Louis McKay, em 28 de março de 1942, e teve um sério caso com Joe Guy. Só após separar-se de Guy é que ela entrou com a ação de divórcio contra Monroe. Nina Mae McKinney (1913-1967), embora de pele muito clara e tendo conhecido Monroe na Inglaterra, era de fato uma afro-americana sulista que foi a primeira a interpretar um papel principal no cinema americano. (N.T.)

2. Ficar alto, experimentar euforia ou um grande prazer. Um *joint* é um baseado (*reefer* é mais comum), no contexto, mas a palavra existia anteriormente com relação a cigarros de tabaco feitos manualmente, "lambidos" ou "palheiros", e ainda pode ser empregada neste sentido. Em inglês no original. (N.T.)

Jimmy Monroe é o mais belo homem que ela conheceu. Lembra vagamente seu pai, Clarence Holiday. Ela adora seu lado brilhante e charmoso, seu refinamento, sua silhueta esbelta.

Monroe enfiou na cabeça que vai se tornar seu agente musical. Ele conhece bem as *stars*, ou pelo menos é o que ele diz, porque já se casou com uma:

– Para você se tornar uma *star*, vai ter de se comportar como uma. Cuidar mais de sua aparência, usar vestidos magníficos, joias lindas, cobrir-se de peles. Tem de parecer uma.

Ele a aconselha a usar uma peruca, que ela vai usar como um coque logo acima da testa ou então no alto da nuca. Há muitas fotos que a mostram nessa época, muito elegante, com vestidos de noite, fiadas de pérolas no pescoço, chapéus de festa ou gardênias, sapatos de palmilhas duplas com saltos muito altos. Frequentemente, um magnífico casaco de vison. Ela vai adquirir uma paixão por peles de vison. Serão o emblema de seu sucesso.

Naturalmente, ela também precisa de um amante à sua altura. Jimmy Monroe é o homem ideal, o príncipe consorte de Lady Day, muito elegante em seus casacos justos. Ao redor deles gravita uma corte de novos amigos, em busca de pequenos favores, que ela satisfaz generosamente. Jantares regados a bebida, mesas fartas, noitadas alegres, cafés-concerto, aplausos, conhaque. E drogas. No final dos anos 30, para ser *hip*, é preciso fumar ópio. É a época de festas elegantes e muito privadas, em que artistas, escritores, músicos e ícones do *jet-set*[3] se encontram ao redor de um ritual fascinante e se entregam a uma cerimônia exclusiva para os iniciados. O cachimbo de ópio circula de boca em boca, as longas horas da noite se estiram ainda mais na fumaça opiácea.

Billie está apaixonada. Ela experimenta por Jimmy a mesma atração que pelos belos cafetões de Baltimore, com seus sapatos bicolores, seus dedos cobertos de anéis, os olhos brilhantes sob a aba caída dos chapéus. Esses homens que a

---

3. "A turma do jato", referência às celebridades e aos ricos que viajam constantemente. (N.T.)

haviam posto debaixo de suas asas protetoras desde que ela tinha treze anos, esses homens cruéis mas capazes de ternura, que a cobriam de presentes comprados com o dinheiro que ela mesma ganhava, mas que mais tarde a sabiam recompensar muito bem na cama... Se ela se atreve a resistir em qualquer coisa, dito e feito. Jimmy tem mão pesada. Isso ficou claro aos olhos de todos, uma noite ao saírem de um clube noturno. Billie nem sequer protestou, apenas protegeu seu rosto. Os amigos viraram os próprios rostos para outro lado. Para Sadie, ela disse que tinha sido agredida por alguns vagabundos.

O ano de 1940 é frutífero em contratos, em viagens, em transmissões de rádio e em gravações.

Acompanhada pelo pistonista Roy Eldridge, apelidado de Little Jazz por ser muito baixinho, ela canta durante dezoito semanas no Kelly's Stable. "O *Swing Team* de 1940", proclama o cartaz na entrada do clube. Eles alcançam um sucesso estrondoso.

– Ela possuía ao mesmo tempo o poder de fazê-lo chorar e logo depois deixá-lo muito feliz, tinha um contato fabuloso com o público. Percebi que, efetivamente, ela já havia se tornado uma estrela – diria mais tarde Roy Eldridge.

Billie se apresenta igualmente fora de Nova York. Depois de cantar em Washington, ela permanece durante um mês no Hotel Sherman, de Chicago. Suas apresentações de canto são retransmitidas todas as noites pelas rádios. Numerosas estações a solicitam para emissões diretas. Uma única vez ela recusa o convite, por ficar sabendo que Ella Fitzgerald também foi incluída no programa. Lady Day não divide sua posição de vedete com ninguém.

Ainda haverá muitas sessões de gravação com Roy Eldridge dentro da série *Billie Holiday and her Orchestra*. Serão doze títulos, entre eles *Body and Soul, Ghost of Yesterday, Falling in Love Again.* Ela irá gravar igualmente com a orquestra de Teddy Wilson e com a de Benny Carter.

Billie, que finca o pé quando se trata de defender seus interesses, ganha agora trezentos dólares por semana e os gasta alegremente com toda a banda de Jimmy Monroe.

Em setembro, Billie retorna ao Apollo. Pela primeira vez, seu nome figura no topo do cartaz. O reconhecimento chegou, precisamente nesta sala que a desprezou em sua estreia. Não é absolutamente uma pequena revanche.

No mês de outubro, o Café Society a contrata de novo. Pagando seu preço. Na noite da abertura, Billie não vem. Barney Josephson decide anular seu contrato, afirmando em altas vozes que pode perfeitamente passar sem ela. Mas ele logo muda de opinião. Embriagado pelo sucesso de sua fórmula, Josephson decidiu abrir um segundo Café Society na Rua 58, na Uptown. Billie, o pianista Art Tatum e toda a orquestra de Joe Sullivan são as garantias de seu sucesso. Desta vez, Billie se apresenta na noite da inauguração. A partir de agora, Billie se alterna entre os dois Café Society e circula de uma ponta da cidade à outra. O tempo exato de fumar um *joint* dentro do táxi.

Entretanto, a colaboração com Art Tatum está longe de lhe ser conveniente. Um brilhante pianista, Art Tatum não é um acompanhante. Sua virtuosidade, a prolixidade de seus acompanhamentos não convêm às respirações sutis de Billie, sua simplicidade e seus deslocamentos de compasso.

Billie sai do Café Society no final de novembro e volta ao Kelly's Stable e depois vai para a Uptown House de Clark Monroe.

Nos domingos à tarde, ela volta a participar das jam sessions que Milt Gabler organiza no Jimmy Ryan's Club. Ela não pode recusar coisa alguma àquele que lhe permitiu gravar *Strange Fruit.* Ela encontra aí mais um vez seu querido Eddie Condon e os outros músicos de quem mais gosta: Joe Sullivan, Bobby Hackett, Hot Lips Page e Lester Young.[4]

Billie conta que, assim que iniciaram seu relacionamento, a londrina telefonara para Sadie, a fim de preveni-la contra Jimmy Monroe. Foi desnecessário. Sadie já encarava aquela ligação com os piores olhos possíveis.

4. Joseph Michael O'Sullivan "Joe Sullivan" (1906-1971) era de origem irlandesa; Robert Leo "Bobby" Hackett (1915-1976) e Oran Thaddeus "Hot Lips" Page (1908-1954) eram afro-americanos. (N.T.)

Billie, enamorada, tem a cabeça em outra parte e se afasta de sua mãe. Isso não agrada nem um pouco a Sadie. Ela alerta Joe Glaser, o agente de Billie, para que tome cuidado. Prevenido, ele começa logo a observar o gigolô de casaco de seda, as pequenas marcas no rosto dela, seu jeito de mulherengo. Um drogado, ainda por cima.

Para conservar sua filha, Sadie lança mão de todos os argumentos. Será que, bem lá no fundo, ela acha que Billie não tem direito a uma vida melhor do que a dela?

– Ele nunca vai casar com você – repete-lhe com frequência.

Todo homem representa um concorrente potencial que vai controlar Billie e tirar o dinheiro dela. De fato, ela constata que Billie, que ganha a vida tão bem, está sempre dura. Sadie tem de reclamar muito para conseguir um punhado de dólares. Está convencida de que sua filha não quer mais saber dela, mas isso é só por causa de Monroe, que a mantém sob seu domínio através do poder das drogas.

Como se fosse para lhe dar razão, uma certa manhã ela surpreende Billie no momento em que mistura uma pasta suspeita em seu café. Irene Wilson, que há pouco se separara de seu marido, está morando com elas.

– O que é isso que você está pondo no café, Billie?

– Ah, não é nada. Só um negócio que não faz mal nenhum.

Um momento depois, ela corre para o banheiro, quase morrendo de tanto vomitar.

– Tudo o que eu sei – acrescenta Irene – é que Jimmy Monroe a ensinou a fumar ópio. Mas em seguida ele começou a enchê-la de cocaína também.

A personalidade de Billie se transforma. Perde boa parte de sua alegria, torna-se mais grosseira com os amigos e com Sadie, que confidencia sua preocupação a Joe Glaser. Ela atribui seu comportamento ora ao homem, ora à droga. Billie está correndo perigo, tem de ser vigiada.

Billie se encerra. Fica descansando em casa, enquanto escuta *Rhapsody in Blue* e *Porgy and Bess*. Mas também escuta Debussy. Ela gosta em especial do *Prélude à l'après-midi d'un faune.*[5]

Provavelmente porque ele agrada tanto a Billie, Sadie odeia Jimmy Monroe. Proíbe que entre em sua casa. Se ele pretende continuar se encontrando com sua filha, então que seja em outro lugar; não vai ser na casa dela.

Billie, que ainda lhe guarda um certo rancor por causa de Sonny White, decide lhe dar uma lição. Uma noite, ela não telefona à mãe para lhe dar notícias. A noite inteira passa e nem sequer uma chamada. Sadie está apavorada. Finalmente, Billie chega, com um ar insolente. Com as mãos na cintura, Sadie já está pronta para lhe passar um carão, mas Billie joga um papel sobre a mesa da cozinha. Uma certidão de casamento. Eles se casaram na véspera, em Elkton, Maryland.

– E agora? Ele já pode vir aqui em casa?

Billie tem 26 anos. Deixando Sadie desolada e banhada em lágrimas, ela se instala com Jimmy Monroe em um quarto da Rua 110.

Billie pode ter-se cobrado de sua mãe, mas se desencanta bem depressa. A bela londrina não saiu da vida de seu marido. Quando ela trabalha, não faz a menor ideia de onde o marido está passando a noite. Numa delas, Jimmy chega em casa com marcas de batom no colarinho da camisa. Pego em flagrante, ele a afoga em uma torrente de desculpas.

– Só vou lhe pedir uma coisa, não me venha com mentiras – exclama ela. – Vá tomar um banho e me faça o favor de não explicar mais nada.

Essa cena lamentável lhe dá ideia para um tema. Ela irá escrever, com o auxílio de Arthur Herzog, a letra de *Don't Explain,* uma de suas mais belas canções.

---

5. A "Rapsódia em blues" é uma peça orquestral erudita empregando ritmos populares; "Porgy e Bess" é uma ópera com personagens negros, ambas compostas por George Gershwin, com letras de seu irmão Ira, judeus-americanos. O "Prelúdio à sesta de um fauno" é um balé de curta duração, da autoria do compositor francês Achille-Claude Debussy (1862-1918). (N.T.)

Os pelos do púbis pintados de vermelho

O otimismo do New Deal deu lugar ao realismo. Depois do desastre de Pearl Harbor em dezembro de 1941, a América entrou na guerra.

O presidente Roosevelt decidira que, no decorrer de um só ano, a América deveria produzir uma quantidade impressionante de aviões, tanques, canhões e belonaves. As indústrias de armamentos têm necessidade de mão de obra e o exército precisa de carne de canhão. Os negros, desejosos de defender sua pátria e de participar do esforço de guerra, mudam-se em massa para as grandes cidades, na intenção de trabalhar nas fábricas. E lhes batem com as portas no nariz. A decepção é imensa. Sem trabalho, eles se amontoam nos guetos sórdidos. Discriminação nos centros de recrutamento, promessas não cumpridas, ódio racial, a criminalidade dos guetos que transborda sobre a cidade branca, a tensão aumenta cada vez mais. Em 1941, A. Philip Randolph[1], um líder sindicalista, reúne cem mil negros para marcharem sobre Washington a fim de obter trabalho nas indústrias de armamentos. Em 25 de junho de 1941, Roosevelt ordena que a segregação seja banida da indústria de guerra. Mas o Sul não se dobra. E uma segregação implacável se produz no exército.

Entre 1940 e 1945, três milhões de soldados se engajam nas "unidades de cor". Os negros sofrem humilhações e maus-tratos constantes. Até mesmo as sessões de cinema destinadas a conservar elevado o moral das tropas aplicam a regra da segregação, com horários separados. Nos campos de treinamento, a tensão aumenta e os incidentes se multiplicam. O ressentimento está à altura de uma imensa amargura. Em 1943, estouram motins sangrentos em cinco grandes cidades dos Estados Unidos. Em Detroit, os enfrentamentos resultam em 34 mortos e são necessários seis mil soldados das tropas federais para restabelecerem a calma.

---

1. Asa Philip Randolph (1889-1979): músico afro-americano. (N.T.)

No Harlem, a tensão é tangível. A polícia está por toda parte, portando-se com arrogância. Em 1943, o Savoy Ballroom é fechado, sob o pretexto de que é a causa da recrudescência de doenças venéreas entre os soldados brancos. A população fica escandalizada. Durante um incidente, um policial fere um soldado negro. A cólera explode no Harlem. As ruas são devastadas, as lojas saqueadas, os postes de luz arrancados. O Harlem inteiro é mergulhado na escuridão. Mas a sublevação popular é logo debelada pela prefeitura, graças ao apoio dos líderes negros da NAACP.

Não obstante, a necessidade dita a lei e, progressivamente, os negros vão sendo integrados a diversas unidades do exército, entre elas o prestigioso corpo dos fuzileiros navais [*marines*]. Em 1945, na passagem do rio Reno, o general Eisenhower coloca as unidades de soldados negros lado a lado com os regimentos brancos. Essa operação é um sucesso. A dessegregação total do exército, todavia, só será imposta por decreto presidencial de Harry Truman, em 1949.[2]

Em Nova York, Billie se tornou indiscutível, todos os clubes a disputam. Sem a menor contestação, ela é a rainha da Rua 52. Ela é acolhida de braços abertos no Famous Door, o mesmo clube que, em ocasiões anteriores, a forçara a esperar na rua enquanto não chegava sua vez de cantar. Ela é agora acompanhada pela orquestra de um jovem vibrafonista, Lionel Hampton. Todavia, a carreira de Billie permanece conscrita a um ambiente de iniciados, os *happy few*, e mal toca o grande público, que prefere Ella Fitzgerald ou Maxine Sullivan.[3] Esse é o preço que ela tem de pagar por sua independência, pelo seu desdém de todo compromisso.

Ao final de um ano, sua lua de mel terminou definitivamente. Billie não se sente feliz com Jimmy. Ela conseguiu,

---

2. Dwight David "Ike" Eisenhower (1890-1969), 34º presidente dos Estados Unidos, de 1953 a 196l; Harry Samuel Truman (1884-1972), 33º, de 1945 a 1953. (N.T.)

3. "Os poucos que eram felizes". Em inglês no original. Marietta Williams "Maxine" Sullivan (1911-1987), cantora afro-americana. (N.T.)

pagando o preço de uma grande culpa, afastar-se de sua mãe. Será isso que estraga sua felicidade? Sadie pensa que perdeu a filha, mesmo que Billie a visite com muita frequência. Pobrezinha, não vai ser junto à sua mãe que ela poderá queixar-se de seu marido.

O casal simplesmente não se entende. Quando um novo Café Society é aberto em Los Angeles, Jerry Colonna faz um forte apelo a Billie para que participe da inauguração. Para sua primeira viagem à Califórnia, ela leva consigo seu marido, com a ideia de que uma viagem poderá ser-lhes propícia. Desencontro total. Jimmy nunca está perto quando ela precisa, ocupa-se o tempo todo de fazer contatos.

Durante esse período, é Billie que trava conhecimento com tudo o que Hollywood possui em matéria de celebridades. A sala fica apinhada todas as noites. Os atores se acotovelam para entrar. Bob Hope, Judy Garland, Don Ameche, Clark Gable, Merle Oberon e toda a *gentry* de Hollywood.[4]

Apesar de seu sucesso, Billie permanece como alvo dos racistas. Em cada show, pedem-lhe que cante *Strange Fruit.* Uma noite, ela tem de parar no meio da canção, porque um jovem começa uma arruaça na sala. Ele fala muito alto, depois começa a dizer desaforos, chama-a de "negra". Pressentindo o confronto, Bob Hope intervém. Acompanhado por Judy Garland e Jerry Colonna, eles se juntam a Billie e depois pegam o camarada por um braço e o levam a um canto. Basta falar grosso com ele. O encrenqueiro dá o fora, sem nem pedir o troco. Após o espetáculo, Bob Hope convida Billie para tomar champanhe. Embora deteste champanhe, Billie toma algumas taças, em consideração a seu anfitrião. O efeito não se faz esperar. Sua cabeça começa a rodar. Os espelhos se retorcem, as garrafas tremem, os lustres se balançam, as cadeiras giram...

---

4. Geraldo "Jerry" Colonna (1904-1986), empresário ítalo-americano; Leslie Townes "Bob" Hope (1903-2003); Frances Ethel Gumm "Judy Garland" (1922-1969); Dominic Felix Amici "Don Ameche" (1908-1993); Estelle Merle O'Brien Thompson "Merle Oberon" (1911-1979), atores hollywoodianos de origem europeia. *Gentry* é a pequena aristocracia rural inglesa, por extensão, a "nobreza" de Hollywood. (N.T.)

– Mas que coisa! – exclama Billie. – Como sobe essa sua limonada!

Com uma voz alterada, Bob Hope resmunga:

– Não é nada disso. Você não percebeu que acabamos de sofrer um dos maiores terremotos que já houve nesta região?[5]

Orson Welles vai lá todas as noites. Ele já é célebre. Seu filme *Citizen Kane,* que parodia a vida do magnata da imprensa Randolph Hearst, provocou uma tremenda polêmica. Welles tem 25 anos, é brilhante, sedutor e adora jazz. Ele formulou um projeto de fazer um documentário sobre a história do jazz, *It's All True,* que nunca chegaria a ser produzido. Fascinado pelo mundo das drogas clandestinas, pede a Billie que o leve à Central Avenue, nas zonas de pior reputação do bairro negro de Los Angeles. Billie sente-se fascinada por sua personalidade, sua inteligência e sua eloquência. Eles são vistos juntos com frequência até o momento em que Billie começa a receber telefonemas anônimos em seu hotel. Ela é acusada de estar destruindo a carreira de Orson Welles, é ameaçada de jamais trabalhar em Hollywood caso continue a conviver com ele. Uma negra não pode se mostrar publicamente ao lado de um branco sem desencadear os golpes de toda espécie de censura. Já entre mulheres, há muito menos problemas. Se Billie quiser, pode dar uma escapada até o México com uma das amiguinhas de Orson Welles!

O clube fecha as portas inopinadamente ao cabo de três semanas. Jerry Colonna tinha usurpado o nome de Café Society sem permissão e Josephson quer abrir processo contra ele. O clube não cumpre seus compromissos, e Billie fica sem um tostão. Seu relacionamento com Jimmy vai de mal a pior. As brigas vêm em enxurrada, os golpes não param de chover. Jimmy se envolveu com um bando de traficantes de marijuana. De um dia para o outro, ele a abandona. Sozinha, amargurada e arrasada, Billie toma um trem.

Retorna a Nova York a fim de se refugiar na casa da sua mãe, que se sente triunfante. Daí para a frente Billie não

---

5. *Lady Sings the Blues, op. cit.* (N.A.)

hesita mais em trazer homens para casa. Dessa vez, Sadie toma o cuidado de não lhes fechar a porta.

Mal retornou a Nova York, depois de uma breve passagem pelo Apollo, ela é contratada pelo Famous Door, com a orquestra de Benny Carter, em que toca o grande trompetista Dizzy Gillespie. Ele insufla um novo vento de energia sobre o Harlem. Com Dizzy como ponta de lança, os jovens músicos cansados da rotina do swing se lançam em busca de outro jazz, mais rápido e menos estruturado, mais exigente também, porque todos eles são músicos de primeira classe, todos fizeram seu aprendizado nas grandes formações orquestrais. Eles se encontram no Uptown de Clark Monroe ou no Minton's Playground, ao redor de Ted Hill. O bebop está a ponto de nascer, com Charles Christian, Thelonious Monk, Kenny Clark e Joe Guy. Além do jovem Charlie Parker, originário de Kansas City.[6]

Billie não se interessa por essa nova tendência. Para elas uma música que não se pode cantarolar ou acompanhar batendo o compasso com os pés não é música. Ela permanece em sua verdade, em seu universo, e é particularmente talentosa em criar um embalo de swing a partir de todas as canções que interpreta. Enquanto isso se passa, o belo trompetista Joe Guy provoca o seu interesse.

Em 10 de fevereiro de 1942, Billie grava pela última vez sob o selo Columbia. Desde 1933, ela registrou 133 títulos para essa gravadora.

Depois de uma série de shows com a orquestra de Benny Carter no Apollo, ela deixa Nova York e se transfere para Cleveland, onde se apresentará com o Cats and a Fiddle Quartet.[7]

Billie viaja a seguir para a Costa Oeste, porque ela acaba de saber que Jimmy Monroe foi preso por tráfico de

6. Theodore "Ted" Hill Jr. (1919-1977), Charles Henry Christian (1916-1946), Thelonious Monk (1917-1982), Kenny Clark (1914-1985), Joseph "Joe" Guy (1920-196?), Charles Christopher "Bird" ou "Yardbird" Parker (1920-1955): músicos de jazz afro-americanos. (N.T.)

7. "Quarteto Gatos e Rabeca". Em inglês no original. (N.T.)

drogas. Ele pede socorro a Billie. Precisa de um bom advogado e de dinheiro para pagá-lo. Assim que chega, ela sai em busca de trabalho.

Lester Young toca com seu irmão Lee, baterista, no Trouville, localizado no bairro oeste de Hollywood. Eles insistem com o proprietário do clube, Billy Berg, para que contrate Billie. Berg hesita, porque contratou a orquestra dos irmãos Young com o objetivo puro e simples de fazer dançar seus clientes, com uma eventual retransmissão pela rádio. Billie não tem reputação de ficar à vontade quando a melodia é de ritmo rápido. No entanto, ele acede a seu pedido. O septeto dos irmãos Young comporta excelentes músicos, entre os quais o pianista Jimmy Rowles, o único branco a tocar na orquestra. Para não desagradar Berg, Billie dá um jeito de entrar no ritmo e seguir o diapasão.[8]

Todas as manhãs, ensaios com a orquestra. Billie sente-se plenamente confiante e segura de si mesma, porque Lester está a seu lado. Os outros músicos sentem uma verdadeira exaltação com a ideia de tocar ao lado dela. Billie sabe muito bem o que quer e o que não quer. Não quer saber de floreios nem de acordes complicados por trás de sua voz. “Eu quero ouvir a nota que estou cantando”, diz ela a Jimmy Rowles. Ele a admira por sua beleza, por sua pele de cetim. Ela transmite, justamente por sua estatura elevada, uma impressão de força, mas ao mesmo tempo é graciosa. E muito sexy. O jovem é afetado pela sensualidade que emana dela, particularmente quando está cantando. É até provável que ele tenha se apaixonado por ela, mas este branco baixinho e muito jovem não desperta o interesse de Billie. Ela só tem olhos para Hubert “Bump” Myers[9], um saxofonista com voz profunda e grave, com a altura e o porte de um touro. Rowles para ela é só um garoto, e ela não dá a mínima quando ele aparece em seu camarim e ela o recebe inteiramente nua. Enquanto ela conversa com ele a respeito de música, ele dá um jeito de

8. Wilhelm “Billy” Berg (1916-1991): empresário judeu-americano. Jimmy Rowles (1918-1996): músico norte-americano. (N.T.)

9. Hubert “Bump” Myers (1917-1984): músico afro-americano. (N.T.)

olhar para outro lado. Antes de um espetáculo, Billie sempre sente um nervosismo terrível. Ela quer que seus músicos fiquem por perto dela, que bebam um trago, que brinquem e tagarelem enquanto ela fuma um de seus baseados até relaxar. Com a maior naturalidade, ela tira a roupa toda e coloca seu vestido de palco, sob o qual não usa nada. Qualquer um pode ver sua última extravagância. Seus pelos púbicos foram pintados de vermelho, da mesma cor de seus cabelos, agora curtos e cacheados.

No Trouville, tudo se passa às mil maravilhas e Billy Berg esfrega as mãos de contentamento. Billie canta números dançantes, encantada por assistir a Bette Davis e Lana Turner[10] se apresentando na pista com o maior entusiasmo, seus pares excelentes dançarinos. Mas não são tão bons como os que dançavam no Savoy, pelo menos é o que ela comenta. No final das noites, Lana Turner sempre lhe pede que cante *Strange Fruit* e *Gloomy Sunday*, uma canção particularmente triste. Berg consente com um sinal de cabeça. Não pode recusar nada àquela *star*.

Howard Hughes, Betty Grable e muitas outras celebridades fazem parte de seu séquito de admiradores, mas entre eles também se encontra um jovem coxo, montador de filmes na Metro Goldwyn Mayer, com o qual Billie adora cavaquear entre uma apresentação e outra. Norman Granz[11] tem a cabeça fervilhante de ideias. Ele tem vontade de se consagrar aos músicos negros de jazz, dar-lhes o devido valor e construir para eles uma imagem de qualidade.

A partir de julho de 1942, Norman Granz coloca em execução seu projeto, organizando jam sessions aos domingos no Trouville e em outros clubes nas noites de folga. Sua ideia é que esses clubes acolham um público composto por negros e brancos, vindo unicamente para escutar música.

10. Ruth Elizabeth "Bette" Davis (1908-1989) e Julia Jean Mildred Frances "Lana" Turner (1921-1995): atrizes hollywoodianas. (N.T.)

11. Howard Robard Hughes (1905-1976), empresário americano, tido em sua época como o homem mais rico do mundo. Elizabeth Ruth "Betty" Grable (1916-1973), atriz hollywoodiana. Norman Granz (1918-2001), empresário judeu-americano. (N.T.)

Como se viessem assistir a um concerto de música erudita. Sem pista de dança e sem gorjetas lançadas aos músicos, mas com um ordenado decente pago a cada um.

Desse modo, ele prefigura o primeiro concerto da série "Jazz at the Philharmonic", que ocorrerá no grande auditório da Orquestra Filarmônica de Los Angeles em 1944. Dentro da ideologia de uma jam session, os músicos têm plena liberdade de improvisar longamente ao redor de um tema e de se confrontarem com outros músicos nesses torneios estimulantes que originaram os dias mais belos da era do swing. No espaço de dez anos, Norman Granz criará o mais importante selo independente, Verve, que garantirá com exclusividade as gravações de Charlie Parker, Lester Young, Bud Powell, Stan Getz, Ella Fitzgerald, Count Basie e Oscar Peterson...[12]

Apesar do talento de seu advogado, Jimmy Monroe é condenado a um ano de prisão. Uma vez pagos os honorários, Billie fica de novo sem um centavo. Graças a seu amigo, o trombonista Trummy Young, participa de uma sessão de gravação, sob o nome de Lady Day, enquanto espera pela renovação de seu contrato com a Columbia. Acompanhada pela orquestra de Paul Whiteman, ela grava *Trav'lin' Light,* música de Trummy Young com letra de Johnny Mercer, um dos fundadores da gravadora Capitol. Ela ganha 75 dólares, que queima nessa mesma noite com Trummy Young. Só lhe sobra o suficiente para pagar o hotel. Para retornar, Sadie vai ter de lhe mandar dinheiro para a passagem de ônibus. Mas *Trav'lin' Light* fará sucesso.[13]

Em agosto de 1942, inicia a greve da Federação Americana de Músicos. Vai durar mais de dois anos. O sindicato considera que os membros não recebem pagamento suficiente

12. "Jazz na Filarmônica", em inglês no original. Earl Rudolph "Bud" Powell (1924-1966), afro-americano; Oscar Emmanuel Peterson (1925-2007), afro-canadense; Stanley Getz (1927-1991), judeu-americano: músicos de jazz. (N.T.)

13. Truman "Trummy" Young (1912-1984) e Paul Whiteman (1890-1967): músicos. John Herndon "Johnny" Mercer (1909-1976), compositor euro-americano. (N.T.)

e que sofrem uma concorrência desleal porque, graças aos discos, sua música é difundida pela rádio e em todas as jukeboxes do país. O sindicato reclama um cachê para cada retransmissão e determina aos músicos que se recusem a gravar novamente, até nova ordem. A atividade discográfica fica paralisada.

No mês de agosto, Billie começa uma estação no Garrick Stagebar de Chicago, com a orquestra do pistonista Henry "Red" Allen e o excelente trombonista J. C. Higginbotham. Eles conquistam imediatamente a fidelidade do público e o dono do clube, Joe Sherman, prolonga seu contrato até o final de dezembro.[14]

Antes de cada representação, um chofer vem buscá-la em seu hotel, a fim de transportá-la até o clube. Uma noite, o automóvel colide com uma ambulância. Billie só é ferida levemente e é levada ao hospital para os primeiros socorros. Mas a polícia a prende e joga na prisão, sob o pretexto de que infringiu a lei ao deixar o lugar do acidente. Ela avisa imediatamente Joe Sherman. Pensando tratar-se de um trote, ele custa a vir buscá-la. Quando ele, finalmente, vem pagar a fiança, Billie está fora de si e ameaça deixar seu estabelecimento. Mas é só de boca, ela permanece até dezembro, apoiada firmemente pelo entusiasmo do público.

Na noite do Ano-Novo de 1943, Billie se apresenta à meia-noite no Regal Theater com a orquestra de Lionel Hampton. É o início de uma série de shows que lhe trazem honorários bem mais elevados que aqueles que recebe nos clubes. Billie ganha dinheiro como nunca.[15]

Desde o princípio do ano, Billie retornou à Rua 52. Está novamente no Kelly's Stable, acompanhada por Henry "Red" Allen e J. C. Higginbotham. Coleman Hawkins também se apresenta ali. Sua interpretação magistral de *Body and Soul,* gravada em 1939, é sempre ovacionada pela plateia.

O repertório de Billie não mudou: *Them There Eyes, You Go To My Head, Fine and Mellow, I Cried for You...* A

14. Henry James "Red" Allen (1908-1967). Jack Carter "J.C." Higginbotham (1906-1973). Joseph Hagan "Joe" Sherman (1926-2006). (N.T.)

15. Lionel Leo Hampton (1909-2002): músico e compositor afro-americano. (N.T.)

imprensa especializada começa a observar que Billie não se renova, que canta sempre as mesmas canções, exatamente da mesma maneira. Outros críticos, pelo contrário, pensam que ela conseguiu tornar suas essas canções, que ninguém mais pode abordá-las sem correr o risco de sofrer comparações desabonadoras. Histórias de amores infelizes, de mulheres enganadas, temas que se ajustam com perfeição a ela, como se fossem uma segunda pele, interpretados à sua maneira única.

Mas se ela permanece fiel a seu repertório, está sempre trocando de par. Jimmy Monroe saiu da prisão em março de 1943 e agora trabalha na fábrica de aeroplanos Douglas. Billie pega um trem e vai até Los Angeles. Talvez pretenda reatar com ele. É certo que ele ainda lhe agrada. Ela permanece em Los Angeles até maio, mas finalmente aceita as evidências. Seu casamento com Jimmy Monroe não passou de um fracasso.

Na realidade, Jimmy Monroe não é o homem que lhe convém. Billie tem necessidade de um homem forte a seu lado, não de um modelo vestido na última moda. Mesmo assim, foi Monroe que a ensinou a se vestir e a tomar consciência de sua imagem. Ele soube transmitir a essa garota tão simples um porte de princesa e hábitos caros. Mas Billie, por mais que o tenha amado, não tem mais o menor respeito por ele.

Na noite de 7 de abril de 1943, ela decide festejar seu aniversário de 28 anos. A festa será em seu quarto de hotel. Estão presentes alguns músicos, amigas brancas e Jimmy Monroe. Escutam discos de Billie, dançam, bebem e fumam. O ambiente é dos mais descontraídos. Chega um de seus camaradas, um fulano bem-vestido, que dizem ser particularmente violento. Depois de alguns copos, ele é a única pessoa que fala no quarto. Querendo se mostrar para as garotas, ele começa a contar vantagem e a praguejar. Billie se volta para Jimmy Monroe e lhe diz:

– Tire esse tipo daqui.

Monroe tenta argumentar com ele, mas o outro nem sequer o escuta e continua se fanfarroneando ainda mais. Subitamente, Billie se aproxima dele, com uma pilha de discos nas mãos. Ela os quebra sobre a cabeça dele. O cara vai ao chão. Monroe abre a porta e Billie segura o camarada, completamente tonto, e o joga no corredor. Billie, muito calma, recomeça a dançar, sem ao menos relancear os olhos para Jimmy Monroe.

Neste momento, Billie está saindo com John Simmons[16], um excelente contrabaixista que tocou nas orquestras de Goodman, Eldridge e Armstrong e que ela encontrou no Village Vanguard. A relação entre os dois é estranha e, às vezes, Simmons se sente horrorizado. A seus olhos, Billie é uma masoquista. Um dia, ela lhe pede que compre uma correia em uma loja de acessórios para cães e exige a seguir que ele a utilize para chicoteá-la pelo corpo inteiro, salvo o rosto e a planta dos pés. Ele a deixa arquejando sobre a cama. Antes de sair para tocar, ele enche a banheira para ela, com água fria e sal grosso, certo de que ela será incapaz de se apresentar no clube essa noite. Entre duas apresentações no Village Vanguard, ele vai até o Clube Onyx. Billie está na plataforma, reluzindo de beleza sob o feixe do projetor, gardênias nos cabelos e cantando melhor do que nunca.

O que Billie faz seu corpo sofrer não tem a menor importância. Irremediavelmente conspurcada pela violação, exigindo ser punida por golpes, ela desvalorizou seu corpo e ele não representa mais nada. Pode-se até dizer que ela se afastou dele. Ela só o percebe em seu sofrimento. Mas aquilo que emana do mais fundo de si mesma, aquilo que não foi destruído nem tornado imundo, é a sua voz. Ao cantar, ela se reencontra com seu corpo, ela existe.

Ao escutar Lady Day passar de suas entonações infantis para uma voz rouca e quebrada, tal como a de Armstrong, pode-se indagar se ela não está reproduzindo uma lembrança oculta, a de uma garotinha que chora e suplica a um homem de voz grave... Pode-se imaginar que o canto foi para ela um meio de se fazer escutar, talvez mesmo um grito de socorro.

---

16. John Simmons (1918-1979). (N.T.)

Joe Guy é o sucessor de John Simmons. Um pistonista engajado no movimento bebop. Ele começou com a orquestra de Lucky Millinder, tocou ao lado de Coleman Hawkins e também com Ted Hill no Minton's. Um homem delgado e sedutor, que a inicia a novos prazeres. Billie ama este gênero de homem tenebroso e que não se mostra, que esconde, sob uma atitude reservada, um temperamento machista e dominador. Ao mesmo tempo que Jimmy Monroe, Billie abandona o ópio. O ópio a embrutece e lhe deixa a garganta em carne viva, o que não é ideal para uma cantora. E depois, o que quer mesmo é ficar em forma, "ficar numa boa" e acalmar seu nervosismo. Precisa de uma substância que aja rapidamente.

A heroína é, nessa época, uma droga nova, a favorita dos *boppers*. Fornecida por Joe Guy, que tem todas as conexões, a heroína custa quinhentos dólares por semana a Billie. É possível que Joe Guy também se sirva na passagem ou leve sua comissão nas transações. Billie, se é que tem consciência disso, perdoa-o. Quando se trata de homens, sua indulgência chega às raias da cegueira. Entretanto, contrariamente a seu hábito de fumar cigarros de maconha em público, em relação a essa nova droga ela se porta com toda a discrição. No caso da heroína, é difícil saber até que ponto chegou sua dependência. Com essa droga, a progressão pode ser lenta. Antes de 1945, a maioria dos músicos nem sequer sabia que ela se injetava heroína. Seu humor instável e suas apresentações às vezes confusas eram levadas à conta do álcool.

Mas seus colegas e conhecidos constatam que, contrariamente a seus hábitos anteriores, Billie permanecia longamente encerrada em seu camarim antes de cada apresentação.

Lover Man

Em abril de 1943, bem no meio da guerra, a Rua 52 está em plena efervescência. Billie Holiday é a egéria do jazz. Todos a conhecem, todos a saúdam – "*Ei, Lady!... Ei, Lady Day!...*" – quando ela passeia pela rua, acompanhada de seu guarda-costas, um cachorro boxer chamado Mister. Nova York é lugar obrigatório de passagem para os soldados que partem para a Europa. O Onyx fica cheio a ponto de estourar todas as noites, e Billie permanece se apresentando nele durante os anos de 1943 e 1944, em companhia de Roy Eldridge e Dizzy Gillespie.[1] Com suas canções doces e nostálgicas, ela demonstra empatia pelos soldados que deixam suas famílias e suas noivas para combater nessa guerra longínqua, partindo em uma viagem talvez sem retorno. *All of Me* torna-se a canção favorita dos G.I.[2]

Billie agora é uma *star*. Na Rua 52, ela arranjou até mesmo a homenagem suprema de um imitador, Willie Dukes, um homossexual que se esforça para cantar como ela. Sua versão de *Lover Man,* uma canção de Jimmy Davis e Ram Ramirez, incitará Billie a acrescentá-la a seu repertório. As palavras são ousadas para a época. Falam cruamente de amor físico. Jimmy Davis já lhe havia oferecido essa canção em 1941, pedindo-lhe que a gravasse, mas ela não levara o projeto adiante. *Lover Man,* não obstante, se tornará um de seus maiores sucessos.

Seu público a escuta com atenção concentrada. A partir do momento em que ela entra em cena, faz-se um silêncio completo. Todos sabem que ela não começa a cantar antes disso. A cabeça ligeiramente inclinada para um lado, ela quase

1. John Birks "Dizzy" Gillespie (1917-1993). (N.T.)

2. G.I. é sigla para *government issue,* "artigo distribuído pelo governo", basicamente os uniformes, qualquer coisa conforme os regulamentos ou costumes militares; por extensão, membro das forças armadas dos Estados Unidos, mas especialmente praça de infantaria. (N.T.)

não se move. Estala os dedos de tempos em tempos, marca o compasso com a ponta do pé e canta. No final de cada conjunto de canções, ela sorri para o público, um grande sorriso luminoso, seguido de uma leve curvatura da cabeça, o único agradecimento que apresenta. Todavia, isso não quer dizer que tenha se tornado uma esnobe. Depois de cantar, ela se mistura ao público, impaciente por reencontrar-se com ela. Toma um copo aqui e ali, ri, conversa, responde amavelmente às perguntas que lhe fazem... Mas sabe muito bem como repelir os importunos. Nunca esqueceu das lições aprendidas na escola das ruas. Uma noite, um oficial da marinha embriagado a chama de negra. Como única resposta, ela quebra uma garrafa de cerveja e sacode o gargalo afiado diante de seu rosto. E ela não hesita um momento em distribuir bofetadas a alguns soldados brancos que se divertiam em queimar-lhe o casaco de vison com a ponta acesa de seus cigarros.

A própria Billie dizia "sentir orgulho de sua raça". Em outubro de 1943, em plena guerra, ela apareceu no Golden Gate Ballroom do Harlem durante um espetáculo em honra do tenente Benjamin O. J. Davis. Juntamente com o pai dela, ambos foram os dois únicos negros a serem promovidos ao posto de oficiais [durante a Primeira Guerra Mundial].[3] Billie participou também de uma grande manifestação contra a segregação no Golden Gate Auditorium de Nova York e também, no *Town Hall,* do "Negro Salute"[4], uma homenagem dos negros aos combatentes judeus na Europa.

Durante toda a guerra, ela não cessa de interpretar *Strange Fruit,* mesmo correndo o risco de ser acusada de atiçar o ódio racial. Em 1940, antes que os Estados Unidos entrassem na guerra, Lewis Allan lhe havia trazido uma nova canção, *Over Here*[5], que favorecia a não intervenção americana. Ela a interpretou muitas noites seguidas no Kelly's Stable, até que o FBI fizesse pressão sobre o diretor do clube.

---

3. Benjamin Oliver Davis Jr. (1877-1970) e Clarence Holiday (1900-1937). (N.T.)

4. Continência (Saudação) Negra. Em inglês no original. (N.T.)

5. O verdadeiro nome de Lewis Allen (1903-1986) era Abel Meeropol, filho de imigrantes judeus. (N.T.)

Holiday deveria cessar imediatamente de cantar essa música antipatriótica. Billie for forçada a baixar a cabeça. Ela não sabia que a partir de então estava fichada no FBI. Quanto a Lewis Allan, ele foi efetivamente interrogado e perseguido pelos agentes federais, porque era pacifista e supostamente comunista. Isso não o impediu, em 1953, de obter a guarda dos dois filhos de Ethel e Julius Rosenberg depois que eles foram executados por espionagem em favor do inimigo.[6]

Milt Gabler, o homem que fora o agente da Providência para a gravação de *Strange Fruit,* tornara-se em 1943 o diretor artístico da Decca. Ainda que a greve dos músicos continuasse, a Decca, como outras grandes gravadoras de discos, chegara a um acordo com a Federação dos Músicos. Pouco a pouco, as gravações foram retomadas. Gabler conservou o direito de contratar artistas sob seu selo Commodore e propôs que Billie fizesse novas gravações. Seu projeto era o de fazer Billie alcançar um público bem maior. Como Billie estava liberada de todos os contratos, seu agente Joe Glaser lhe negociou um bom cachê. Em grande forma, ela gravou para a Commodore, durante os meses de março e abril de 1944, doze canções com a orquestra do pianista Eddie Heywood, do Café Society. *Embraceable You*, *I Cover the Waterfront*, *On the Sunny Side of the Street* e também um blues, *I Love My Man*, fizeram grande sucesso.

Billie se encontra artisticamente em seu zênite. Os contratos chegam um após o outro. É requisitada em toda parte. No Apollo, depois em um novo clube elegante que se abriu em Nova York, o Ruban Bleu, lançado por Daphne Hellman[7], uma jovem da alta sociedade que toca boogie-woogie nas cordas de uma harpa. Depois, o Spotlite, o Downbeat, os

6. Julius Rosenberg (1918-1953) e Ethel Rosenberg (1915-1953), judeus americanos, foram executados na cadeira elétrica por terem entregado o segredo da fabricação da bomba atômica, por motivos políticos, à União Soviética. (N.T.)

7. Daphne van Beuren Bayne “Hellman” (1916-2002), além de harpista famosa, foi uma *socialite* excêntrica e inconvencional, que enfrentava abertamente todas as barreiras sociais, uma precursora do feminismo. (N.T.)

melhores clubes a disputam. Seu nome em um cartaz é garantia de sucesso. Em Chicago, o Regal reclama sua presença em duas ocasiões no mesmo ano. E também o Grand Terrace Ballroom, de que fora despedida sem cerimônia alguns anos antes. Onde ela aparece, enche a sala todas as noites.

Em outubro, a célebre revista *Life* lhe consagra uma reportagem de página dupla. A revista *Esquire* organiza uma pesquisa de popularidade entre os críticos de jazz. Billie ganha de longe o primeiro lugar, deixando bem para trás Mildred Bailey e Ella Fitzgerald.

A 18 de janeiro de 1944, os ganhadores das diversas categorias são convidados a se apresentar no imenso palco do Metropolitan Opera. Louis Armstrong, Coleman Hawkins, Art Tatum e uma série de outros, entre os quais Billie. Ela será a primeira artista negra a cantar no tão famoso e prestigioso "Met" de Nova York.

É também o ano dos primeiros registros fonográficos com a Decca. Mais uma vez graças à iniciativa de Milt Gabler. Ele decidira retirá-la do universo íntimo dos clubes para iniciados a fim de torná-la uma grande cantora de variedades.

Gabler se tinha deixado seduzir totalmente por sua interpretação de *Lover Man,* após escutá-la no Downbeat Club. Havia uma tal osmose entre as palavras e o personagem de Billie... Ela esperava em vão por um homem... Ninguém sabia transmitir como ela a sensação de que ele não viria nunca. Ela não era absolutamente melodramática. Era simplesmente pungente. No momento em que se decidiu a gravar essa melodia, ele pensou que essa expressividade confidencial sustentada por uma pequena formação orquestral já tivera sua época. Billie não poderia mais se renovar dentro de um estilo em que já havia alcançado o máximo de excelência. Correndo o risco de se desiludir, ela entraria em competição consigo mesma. Era necessário que ela modificasse a fórmula, que fosse até o fundo do que ela representava: uma mulher apaixonada que não tem sorte no amor. Foi então que teve a ideia de empregar violinos.

No momento em que Billie chega aos estúdios da Decca na Rua 57, é tomada pelo pânico. Mal tinha entrado, já girava nos calcanhares para fugir. Toots Camarata[8], o regente da orquestra, a alcançou antes que saísse pela porta. Quando ela viu seis violinistas, ficou apavorada. Camarata a conduziu ao bar fronteiro e conversou com ela longamente para tranquilizá-la, antes de conseguir trazê-la de volta ao estúdio.

Lover Man foi um sucesso. Uma completa modificação no estilo de Billie. Não é mais um diálogo entre solista e músicos, cada um dando o melhor de si alternadamente. Aqui os violinos envolveram a voz de Billie docemente, de modo a expressar a atmosfera melancólica da canção. As síncopas do jazz deram lugar a uma fusão melódica entre a voz e o acompanhamento. A emoção irrompe dessa harmonia.

Agora Billie tem um contrato com a Decca. Mil dólares por sessão de registro fonográfico e mais cinco por cento das vendas. São os primeiros royalties de Billie.

---

8. Salvatore Tutti "Toots" Camarata (1913-2005): músico e regente ítalo-americano. (N.T.)

Sadie em sua mortalha cor-de-rosa

Los Angeles, janeiro de 1945. No palco do Auditório da Filarmônica, diante de 2.800 pessoas, Billie recebe um Esky, o troféu tão cobiçado que a revista *Esquire* oferece em recompensa aos melhores músicos do ano. Art Tatum, Anita O'Day e Billie recebem seus troféus das mãos dos astros Lena Horne, Judy Garland e Lionel Barrymore.[1] A orquestra de Duke Ellington é a vedete do espetáculo, em ligação radiofônica com Louis Armstrong em Nova Orleans e Benny Goodman em Nova York. Billie canta *Lover Man* com a orquestra de Duke.

Billie aproveita sua estadia em Los Angeles para dar uma passada pelo Plantation Club. Norman Granz, que produz a cada mês um de seus concertos "Jazz at the Philharmonic", lhe solicita uma participação especial na apresentação desse mês. A Decca escolhe esse momento para lançar o disco *Lover Man.* A imprensa o recebe no maior entusiasmo e logo atinge o topo da *hit-parade.*

Billie está de vento em popa. Anuncia simultaneamente que se divorciou de Jimmy Monroe e casou com Joe Guy. Um golpe de publicidade? Esse casamento é notícia falsa, mas Joe Guy e Billie se apresentam como marido e mulher para todos os seus amigos... Do mesmo modo que para Sadie, sempre ansiosa por atribuir respeitabilidade à sua filha. Talvez seja ela a verdadeira razão dessa encenação. Billie acredita que sua mãe aceitará mais facilmente que ela alce voo se estiver legitimamente casada. O casal se instala na Union Avenue, no bairro do Bronx. Billie passa três noites por semana com a mãe. Mas isso nunca é suficiente para Sadie, ávida da presença de sua filha. Billie lhe dá de presente um cão, Rajah, para que ela se sinta menos solitária.

---

1. Anita O'Day (1919-2006), chamada a "Indestrutível Anita", Frances Ethel "Baby" Gumm, conhecida como Judy Garland (1922-1969), e Lionel "Barrymore" Blythe (1878-1954): atores hollywoodianos. (N.T.)

Os cães exerceram um papel importante na vida de Billie. Serão o receptáculo de sua dor, de seu amor e ainda de seu desejo de maternidade. Companheiros e filhos queridos. Houve dois terriers, Gypsie e Moochie, o boxer Mister e depois os chihuahuas Chiquita e Pepe, que não a deixam nunca, nem mesmo quando sobe ao palco.

Billie nunca teve filhos. Mas amava muito as crianças e esse foi sem dúvida o grande desgosto de sua vida. Foi madrinha de incontáveis filhos de suas amigas, que ela mimava enormemente. Mais tarde, quando esteve casada com Louis McKay, ela queria adotar. Em duas ocasiões pediu permissão, mas sem resultado.

Em 1945, Billie canta no Downbeat Club, de Nova York. Esporadicamente. Ainda que seu nome estivesse escrito em letras garrafais na entrada do clube, ninguém jamais tinha certeza de sua presença. Murmuram que ela é instável, que tem um gênio muito volúvel, que chega sempre muito atrasada. Cada vez mais atrasada. Algumas vezes ela nem sequer se apresenta, e o proprietário do Downbeat tem de inventar alguma desculpa esfarrapada para os clientes que vieram escutá-la. Está doente, explica. Com um problema de intestinos, um resfriado forte... Vezes demais.

Por acaso isso já seria uma síndrome de abstinência? Isso implicaria que ela estava tentando se livrar das drogas. Teria sido dominada por uma adição que ela pensava poder controlar? Em sua autobiografia, há uma frase sibilina que dá margem a perguntas. Depois de ter conhecido Joe Guy, que se tornara seu fornecedor oficial, ela escreveu:

> Eu me tornei rapidamente uma das escravas mais bem pagas da região. Ganhava mil dólares por semana, mas não tinha mais liberdade do que se estivesse colhendo algodão em uma plantação da Virgínia.

Ela se sentia escrava de um homem ou escrava da droga? Ela não atribui a responsabilidade para ninguém. Billie sempre assumiu as próprias escolhas.

Joe Guy, ainda que tenha o privilégio de tocar com Coleman Hawkins no Spotlite, nem sempre corresponde à altura. Ele mesmo é considerado como pouco digno de confiança. É logo substituído por um jovem trompetista recém-saído da prestigiosa Escola de Música Juilliard: Miles Davis[2], em seu primeiro emprego.

Isso não perturba Joe Guy em nada, porque ele alimenta agora grandes ambições. Partir em turnê com sua própria orquestra. Billie vai lhe servir como ponta de lança. É espantoso que um *bopper* não tenha farejado que a época das grandes orquestras de jazz estava dando lugar a uma nova tendência, as pequenas formações de *boppers,* chamadas "combos". Sem dúvida, ele tinha sido acometido por um sonho da juventude, logo ele que havia tocado em tantas grandes orquestras sob a batuta de regentes famosos como Lucky Millinder ou Cootie Williams.[3] Além disso, ele tem Billie, uma verdadeira mina de ouro para explorar.

Uma turnê de shows pressupõe uma reserva bastante grande de dinheiro. Pagar os músicos, o transporte, as roupas, os hotéis. Será Billie que o financiará. Só que, além disso, é necessário ter capacidade de organização e, mais ainda, a autoridade de um comandante de exército.

Já desde o dia da partida, eles têm dificuldade em reunir todos os músicos. Sadie havia insistido para ver o ônibus branco completamente novo, em que reluz em letras douradas o dístico *Billie Holiday and her Orchestra*, e eles param para lhe dar adeus. Sadie sobe ao veículo, encantada a mais não poder. O sucesso de sua filha se encontra agora sob seus olhos, tangível, indestrutível. Para participar dele à sua maneira, ela pendura guardanapinhos de croché no vidro da janela traseira. Como de costume, ela preparou sanduíches e frango frito, mas logo chega a hora de partir. É necessário procurar os músicos, que se espalharam em todas as direções para fazer compras de última hora. Quando finalmente

2. Miles Davis (1926-1991). (N.T.)

3. Charles Melvin "Cootie" Williams (1910-1985): instrumentista e regente de orquestras de jazz. (N.T.)

se acham prontos para partir, Billie se pendura na porta e manda um beijo. Sadie, parada na esquina, agita a mão alegremente, comemorando o fim do período de vacas magras. Seria a última festa, a última felicidade de Sadie. E o início de uma espiral de autodestruição para Billie.

O giro de espetáculos começa em Richmond, na Virgínia. Eles percorrem o Sul e o Centro-Oeste, à razão de uma apresentação por cidade. Depois serão Chicago e Detroit. Em Baltimore, a cidade de sua infância, Billie deve se apresentar no Royal Theater. Billie e Joe Guy estão em seu quarto de hotel, quando subitamente Billie tem um pressentimento. Tem a nítida impressão de que sua mãe está parada atrás dela e lhe põe a mão no ombro.

– Meu Deus – ela sussurra para Joe Guy. – Mamãe morreu...

No dia seguinte, 6 de outubro, ela fica sabendo da morte de Sadie. Ela sucumbiu um ataque cardíaco. Billie desaba.

– Você precisa ser extremamente gentil comigo – diz ela a Joe Guy. – Você é tudo que me resta no mundo...

Billie se sente quebrada. A morte de Sadie soa o dobre de finados de uma esperança: a de restabelecer um relacionamento tão defeituoso. Sua mãe a havia negligenciado durante toda a sua infância, e sua morte representa agora o abandono supremo. A partir do momento em que passaram a viver juntas, Sadie tornou-se um porto de escala, um refúgio e também, através de seus conselhos e por meio de suas repreensões, uma proteção. Agora Billie se acha novamente confrontada com sua maior angústia, a solidão e a falta de amor. Suas feridas da infância foram reabertas e sangram. A falta de autoestima agora se ancorou dentro dela. Está assaltada pelas dúvidas. Quem são aqueles que verdadeiramente a amam? Quem são aqueles que só se servem dela? Ela nunca esteve realmente certa do amor de sua mãe. E então os outros... Ela passa a desconfiar de todos e fará com que paguem muito caro, só porque ela experimenta essa suspeita permanente.

Billie se afunda na depressão. Que importância tem agora que ela se pique nos braços, nas mãos, nas pernas e nos pés, que diferença faz se está se destruindo com o álcool, nem se importa em ficar esquelética ou obesa, nem sequer em perder os dentes?

Ao partir, Sadie leva com ela alguma coisa de precioso. Nunca mais ela poderá tranquilizar a sua filhinha, quando ela pergunta se sua mãe a ama. Os testemunhos referentes às relações entre Billie e sua mãe são contraditórios. Alguns afirmam que elas eram mais como duas irmãs que passavam brigando, mas que se confidenciavam tudo. Outros ficavam horrorizados com a dureza de seu relacionamento. Alguns suspeitam que Sadie nunca amou realmente a filha. A atitude de Billie com relação a ela é ambígua. Um pouco protetora, um pouco violenta. Quando lhe pedia dinheiro, Sadie estava exigindo dela provas de sua afeição. Se Billie se recusava, ela começava a tocar na corda mais sensível, acusando-a de abandono e a nomeando mais uma vez como a responsável por todo o seu infortúnio. Sadie chegou mesmo ao ponto de suplicar alguns dólares a Barney Josephson, o proprietário do Café Society. Ela se queixou de que sua filha a deixava na miséria. Josephson, estupefato, não chegou a dizer nada a Billie. Essa atitude de Sadie é duvidosa e insultante para sua filha que, nessa época, estava ganhando muito bem. Só podemos imaginar sua raiva se lhe tivessem contado.

Quando Billie chega ao Hospital Wadworth, Joe Glaser já se acha presente. Ele se encarregou de todas as providências necessárias. Na câmara mortuária, Sadie aguarda a última visita de sua filha. Inicialmente, Billie se recusa a ir vê-la. A visão atroz de sua avó morta em seus braços, o terror que experimentara na ocasião e sem dúvida sua culpa, tudo ressurge. Joe Glaser insiste, ele fez tudo certo e quer lhe mostrar. Sadie foi embalsamada, a peça quase desaba sob o peso das flores. Billie vai atrás dele, com o coração na mão. No momento em que entra, tem um acesso de revolta. Sua mãe está envolta em uma mortalha de renda de um cor-de-rosa forte. Talvez nem ela mesma saiba por que esse envoltório a perturba tanto. Esse rosa lhe parece deslocado, como uma marca de desprezo que recorda que sua mãe nem sempre foi uma mulher respeitável... Billie exige imediatamente que ela seja vestida com um dos conjuntos de saia e casaco que ela mesma lhe dera de presente. Elegante, discreto, decente.

Não vai muita gente ao enterro de Sadie no Cemitério St. Raymond. Billie parece transformada em uma estátua de pedra. Os poucos amigos presentes se espantam ao vê-la assim contida e de olhos secos meio escondidos por um turbante negro. Assim que a cerimônia termina, ela diz simplesmente: *Vamos tomar um trago.*

Já no dia seguinte ao enterro, Billie retorna a Baltimore para atender a seu contrato no Royal. Mas a aventura da orquestra terminou. Ela não se sente mais com forças para afrontar as fadigas de uma turnê, nem com a energia requerida para exercer um papel de solista de uma grande formação orquestral.

Tão logo retorna a Nova York, ela recomeça a cantar no Downbeat Club, cujo gerente, apesar das ausências e dos excessos de álcool, está mais do que feliz em recuperá-la. Billie é um polo de atração. O clube se enche todas as noites.

Em 1946, Billie é a artista mais conhecida e mais bem paga da Rua 52. Ganha mais de mil dólares por semana. Mas nunca lhe sobra um tostão.

A prisão

Ainda que nos anos 30 Billie pudesse decorar todas as palavras de uma canção após havê-las escutado somente duas vezes, já não é mais este o caso em 1946. No decorrer das gravações na Decca, Milt Gabler se dá conta de que Billie está tendo dificuldades para aprender novas canções e de que as sessões de gravação, desse modo, se tornam problemáticas. Não somente Billie continuamente chega tarde, como também precisa ensaiar muitas vezes um número novo, antes de poder interpretá-lo com a sua habitual qualidade vocal. E ainda precisa ter uma garrafa de conhaque ao alcance da mão. "Para adoçar a garganta", diz ela.

As horas suplementares se tornam moeda corrente. O orçamento raramente é respeitado. Certas vezes, as gravações têm até mesmo de ser interrompidas, porque Billie não está se sentindo bem. Ela desaparece no banheiro, enquanto todos os músicos esperam, as horas se passam e o diretor musical arranca os cabelos.

Os rumores aumentam.

Entre 1945 e 1946, ela registra trezes peças para a Decca. *Lover Man* e *Don't Explain,* do mesmo modo que *That Old Devil Called Love* e *Good Morning Heartache*, são escritas para ela por Irene Wilson, e se tornarão momentos memoráveis.

O sucesso de *Lover Man,* caracterizado pelo acompanhamento de um grande conjunto orquestral, retirou-a do circuito dos clubes e a conduziu logicamente para as salas de espetáculos. Em fevereiro de 1946, ela canta no salão nobre da Prefeitura de Nova York, uma imensa sala, cheia a ponto de estourar. É a primeira vez que ela se apresenta como solista. A imprensa o qualifica como um grande evento. Um show inteiro baseado em uma única artista é coisa raríssima. Ainda que uma parte do palco tenha sido separada para cadeiras, isso não é suficiente para acolher todos os que se apresentam nas portas. Um milhar de fãs permanece de fora. É uma noitada inesquecível em que Billie, com sua capacidade de reagir perante as grandes ocasiões, demonstra um grande profissionalismo e deixa aflorar todo o seu talento. A crítica musical lhe presta homenagem, e a maior parte dos jornais diários celebra o acontecimento.

Acompanhada pelo quinteto de Joe Guy, Billie interpreta dezoito canções, entre as quais suas próprias composições, *Fine and Mellow*, *Billie's Blues*, *Don't Explain* e *God Bless the Child*. Sem contar com *Strange Fruit*, são essas as canções inextricavelmente ligadas à sua personalidade. Sempre que Billie canta, transmite o sentimento de que está se entregando. Sua voz permanece interior, uma pequena voz íntima que só se dirige a ela mesma, ainda que esteja no meio de duas mil pessoas. Quando Ella Fitzgerald canta que seu homem partiu, a gente pensa que ele foi até a esquina comprar cigarros; quando é Billie, todos compreendem que ele nunca mais voltará.

O sucesso obtido no Town Hall a leva a apresentar-se em outras grandes salas de espetáculo: Eaton Hall, Apollo e duas vezes, em abril e maio, no Carnegie Hall, a pedido de Norman Granz, que está lançando agora em Nova York sua série de espetáculos Jazz at the Philharmonic. Acompanhada, entre outros, por Coleman Hawkins e Buck Clayton, ela reencontra seu querido Lester Young, que teve más experiências durante a guerra. Julgado por insubordinação por um tribunal militar, passou muitos meses em um campo disciplinar, um acontecimento que despedaçou seu espírito. Mas nem por isso seu talento diminuiu. Norman Granz o levará a participar de suas famosas turnês em companhia dos melhores instrumentistas.

Uma noite, no Downbeat Club, Billie encontrou um jovem baterista branco, Roy Harte[1], que está substituindo o percussionista titular. Ao cabo de três semanas, eles se envolvem. Será ele que a fará descobrir uma nova droga, sintetizada na Suíça em 1943: o LSD, distribuído sob a forma

1. Roy "The Kidd" Harte (1924-2003). (N.T.)

de pequenos cubos de cristal. Seu grande divertimento é passear de carruagem pelo Central Park após terem dado um desses pequeninos "cubinhos de açúcar" ao cavalo. Ofegante, esbaforido, o cocheiro tenta dominar o animal, tapando-o de desaforos. Os dois amantes se retorcem de tanto rir. Esta não é uma ligação permanente, é mais um passatempo agradável. Eles vão passar alguns dias em Miami e experimentam os olhares de desprezo e as grosserias recebidas nos bares e restaurantes. Decidem partir para Cuba. Férias, finalmente! Eles podem passear de mãos dadas ao sol ou jantar juntos em um restaurante sem temor da segregação. Na praia, Roy Harte toca flauta. Billie canta tudo o que ele pede. Um parêntese maravilhoso em que ela se surpreende a cada dia por gozar dessa felicidade roubada. Nessa ilha esplêndida, eles fazem amor muitas vezes.

– Não precisa ter o menor cuidado – diz ela. – Meus ovários estão fodidos.

Para Roy Harte, é uma experiência exaltadora. A primeira negra de sua vida é uma *star,* uma mulher livre, uma mulher que ele admira. Harte recorda que Billie tinha o hábito de gritar, quando faziam amor, "Me usa, me usa!" em vez de "Me beija!". Ele lhe perguntara o que ela queria dizer com isso. Ela lhe respondeu que ser usada lhe dava um sentido para a vida. Estranha concepção, que esclarece seu comportamento ambivalente. Ter medo que abusem dela e ao mesmo tempo provocá-lo de todas as maneiras possíveis, até que ela mesma conseguisse experimentar uma excitação sexual.

Segundo Roy Harte, Billie era muito voltada para a sexualidade. Mais tarde, ele dirá que sempre era o primeiro a se fatigar. Ela parecia satisfeita, mas alguma coisa faltava, alguma coisa não funcionava totalmente bem...

Do mesmo modo que Billie Dove, que havia encantado sua infância, ela sonhava em fazer cinema. Hollywood, seu *glamour* e suas *stars* a fascinavam. Já em 1942, por iniciativa de sua amiga Lena Horne, Billie tinha sido apresentada para aparecer em um filme da Warner Brothers. Ela chegara a ir a Hollywood para um teste, mas ele não tinha levado a nada.

Em setembro de 1946, Billie parte para Los Angeles. Joe Glaser lhe conseguira um contrato com a United Artists. Um papel em um filme de Arthur Lubin[2], *New Orleans.* Para essa ocasião, Glaser lhe pediu para fazer um regime e ajeitar os dentes. Esse filme, segundo ele, lançaria sua carreira cinematográfica. E Billie não tinha ficado nem um pouco descontente com a possibilidade de tocar no Santo Graal hollywoodiano. O filme, perfeitamente de acordo com suas cordas vocais, era o de uma cantora de Nova Orleans; a história relatava o fim da Storyville, o legendário bairro da música.

Tratava-se também de uma homenagem ao jazz, destinada a reunir a fina flor dos músicos, aqueles que fizeram a notoriedade da cidade, Louis Armstrong, Kid Orr, Barney Bigard, Zutty Singleton e a célebre orquestra de Woody Herman.[3] O cenário é um pouco artificial e sem profundidade, ao gosto das comédias musicais hollywoodianas da época. Billie cai das nuvens. Ela, que sempre lutara para não ser a criada de ninguém, ela que soubera impor o seu talento, a rainha da Rua 52, Lady Day, se encontrava agora no papel de uma criadinha de comédia, servil e obediente. Ainda que lhe gabem a dicção perfeita e a qualidade de seu fraseado, ela é forçada a tomar lições com um professor de dicção que lhe ensina a falar um "inglês de negrinha", com o sotaque mais piegas possível. *"Sim, iaiá Marylee; às suas orde, sinhazinha Marylee..."* Quanto a Louis Armstrong, ele não tem melhor sorte, é encaixado no papel de "negro de alma branca", respeitoso, um doméstico fiel e bondoso. Só lhe pedem que sorria todo o tempo, se possível até enquanto toca o pistão.

O ritmo de trabalho é frenético, porque Joe Glaser lhe conseguiu outros compromissos. Mal ela para de filmar, tem de precipitar-se para um clube onde canta uma boa parte da

---

2. Arthur "Lubin" Lubinski (1898-1995): diretor de cinema, judeu de origem russa. (N.T.)

3. Robert Crippenfield "Kid" Orr (1929-2003). Barney Bigard (1906-1980). Arthur "Zutty" Singleton (1898-1975). Bernard "Woody" Herman (1906-1981). (N.T.)

noite. Ela também aceitará um convite de Norman Granz e irá participar de um show no Shrine Auditorium de Los Angeles. Todos os dias deve estar no salão de maquilagem do estúdio às seis da manhã. Nesse ritmo, ela logo fica exausta. O ambiente da filmagem se torna explosivo, seu relacionamento com Dorothy Patrick (miss Marylee)[4], a atriz principal, se deteriora e não se passa um dia sem que tenham algum atrito. As crises de cólera terminam em lágrimas. Louis Armstrong avisa:

– Quando Lady começa a chorar, tomem cuidado. No minuto seguinte, ela ataca...

Para aguentar, Billie tem ainda mais necessidade de *dope*[5] do que antes. Ela telefona para Joe Guy para que venha resgatá-la. Ele toma imediatamente um avião para Los Angeles.

Billie telefona todos os dias para Joe Glaser. Ameaça deixar o filme. Ele responde com firmeza e consegue dissuadi-la. Ele é informado dos escândalos que Billie provoca. A produção se queixa dela e a responsabiliza por uma quantidade de horas extras. Se ela continuar assim, nunca mais trabalhará para os grandes estúdios de Hollywood, previne-lhe Joe Glaser. Essa é uma profecia que se revelará exata. Sua atitude contraditória, seus atrasos e suas crises de cólera provavelmente destruíram as melhores chances que Billie teve de fazer cinema.

Os únicos que ela trata bem são os câmeras, os técnicos de que ela depende e precisa. Rapidamente compreende que, para aparecer da forma mais vantajosa, é preciso conquistá-los, e logo os coloca no bolso, do mesmo modo que fazia com os sonoplastistas em um estúdio de gravação. Pode ser que Billie deteste ser diplomática, mas ela sabe seduzir quem lhe agrada ou lhe convém. O resultado é visível. No filme, Billie brilha em todo o esplendor de sua beleza.

---

4. Dorothy Patric "Patrick" (1921-1987): atriz de teatro e cinema americana. (N.T.)

5. Droga. Em inglês no original. (N.T.)

Billie Holiday pode fazer você chorar, mas ela também sabe encher seu coração de alegria, suscitar emoções fortes, provocar arrepios ou formigamentos à flor da pele... O braço direito dobrado e batendo levemente contra seu corpo vestido em traje de noite, gardênias resplandecentes de brancura em seus cabelos, Billie está esbelta e sedutora quando interpreta as três canções do filme: *The Blues are Brewin'*, *Farewell to Storyville* e *Do You Know What it Means to miss New Orleans?* Louis Armstrong a contempla com olhos dominados pela ternura. Em seu extraordinário sorriso, percebe-se a admiração que ele tem por ela, mas sobretudo seu maravilhamento. Billie destila eflúvios de felicidade. Ela irradia graça e sensualidade. Enquanto sopra seu pistão, ele se inclina para ela, como se estivesse com vontade de abraçá-la.

A droga ainda não a dominou completamente. Porém, nos cenários da filmagem, Billie ronda Joe Guy. Ela o busca com o canto dos olhos, porque está esperando seu pó e se sente cada vez mais nervosa. De fato, ele nunca chega na hora marcada e, a cada vez, ela tem medo de que não apareça. Mas lá está ele e lhe balança a cabeça afirmativamente. Ela respira.

A partir do momento em que fica sabendo de sua presença nos estúdios, Joe Glaser manda expulsá-lo dos cenários da filmagem e exige que ele retorne a Nova York.

O filme é exibido em abril e não recebe boas críticas. A do jornal *Down Beat* a deixa particularmente enraivecida: "No que se refere a seu trabalho como atriz, ela desempenha muito bem o personagem de uma criada". Em relação ao filme, de forma mais geral, ela aparece como "Billie Holiday, *representando a si mesma*". No papel de uma copeira? Quanto à imprensa negra, ninguém a felicita por ter aceitado tal papel.

Billie deixa a Costa Oeste sem lamentações. Em Nova York, ela reencontra a atmosfera acolhedora e enfumaçada do Downbeat Club, em que se sente em casa, abrigada. Desde a primeira noite, seu acompanhante Eddie Heywood se recusa a tocar, sem o menor aviso prévio, devido a uma história pouco clara sobre a posição de nomes no cartaz da entrada. Se estabelece uma discussão cada vez mais acalorada, até que John Simmons, o contrabaixista, resolve a controvérsia com um belo soco no queixo do pianista. E quem vai salvar a noite? Vão procurar Bobby Tucker[6], que o substitui com a maior naturalidade. Se bem que, no começo, ele não está muito satisfeito em trabalhar com Billie. Sua última experiência foi com a cantora Mildred Bailey e terminou muito mal. Ele não suportou a atitude autoritária desta última e deixou o palco na metade da apresentação. A ideia de tocar para Billie o entusiasma, mas também o angustia um pouco.

– Eu já ouvi falar de você. Será que aceita tocar para mim? Prometo que não vou aborrecê-lo, você vai ver... – garante Billie, cheia de charme.

Sem a menor dificuldade, ela o deixa à vontade, adaptando-se maravilhosamente a seu ritmo. Ele conhece perfeitamente os arranjos feitos por Teddy Wilson e logo se encontra com Billie em um terreno comum. Sua aliança é imediata.

Mas se Bobby admira a mulher e a cantora, também admite que ela o incomoda. A cada noite, ele chega no clube às nove e meia, o horário determinado para que Billie comece a atuar. Acontece que ela nunca aparece antes da meia-noite. Isso, quando ela vem. Numerosas vezes, Bobby Tucker se encontra sozinho, tocando piano para um público desapontado. Ninguém sabe onde está Billie. Em um bar no Harlem, nos braços de um novo amante, ou encerrada em qualquer lugar, procurando uma veia em que possa se picar? Ninguém mais pergunta o que ela pode estar fazendo em seu camarim. Não adianta nada bater à porta. Todos esperam até que ela sinta que está em estado de cantar.

No decorrer dos meses, Bobby se torna seu amigo. Quanto a Billie, ela desenvolve um verdadeiro afeto por ele. Nunca uma reclamação ou uma reprimenda, mesmo quando ele ocasionalmente erra um acorde. Ele não se assemelha em nada

6. Robert "Bobby" Tucker (1919-1994): pianista afro-americano de jazz, blues e soul. (N.T.)

aos homens com quem ela anda. Não toma bebidas alcoólicas, não fuma, não toca em drogas. E, depois, ela adquiriu confiança nele. Tucker a apresentou à sua mãe e à sua esposa. Na casa deles, em Morristown, Billie se sente em família.

Antes de cada espetáculo, ele adquire o hábito prudente de ir buscar Billie. Isso não é absolutamente uma coisa simples. Billie nunca está pronta, às vezes se acha em péssimo estado. Ele precisa fazer com que ela tome um banho frio, tem de caminhar com ela pela calçada, até que se atenue o efeito da substância que ela ingeriu. Mas existem também muitos bons momentos. Antes do espetáculo, os artistas e os músicos passam por seu camarim. Com o aparelho para frisar os cabelos na mão, Billie fala o tempo todo, conta histórias engraçadas, frequentemente muito grosseiras, estoura de rir quando lhe fazem algum galanteio. São gargalhadas formidáveis, um riso irresistível. Quando chega o momento de entrar em cena, se o cômico Willie Lewis enfia o nariz em seu camarim, ela grita:

– Agora não, Willie, vá embora, por favor!...

Ela sabe que, se ele lhe contar alguma de suas piadas, ela corre o riso de começar a rir feito louca em pleno espetáculo. Com toda a naturalidade, perfeitamente à vontade, ela pede algumas vezes a Bobby que a ajude a passar um vestido. Se ela estiver nua e chegar um amigo, ela o abraça carinhosamente, qualquer que seja seu estado civil. Ela não esconde nada de sua anatomia. Não mais do que esconde os cigarros de marijuana ou o pó branco, inteiramente à vista sobre sua penteadeira. Bobby a acha maravilhosa. Logo ele, que não bebe nunca, fica desolado em vê-la esvaziar garrafas de gim e abrir a porta aos dealers que lhe vêm trazer seu "brilho".

No decorrer dos anos, ele terá ocasião de lhe provar seu devotamento.

Entre abril de 1946 e fevereiro de 1947, ela grava oito peças para a Decca, em três sessões diferentes. Em 27 de dezembro, Milt Gabler quer gravar *The Blues Are Brewin'*, uma das canções principais do filme *New Orleans*, juntamente com outras músicas.

Nesse dia, a orquestra de Bob Haggart[7] espera desde o meio-dia. O estúdio está reservado só até as três horas. Billie chega pelas duas e vinte, com Bobby Tucker. Ele comenta que teve de trazê-la à força até o estúdio. Mal ela chega, já vai se encerrando no banheiro, sai de lá às vinte para as três e grava com maestria três peças em dez minutos. Mesmo que Tucker tenha exagerado, porque, na realidade, ela gravou cinco peças nesse dia, dentre as quais duas diferentes versões de *Solitude*, um tema de Duke Ellington, esse episódio mostra bem que Billie, embora pouco confiável, permanece sempre em plena posse de seus meios de expressão musical. Mas ela é tão capaz de alcançar esse tipo de sucesso quanto de estragar completamente uma sessão de gravações, se não estiver em forma.

Doravante, seus contratos com os clubes estipulam que ela deve se apresentar na hora marcada, sem o que ela está sujeita a ser despedida sem qualquer indenização.

Em janeiro de 1947, a revista *Down Beat* apresenta um título de capa: "O jazz exala seu último suspiro!". Na Rua 52, a polícia está fechando os clubes um após o outro. Razão invocada: tráfico de drogas. Alguns clubes se transformam em boates de striptease. Somente quatro clubes de jazz permanecem abertos.

O Onyx, rebatizado Club 18, e o Downbeat Club continuam, mas passam por grandes dificuldades. Pedem a Billie, nessa época uma celebridade, que reduza seu cachê em vinte por cento. Pedem a mesma coisa a Art Tatum, que sucedeu Bobby Tucker no Downbeat.

Ela participa de espetáculos retransmitidos pelas cadeias radiofônicas, o *Saturday Night Surprise Party*, do mesmo modo que a transmissão de Arthur Godfrey na CBS.[8] Ela

7. Robert Sherwood "Bob" Haggart (1914-1998). (N.T.)

8. Arthur Morton Godfrey (1903-1983). Columbia Broadcasting System, rede de emissoras de rádio e televisão, rivalizando com a NBC e a NBS. (N.T.)

recebe mais uma vez o prêmio da revista *Esquire,* em companhia de Teddy Wilson. Os dois seguram orgulhosamente seus troféus. Ela está soberba, com três gardênias em seus cabelos e com os braços recobertos por longas mangas que vão até os pulsos. Sem dúvida para esconder as marcas de picadas.

Segundo o contrabaixista John Simmons, que foi seu amante de longe em longe, ela não se injetava heroína antes do começo de 1943. Ela fumava maconha ou ópio, engolia grande quantidade de pílulas e bebia muito. Mas quando ela passou a ganhar bastante dinheiro, os *dealers* começaram a gravitar ao redor dela.

Os homens que compartilharam sua vida compreenderam as vantagens que podiam tirar, caso lhe fornecessem eles mesmos as drogas. Assim garantiam uma ascendência sobre ela. Além disso, a heroína solapava sua vontade e a deixava dócil e maleável.

Em fevereiro, Billie apareceu de surpresa no show de Louis Armstrong no Carnegie Hall, a fim de interpretar as canções do filme que seria lançado em abril. Passando por dificuldades financeiras, o Downbeat Club fechara temporariamente, até o verão. Aproveitando-se da inatividade passageira de Billie, Joe Glaser começa a conversar com ela sobre um assunto que ele vinha protelando havia tempo. Em sua condição de empresário, é obrigado a preveni-la. É de conhecimento público que ela vem consumindo drogas pesadas. Glaser estima que sua imagem e sua carreira se estão ressentindo disso. E que sua voz está sendo afetada também. Algumas gravações da Decca nesse período constituem uma triste prova disso. Pior ainda, esse péssimo hábito está custando tudo o que ela ganha. Ele não tem necessidade de especificar o que pensa de Joe Guy, que vive inteiramente às custas dela. Todo mundo sabe que ele está completamente viciado em drogas e que seus contratos se tornam cada vez mais raros. No meio musical, a reputação de Billie e de Joe Guy está bem estabelecida. Todo mundo diz que eles se preocupam muito mais com *dope* do que com música.

Glaser coloca Billie contra a parede. Ele ameaça que não vai mais se ocupar de sua carreira caso ela continue a se picar. Ela tem de fazer um tratamento de desintoxicação. Aparentemente, Billie não tem medo de passar pelos horrores da síndrome de abstinência. Na metade do mês de março, ela se interna na clínica de Park West, em Manhattan. Vai fazer uns exames e um tratamento de saúde, anuncia pudicamente Joe Glaser à imprensa. Ela permanece por três semanas na clínica, gasta dois mil dólares e recebe os fotógrafos em seu leito, resplandecente de beleza e coroada de gardênias. Sobre a mesinha de cabeceira, uma foto sua com Louis Armstrong.

Joe Glaser espera Billie quando ela deixa a clínica. Ele está acompanhado de uma "assistente" particular, Ella "Tommy" Thompson[9], que ele contratou para evitar que ela tenha uma recaída. Ele teme que Billie logo recaia em seus hábitos nefastos, tão logo se encontre novamente envolvida pelo mundo da noite, suas múltiplas tentações e um Joe Guy sempre presente. Mas Billie logo despede a espiã de Glaser. Ela parte para descansar em Morristown, no estado de Nova Jersey, na casa da mãe de Bobby Tucker.

Tucker, que era o único, além de Armstrong e Glaser, autorizado a visitar Billie na clínica, tinha poucas ilusões quanto à eficácia do tratamento. Certamente que litros de glicose diluída em soro a tinham deixado como nova, ela fora "lavada" da droga e cortada momentaneamente de seu meio, mas ele logo ficou sabendo que ela dera um jeito para conseguir "um realce" o tempo todo, por intermédio de uma enfermeira corrupta. Não há nada de surpreendente que ela tenha afundado novamente no vício tão logo saiu da clínica.

Billie contou que seus problemas com a polícia haviam começado no dia em que ela tentou se desintoxicar. Ela tinha certeza de que a clínica tinha um acordo com os agentes federais para lhe indicar os pacientes toxicômanos. Segundo ela, um comércio lucrativo existia entre o FBI e algumas

9. Ella "Tommy" Thompson (1913-1984): enfermeira, depois médica e psiquiatra. (N.T.)

clínicas. Os federais lhes enviavam os ricos toxicômanos que prendiam, e a clínica dividia os lucros com eles.

Antes de partir para Filadélfia, onde a esperava um contrato de uma semana, Billie retorna ao Town Hall para um show com Bobby Hackett e sua orquestra. Em maio, Billie e Joe Guy iniciam a viagem, levando consigo Jimmy Ascendio, seu "regente" e fornecedor de heroína, mais Bobby Tucker. Billie deve se apresentar no Earle Theater com Louis Armstrong e sua grande orquestra. Eles se hospedam no Hotel Attucks.[10] Depois de dois dias, Joe Guy retorna a Nova York.

Na sexta-feira, 16 de maio, depois da última apresentação, a limusine com chofer leva Billie, Bobby Tucker e Ascendio a seu hotel.

Jimmy Ascendio e Bobby Tucker penetram no saguão. O hotel fervilha de agentes federais e de policiais. A Brigada de Narcóticos acaba de invadir o local e exige revistar os quartos.

Billie, antes mesmo de descer da limusine, já havia enxergado os policiais. Tomada de pânico, ela grita ao chofer que fuja imediatamente. Ele dá uma guinada e esbarra em uma viatura policial. Um dos policiais atira para fazê-los parar, mas não acerta, e o chofer a leva até Nova York.

Mas acontece que, no Hotel Attucks, os agentes federais encontraram seringas e 25 cápsulas de heroína enroladas em uma meia, embaixo da cama do quarto de Billie.

Na segunda-feira seguinte, às cinco horas da manhã, o Departamento Federal de Narcóticos de Nova York manda prender Billie. Joe Guy, que se encontra em um hotel do Harlem, é preso logo depois. Eles descobrem um suprimento de droga no peitoril de sua janela. Billie e Joe Guy são conduzidos ao Departamento Federal e interrogados sem presença de um advogado. Ela reconhece que a droga encontrada na

---

10. Jimmy Ascencio "Ascendio" (1910-1965). O hotel era denominado em homenagem a Crispus Attucks (1723?-1770), escravo alforriado, o primeiro americano a ser morto pelos ingleses durante a Guerra da Independência (1775-1783). (N.T.)

Filadélfia lhe pertence. Uma vez que nessa mesma noite ela deve cantar no Club 18, Billie é liberada depois de depositar uma fiança de mil dólares. Joe Guy permanece preso.

Alguns dias mais tarde, durante o entreato no Club 18, uma limusine enviada por Norman Granz conduz Billie e Bobby Tucker ao Carnegie Hall para uma apresentação relâmpago, durante um concerto da série "Jazz at the Philharmonic". Billie canta quatro números diante de uma plateia entusiástica.

Em 27 de maio, ela se apresenta na Filadélfia para a audiência inicial de seu processo. Jimmy Ascendio e Bobby Tucker também são intimados. Ela é acusada de posse e ocultação de drogas. A maior preocupação de Billie é a de liberar Bobby das acusações. Ele não tem nada a ver com isso tudo. Ele é logo dispensado, sem sequer chegar a ser interrogado. Billie enfrenta seus juízes... Para surpresa geral, em lugar de se defender, ela mesma se acusa.

Joe Glaser formalmente lhe desaconselhou a contratação de um advogado. Segundo ele, a melhor estratégia nesse caso seria a de declarar-se culpada e pedir para ser tratada em um hospital. Ser honesta, demonstrar que é uma vítima e apelar para a clemência do juiz deveriam bastar para livrá-la do rolo. Só que foi um mau conselho, que se revelou fatal para Billie e prejudicaria toda a sua carreira futura. Mesmo que o promotor-assistente a tenha apresentado como a vítima de traficantes que a exploram, o juiz a condena a um ano e um dia de prisão. Recusa ainda a permissão para que ela cumpra a pena em um hospital. Ela desafiou a lei e, portanto, deve pagar sua dívida para com a sociedade, como qualquer outro criminoso.

A ausência de toda e qualquer defesa legal para Billie quando ela foi interrogada em Nova York e igualmente no processo que se seguiu na Filadélfia é quase inacreditável. Ela literalmente se atirou na goela do lobo.

É certo que qualquer advogado teria facilmente demonstrado que a droga encontrada sob uma cama de hotel, principalmente porque Billie não se encontrava nesse quarto, não constituía a prova formal que lhe atribuíam em seu julgamento. A única prova de acusação válida era o delito da fuga. Aliás, Joe Guy, que foi julgado no mês de setembro seguinte pelo mesmo delito, foi absolvido. Billie, a quem fizeram sair da prisão de Alderston para depor no tribunal, testemunhou em seu favor no processo e o defendeu com veemência. Ela declarou que a droga encontrada no hotel de Joe Guy se destinava a ela. Bastante satisfeito de se livrar tão facilmente, Joe Guy retornou para o Sul e desapareceu da vida de Billie.

Segundo afirmam alguns, o peixe que a polícia queria pegar era o próprio Joe Guy. Ele não era apenas o fornecedor de Billie, mas um traficante conhecido, um escalão não muito longe dos grandes senhores da droga. O testemunho de Billie puxou o tapete debaixo dos pés da acusação. Ela deixou bem claro que era uma adulta responsável, capaz de tomar suas próprias decisões, e que Joe Guy não tinha a menor culpa no caso. Era ela que lhe pedia que lhe conseguisse as drogas. Todavia, segundo parece, ela lançou acusações bem mais fortes sobre Jimmy Ascendio, porque ele foi condenado a um ano de prisão.

A condenação de Billie saiu em todos os jornais e deu motivo para discussões entre os colunistas durante muitos dias.

Billie sempre culpou a polícia por ter feito tudo para a impedir de sair do círculo infernal das drogas. É provável que ela viesse sendo vigiada há muito tempo. Harry Anslinger, o poderoso diretor do Departamento Federal de Narcóticos, acreditava que uma drogada não merecia ser tratada, mas punida. Ele partia do princípio de que era necessário ser inicialmente um delinquente em potencial, antes de se voltar para as drogas. Desse modo, aproveitou a ocasião para dar um exemplo, ferrando uma celebridade. Estava determinado a provar que não hesitaria em lançar na prisão não importa qual fosse o toxicômano, mesmo que fosse uma grande vedete. Billie lhe pareceu um alvo ideal.

A atitude de Joe Glaser é, à primeira vista, incompreensível. Ele deveria ter tentado de tudo para salvar Billie dessa catástrofe. Na realidade, parece que ele foi o *deus ex machina* de todo o negócio e que conduziu a situação à sua maneira. Mais tarde, dois agentes federais testemunharam que ele havia colaborado com o Departamento a fim de prender Billie. Seu único recurso para obrigá-la a deixar as drogas era cortá-la de seu ambiente e fazê-la ser jogada na prisão. Para curá-la do mesmo jeito que faziam com os criminosos. Glaser era um homem muito influente e determinado. Ele tinha muitas relações no meio judiciário e conhecia também membros do FBI.

A partir do momento em que saiu do tribunal, Billie foi embarcada em um trem para a Casa de Correção Federal Feminina de Alderston entre duas robustas policiais. Durante a viagem, uma delas lhe administrou uma injeção de morfina a fim de aliviar os sintomas da abstinência. Ela chegou na prisão no dia seguinte, às nove horas da manhã. Sua ficha de admissão menciona que ela trazia US$ 6,34, que media 1 metro e 62, pesava 78 quilos e apresentava sinais de picadas nas mãos, braços e pernas. Seus testes de aptidão lhe atribuem um QI de 81, uma inteligência considerada como "média baixa". Seus conhecimentos gerais são considerados fracos, embora tenha obtido melhores resultados em linguagem e vocabulário.

Sua experiência, que ela adquirira somente nas ruas de Baltimore, não tinha nada em comum com o nível escolar da classe média americana, e esses testes de avaliação não revelam muitos indicadores sobre sua forma de inteligência. Uma palavra em inglês a descreveria muito bem: ela era *streetwise* (tinha a "sabedoria das ruas"), o que significa "esperta, desembaraçada". Numerosas pessoas que conheceram Billie a descrevem como brilhante e sagaz, cheia de humor e de vivacidade.

Billie é tratada no hospital da prisão. Contrariamente ao que ela relata em sua autobiografia a respeito da desumanidade do tratamento (teriam-na abandonado sem tratamento algum durante os horrores da privação), os relatórios médicos indicam que ela foi tratada não somente com injeções de morfina, nembutal e barbitúricos para ajudá-la a dormir, mas também com banhos quentes, seguidos de massagens destinadas a relaxamento muscular. Se ela não sofre mais ainda os sintomas da abstinência, é provavelmente devido à estadia precedente em uma clínica. Já se encontrava parcialmente desintoxicada.

Ao fim de oito dias, ela sai da enfermaria e é internada em um dos pavilhões penitenciários. Três para negras, três para brancas, a segregação é estritamente aplicada. Trabalham juntas, mas as refeições são feitas em separado e os períodos de lazer também. No cinema da prisão, as brancas sentam na frente, as negras atrás, como nos ônibus de Baltimore. As garotas são assassinas, ladras, falsárias, meretrizes. As drogadas são as mais desesperadas. Elas contam os anos, depois os meses, no final os dias que as separam do momento em que enfim vão conseguir se injetar uma dose e *get high*, subir alto do chão. As únicas coisas em que pensam são as drogas.

Billie recebe tarefas simples: arear os talheres, dar comida aos porcos, arrancar e limpar os legumes da granja da penitenciária. Ela realiza todas as suas obrigações sem se queixar, mas prefere trabalhar sozinha. É repreendida por faltas venais: fumou um cigarro no hospital, disse algumas palavras grosseiras. A seguir, é designada para as cozinhas. Lavar as vidraças, carregar baldes de carvão, lavar a louça, preparar as refeições matutinas. Billie se levanta às cinco da manhã e não tem descanso o dia todo. A ideia de passar o Natal sem um trago de álcool a deprime. Com as cascas de batatas que ela pôs a fermentar em uma tina escondida, ela tenta destilar uísque. Ainda que ela tenha ocultado tudo sob uma pilha de carvão, o odor indisfarçável a trai. Como castigo, diminuem sua ração de cigarros. Em vez de um pacote, tem de se contentar com três maços por semana. O mercado negro da prisão funciona muito bem, só que as trocas de sabonete ou de ração de açúcar por cigarros são severamente punidas.

O que lhe vale é o tricô, que lhe ocupa as mãos. Uma jovem encantadora, Marietta, condenada por abuso de confiança, é sua única amiga na prisão. É ela que a ensina a tricotar.

Billie tem fãs na prisão. As detentas a acolhem como a uma *star* e ela se sente reconhecida por isso. Sente reconfortado o coração.

As garotas lhe pedem algumas vezes que ela cante, mas Billie se recusa. Ela foi encerrada para ser punida, não para cantar. Ela não canta uma única nota durante oito meses. Uma enorme quantidade de correspondência lhe chega do mundo inteiro. Seus fãs lhe enviam mensagens de encorajamento, frutas, discos e até dinheiro. Todos os presentes são devolvidos. O regulamento estipula que ela só tem direito a três cartas por semana, além das de parentes próximos, mas ela não tem mais nenhum "próximo". Somente o fiel Bobby Tucker se manifesta. Durante todo esse período, ele não aceita acompanhar nenhuma outra cantora. De fato, ele é o único a esperar por Billie. Nos últimos tempos, as drogas a haviam afastado de seus amigos. Mesmo velhos companheiros como John Simmons ou Buck Clayton separaram-se dela. Eles sabem que todos os pensamentos e todos os momentos de lazer de uma *junkie* orbitam em torno das drogas. Os que a amam bem que a tinham prevenido. O saxofonista Buddy Tate, entre outros, lhe dissera:

– É perigoso demais, Lady, você não pode querer ficar alta todos os dias..

– Mas eu não faço todos os dias, lhe juro.

Os drogados não podem evitar mentir.

Billie está calma, Billie tem agora a cabeça no lugar. Quando não está trabalhando, joga cartas ou tricota pulôveres com torçais de lã para os filhos de Bobby Tucker. As paredes da prisão são protetoras. Nenhuma visita é permitida. Ela foi cortada das drogas, separada do mundo, naturalmente fatigada pelo trabalho físico, absorvida por tarefas mecânicas em que ela não tem nada a demonstrar. Horários fixos, trabalho, recreação, nenhuma responsabilidade, dias que se desenrolam de forma idêntica... A prisão é uma cura em si mesma e talvez Joe Glaser tenha tido a intuição correta. Se Billie se adapta tão bem a esse ambiente, é porque ela acha merecer a punição. Na prisão, ela volta a ser uma criança, cuidada por uma figura materna: a diretora, Helen Hironimus.[11]

Vinte anos mais velha, é uma mulher que dedicou sua vida inteira ao serviço público. A sorte de Billie a comove, ela lhe parece totalmente destituída. Ela resolve defender seus interesses, escreve à Receita Federal e entra em contato com Joe Glaser a fim de obter um relato preciso da situação financeira de Billie. Em vão. Billie escreve muitas vezes a Glaser, que promete vir vê-la e até enviar uma cópia do filme *New Orleans* para o cinema das presidiárias. Mas não faz absolutamente nada. Quanto a dinheiro, nos primeiros meses envia cinquenta dólares, depois baixa para dez por mês, assegurando a Helen Hironimus que sua cliente queimou mais de cem mil dólares em dois anos, durante sua ligação com Joe Guy. Segundo ele, era ela que lhe devia dinheiro. Enquanto espera, ele tem pleno controle sobre sua contabilidade e não fornece nenhuma informação sobre o estado financeiro dela.

Os rumores afirmam que Joe Glaser tinha livrado Billie de uma porção de encrencas. As bisbilhotices sempre no encalço da vida particular das *stars* nunca se revelam faltas de imaginação. Os testemunhos devem ser tratados com precaução? Que importa, as fofocas existem justamente para serem retransmitidas. Contam que ela até mesmo injetava heroína em seu cachorro, que ela foi surpreendida em um hotel no momento em que ia injetar a droga em uma garota em idade escolar ou que ela moeu de pancada uma de suas conquistas femininas. Glaser teria abafado todos esses escândalos a custo de muito dinheiro.

Alertado por Leonard Feather, a quem Billie havia escrito, Norman Granz organiza um concerto "Jazz at the Philharmonic" com o objetivo de coletar fundos para Billie. Ele contrata o prestigioso trio de Nat King Cole.[12] Glaser, que

11. Helen Hironimus (1895-1985) também dirigiu prisões federais no Texas e Kentucky. (N.T.)

12. Nathaniel Adams Coles, "Nat King Cole" (1919-1965). (N.T.)

não quer que venham a público os problemas financeiros de Billie, o obriga a desistir dessa iniciativa e anuncia à imprensa que ela não tem a menor necessidade de que organizem um concerto em seu favor. Enquanto isso, Nat King Cole se retira do projeto, e a apresentação termina por ser um fiasco. A magra receita é doada a uma obra de caridade...

Billie se sente abandonada por todos. Acima de tudo, ela teme que seu público já a tenha esquecido. Ed Fishman[13], um empresário estabelecido em Los Angeles, lhe escreve. Ele telefona frequentemente à prisão para saber notícias dela e a diretora o mantém ao corrente de suas más relações com Glaser. Profundamente aborrecida com as atitudes dele, Helen Hironimus sugere a Billie que contrate Fishman como seu agente e arranja uma entrevista entre os dois na prisão. Quando Glaser fica sabendo que ela vai assinar um contrato com Fishman, fica tão furioso que se recusa a devolver-lhe suas roupas. Afirma que, se Billie o deixar, ele se reembolsará de seus prejuízos vendendo seus casacos de pele e seus vestidos de noite.

No final do ano de 1947, ela está completamente arruinada. Será libertada por boa conduta em 16 de março de 1948. Para marcar o acontecimento, Glaser lhe consegue um compromisso no dia 27, o grande show no Carnegie Hall. "Boas-vindas a Billie Holiday", proclama uma imensa faixa. Dois mil e setecentos lugares são vendidos em poucos dias.

Ao sair da prisão, Billie está em liberdade vigiada, oitenta dias de período probatório. Ela toma o trem para Morristown, onde a espera Bobby Tucker. Ela foi especialmente buscar seu pianista para preparar seu show no Carnegie Hall. A casa de Bobby é um refúgio de paz em Nova Jersey e Billie realmente ama a mãe de Bobby, que lhe retribui o sentimento. Bobby vem esperá-la na estação. Ele trouxe o cão boxer, Mister, cuja guarda lhe fora confiada por Billie. Ela desce radiante do trem, em plena forma. Billie engordou na pri-

13. David Samuel "Ed" Fishman (1919-1964): agente e promotor artístico de origem judaica. (N.T.)

são e suas faces arredondadas parecem rejuvenescê-la. Ela se lança ao pescoço de Bobby. Mister, que ela pensava tê-la esquecido, faz-lhe festas e chega a derrubá-la na plataforma da estação. Latidos, gritinhos de alegria, lágrimas de felicidade, ela abraça o cão contra seu peito. Bobby não se deixa enganar. Ele a conhece bem demais para não perceber que ela está drogada. Ela fez baldeação de trens em Washington e um traficante a esperava na plataforma.

“Você não vai ter uma terceira chance, Billie”

O show do Carnegie Hall em 27 de março de 1948 foi um enorme sucesso, tão bom que o promotor Ernie Anderson organizou um segundo três semanas mais tarde. Todas as poltronas foram imediatamente vendidas.

Billie recebeu uma acolhida tão calorosa que todos os seus medos se desvaneceram. Seu público não se havia esquecido dela. Ao chegar ao palco, ela se perguntou qual seria esse enorme coral que estava sentado atrás dela. Na realidade, o fundo do palco estava atopetado de espectadores que não tinham podido encontrar lugar na plateia. Eles tinham sido colocados até mesmo no poço da orquestra!... Os que não encontraram assentos permaneceram em pé, e os músicos tiveram de abrir uma passagem por entre a multidão para conseguir chegar junto à ribalta do palco. John Levy carregou seu contrabaixo com os braços levantados acima das cabeças dos circunstantes, seguido pelo guitarrista Remo Palmieri, o baterista Denzil Best e, finalmente, Bobby Tucker.[1]

Recebida por uma enorme ovação, Billie atacou imediatamente *I Cover The Waterfront.* A corrente passava, era a emoção do reencontro. Cada um sabia de onde Billie retornava e o que ela havia sofrido. Tinham vindo para escutá-la, mas para vê-la também. Ela deu o melhor de si mesma. Cada vez que uma dúvida a assaltava, bastava um pequeno sinal de cabeça de Bobby Tucker para que recuperasse a segurança. Sua voz tinha a cor de seus grandes dias, pungente e melancólica, a cor azul. E quando os aplausos estalavam mais e mais, em vagas que se vinham quebrar a seus pés, seu rosto se enchia de gratidão.

No intervalo, ela voltou para seu camarim, sentindo-se galvanizada, mas ainda sob tensão. Um admirador lhe havia

1. Ernest Thomas “Ernie” Anderson (1923-1977). Remo Palmieri, nascido em 1923. Denzil DaCosta Best (1917-1965). (N.T.)

enviado um ramalhete de gardênias. Billie rapidamente as prendeu do lado de sua cabeça, sem ver o longo alfinete que as conservava unidas. O sangue correu ao longo de seu rosto: Billie estava tão febril de excitação, que nem percebeu, até que Bobby Tucker gritou:

– Lady, você vai morrer!

Ela se limpou como pôde e refez a maquilagem. As manchas de sangue ficaram invisíveis em seu vestido negro.

Ela cantou 21 canções e acrescentou mais seis números depois que foram pedindo bis. O público entusiasmado insistia vigorosamente para que ela cantasse sem parar. Quando, finalmente, ela voltou para os bastidores, desmaiou nos braços de Bobby Tucker.

Sua passagem pela prisão havia modificado a percepção que Billie tinha daqueles que a rodeavam. Sua vergonha se transformou em uma sensibilidade exacerbada. Ela suspeitava que todos os que se aproximavam dela a julgavam em função de sua desgraça. Todos a haviam abandonado enquanto ela estava na prisão e agora eles queriam novamente se aproveitar dela, porque ela se transformara novamente em uma estrela.

Além disso, ela se mostraria extremamente suscetível ao menor sinal de indiferença, achando que estava sendo desprezada porque tinha estado na cadeia.

Uma noite, pouco depois do show no Carnegie Hall, Billie vai escutar Sarah Vaughan, a estrela em ascensão, aquela que em breve será apelidada de *Divina.* Billie adora sua voz rica e harmoniosa, refinada por anos de estudos musicais. Após o espetáculo, ela se dirige a seu camarim, a fim de felicitá-la. As pessoas estão se dando trompaços nos bastidores. Amigos que vêm abraçá-la, fãs que reclamam um autógrafo, músicos que se congratulam. Billie faz um aceno de amizade a Sarah. Esta não responde. Acreditando que ela não quer se misturar com uma ex-apenada, Billie dá as costas e vai embora logo, com lágrimas nos olhos. Na realidade, Sarah, que é muito míope, simplesmente não reparou nela no meio da aglomeração. Ela lhe demonstrará sua amizade substituindo-a muitas vezes no Ebony, quando Billie adoece e fica impossibilitada de se apresentar.

Naquele momento, ocorre um evento que modificará o curso de sua carreira e a prejudicará consideravelmente. Billie se encontra no auge da glória. Sua popularidade nunca foi tão grande como depois de sua estada na prisão. Seu segundo show no Carnegie Hall, a 17 de abril, bate todos os recordes de audiência. Mesmo que ela tenha sido ovacionada no palco da mais prestigiosa das salas de espetáculo do país, ainda que a imprensa a leve ao pináculo e que ela tenha pago sua dívida para com a sociedade, a polícia, subitamente, lhe retira a permissão para trabalhar. Ela não apresenta os critérios de "boa moralidade" requeridos para conservar essa carteira, em que figuram as impressões digitais e a fotografia do artista. A partir de 1940, toda pessoa que tivesse ficha na polícia podia ser proibida de trabalhar em qualquer lugar em que servissem bebidas alcoólicas. Tal carteira, renovável a cada dois anos, permitia manter sob vigilância não somente os delinquentes, como também os comunistas, que se considerava serem numerosos nos quadros do sindicato dos trabalhadores de bares e restaurantes.

Essa ocorrência impede Billie de cantar em todos os clubes de Nova York.

Claro que havia um meio de contornar essa dificuldade. Corrupção, subornos, tráfico de influência. Por exemplo, podia-se alugar os serviços de um determinado advogado para organizar uma entrevista puramente formal com algum tira corrupto. Bud Powell[2] recuperou sua carteira depois de uma entrevista de reabilitação. Nunca chegaram a retirar a permissão de trabalho de Stan Getz, mesmo que ele também tenha tido problemas com drogas. Em contraste, Miles Davis teve bastante dificuldade para obter um novo contrato depois que foi preso por posse de heroína.

---

2. Earl Rudolph "Bud" Powell (1924-1966): instrumentista e compositor de jazz. (N.T.)

É estranho que Joe Glaser, que tinha um arranjo com o pessoal do Departamento Federal de Narcóticos, não tivesse ficado sabendo de antemão desse golpe do destino. Talvez ele pretendesse oferecer esse presente envenenado ao novo agente de Billie, Ed Fishman. Se ele tivesse querido, segundo parece, teria tido influência suficiente para conseguir uma nova carteira de trabalho para ela. Ele não mexeu um dedo. Será que ele acreditava que a "traição" de Billie merecia um castigo desses?

Enquanto isso, Glaser estava bem decidido a defender seus interesses. No show do Carnegie Hall, ambos os agentes reivindicaram asperamente o direito de representar Billie. Ernie Anderson, o organizador do espetáculo, acabou por entregar a cada um deles a soma de 2.500 dólares.

Sem a menor dúvida, Billie se rejubilou em pregar essa peça a Joe Glaser. Ela tinha absoluta convicção de que ele a havia abandonado na prisão.

– Eu precisava ser atendida e tratada e ele me enviou ao matadouro.

Além disso, ela achava que ele estava roubando dela. Depois que ela retornou, suas entrevistas foram tempestuosas.

O assunto foi levado perante a American Guild of Variety, que decidiu em favor de Glaser. Foi provado que Billie não havia denunciado seu contrato anterior dentro dos termos legais. O compromisso assinado com Ed Fishman foi declarado nulo.

Fishman reagiu processando-a por quebra de contrato, mas Glaser, que tinha o braço longo e boas conexões no ambiente judiciário, manobrou de modo a fazer com que o agente californiano retirasse a queixa.

Louis Armstrong, o principal cliente de Joe Glaser, iniciava uma nova carreira. Ele havia trocado sua grande orquestra por uma nova fórmula musical mais compacta, o *All Stars,* que se apresentava nas grandes salas de espetáculos perante um vasto auditório. O fato de que Billie não tinha mais acesso aos clubes de Nova York representava uma perda financeira para Glaser. Todavia, ela sempre havia conservado o direito de cantar nas salas de espetáculos, nos teatros ou em qualquer outro lugar em que não servissem bebidas alcoólicas. A partir dessa data, Glaser vai então tentar promover Billie da mesma maneira que fazia com Armstrong.

Em junho, o promotor de eventos Al Wilde lhe propõe uma revista no grande Theater Mansfield: o título será "Holiday na Broadway". Ela é acompanhada pelo quinteto de Bobby Tucker. O espetáculo, que apresenta também o trio do contrabaixista Slam Stewart[3] e os organistas Wyatt e Taylor, obtém um sucesso acima da média. Mas os críticos ficam desconcertados. Esperavam uma revista espetacular e não um show de jazz. O espetáculo é suspenso ao final de cinco dias. A imprensa se interessa muito mais pela última declaração de Billie: "Meu marido e eu, novamente reunidos...". Uma foto dela no número de maio da revista *Metronome* a mostra ostentando uma aliança na mão esquerda. Jimmy Monroe, pretendendo se aproveitar da segurança de sua vitória, reaparece em sua vida. Seus amigos têm razões de sobra para se inquietar. Eles não têm a menor ilusão sobre o que virá a seguir. Billie reatou com um traficante de drogas que também é notoriamente conhecido como gigolô. Em uma entrevista, Billie afirma que seu mais caro desejo é o de ter um bebê.

> Eu paguei minha dívida para com a sociedade e não me queixo, levei uma boa lição, mas agora nada mais me fará parar. Acabo de comprar um terreno perto da casa de Bobby Tucker, onde moro atualmente. Será minha primeira casa própria e adivinhem quem vai morar comigo, meu marido Jimmy Monroe. Vamos ter um lar, fazer um bebê e nos daremos às mil maravilhas. Há mais do que festas e encantamento na vida...

Mas Billie já tem outros projetos. John Levy, um dos gerentes do Ebony, um clube elegantíssimo da Broadway, lhe propõe um contrato de quatro semanas. Ele logo demonstra

3. Leroy "Slam" Stewart (1914-1987). (N.T.)

que tem influência suficiente para lhe conseguir uma carteira de trabalho temporária. Levy é um gângster de segunda classe, mantém contatos dentro da polícia; não há dúvida de que era também um delator. Começou abrindo uma cadeia de confeitarias, fachada cândida para esconder suas atividades de *bookmaker*[4] nas salas dos fundos. Ele se apresenta como mestiço de judeu com negra. É um homem autoritário, tirânico e violento. Completamente doido, segundo sua ex-mulher, uma dançarina de quem acabara de se divorciar. Ela fugira com seu bebê, depois que ele a teria ameaçado de lhe retalhar o rosto.

O Clube Ebony é governado com uma disciplina férrea. As dançarinas o haviam apelidado de Clube Agony [Agonia]. Os números são perfeitamente ensaiados e sempre de boa qualidade. Dançarinas, prestidigitadores, cômicos. Billie é a atração número um e, desde a primeira noite, apesar da chuva torrencial, forma-se uma longa fila de pessoas que esperam para entrar no clube.

John Levy não se satisfaz em lhe obter uma carteira de trabalho. Ele faz tudo para impressioná-la, leva-a às butiques de luxo, compra-lhe vestidos de quinhentos dólares, luvas e sapatos combinando, até joias... Ele lhe oferece um casaco de vison azul e um Cadillac conversível verde com bolinhas brancas. E, apesar disso tudo, nunca lhe pede nada em troca, não ultrapassa jamais as relações profissionais. Ele está lhe lançando poeira mágica nos olhos e preparando sua ofensiva. A primeira coisa que faz é desacreditar Jimmy Monroe. Este faz por onde ser expulso do clube sem a menor cerimônia diante das vistas de Billie. Levy, sem a menor dúvida, utilizou ótimos argumentos; era perfeitamente capaz de escorraçar gigolôs, que só tinham a língua macia como ganha-pão.

Ele havia decidido que se tornaria o homem de Billie. Ainda que que já estivesse bem entrado nos cinquenta, um tanto barrigudo e com a cabeça "ficando desguarnecida", ele possui aquilo que mais agrada a Billie: uma mentalidade autoritária, grande facilidade para galanteios e uma tendên-

4. Corretor clandestino de apostas, particularmente de cavalos. Em inglês no original. (N.T.)

cia a aterrorizar o próximo. A seus olhos, ele é o tipo do cara durão. Na verdade, não passa de um pequeno contraventor sem envergadura, que os músicos apelidaram de Al Capone por pura troça.

Ele começa alugando para ela um lindo apartamento em St. Alban's, no bairro nova-iorquino do Queens, com uma cama redonda, como nos filmes de Billie Dove.

John se encarrega de tudo. Billie só tem de pedir. Segundo ele, a única coisa que uma verdadeira mulher deve tirar de sua bolsa é o estojo de maquilagem. Dinheiro, mas que coisa mais vulgar... Isso é função dos homens. Ela só tem de cochichar quando precisa de alguma coisa. Mas o relacionamento se envenena quando Billie reclama que ele lhe entregue seu cachê. Suas reações são violentas, totalmente fora de proporção. Quando ele fica fora de si, bate com a cabeça nas paredes...

Mais tarde, vai chegar uma ocasião em que ele lhe dará um soco na cara.

Embora Billie não tivesse gravado discos recentemente, seu nível de popularidade chegou ao ponto mais elevado. Leonard Feather[5] a convida para sua transmissão radiofônica, "Jazz at his Best". Feather é seu fã incondicional. Ele transmite as gravações mais raras de Billie e conta ao microfone os aspectos de sua carreira desde seu primeiro registro fonográfico com Benny Goodman. Durante uma semana, Billie participa todas as noites, juntamente com Lionel Hampton[6], de uma emissão transmitida cotidianamente.

Em julho, ela se apresenta no Strand Theater, uma imensa sala de cinema que está apresentando o filme de que todo mundo fala na ocasião: *Key Largo,* com Humphrey Bogart e Lauren Bacall.[7] Billie permanece seis semanas em cartaz,

---

5. Leonard Feather (1914-1994). (N.T.)

6. Lionel Hampton (1908-2002). (N.T.)

7. Humphrey Bogart (1899-1957); Lauren Bacall (1924), sua esposa, continua na ativa. (N.T.)

acompanhada pela grande orquestra de Count Basie. Ela reencontra seus amigos músicos, o calor e a benevolência do Conde e os bons velhos tempos do swing. Na fornalha do verão nova-iorquino, Billie ganha 35 mil dólares por semana por cinco apresentações diárias, sete dias em sete. É um verdadeiro recorde de afluência no Strand Theater. Seis semanas de aplausos estrondosos e boas críticas.

A cada noite, afluem celebridades. Billie logo repara que a estonteante atriz Tallulah Bankhead[8] está sentada todos os dias na primeira fila. De noite, ela trabalha na peça *Private Lives,* em um teatro da Broadway, não longe do Strand. Tallulah é uma importante personalidade no mundo dos espetáculos. Conhecida sobretudo por peças de teatro, como *Little Foxes,* seu grande sucesso, seu papel em *Lifeboat,* o filme de Alfred Hitchcock[9], lhe valeu um prêmio de interpretação. Tallulah é uma mulher de temperamento flamejante. Seu comportamento e seus excessos de todos os tipos fazem a alegria das revistas de escândalos. Completamente desenfreada, ela adora festas, gim e cocaína. É uma sedutora notória, que atrai para seu leito tanto as mulheres como os homens. Sem qualquer inibição, ela tem o hábito de andar em casa totalmente nua e de abrir a porta a seus convidados vestida de Eva, com um colar de pérolas no pescoço. É impossível que Tallulah e Billie não se entendam.

John Levy encara esta nova amizade com muito maus olhos. Não obstante, ele não ousa fazer qualquer oposição. Tallulah Bankhead é célebre, descende de uma importante família sulista e, ainda por cima, é branca. Seu pai é um político com assento no Congresso. Ela não tem medo de ninguém. Absolutamente desembaraçada, ela entra e sai à vontade do camarim de Billie, a abraça fortemente, ignorando completamente a presença de John Levy. Apesar de seus esforços para agradá-la, ela lhe demonstra um desprezo total. E diante dela, Levy perde toda a sua influência.

---

8. Tallulah Brockman Bankhead (1902-1968). (N.T.)
9. Alfred Hitchcock (1899-1980): cineasta. (N.T.)

Todas as noites, Tallulah espera o final do espetáculo de Billie. Saem juntas para fazer a ronda dos bares, em companhia do comediante Stump Daddy[10], algumas vezes também de Count Basie. Seu lugar preferido é o White Rose. Billie já tem uma cadeira reservada, ou melhor, um banquinho no bar. Tallulah se diverte embriagando Mister, o boxer de Billie. Um dia, o chihuahua de Count Basie se atira sobre ele, e Mister, completamente incapaz de se defender, é massacrado pelo cachorrinho.

Eles se divertem como loucos.

Billie adora sua *Lula*, que lhe retribui plenamente. Muitas vezes ela vai cantar fora de Nova York, e Tallulah a segue por toda parte, para grande raiva de John Levy. Mas ele teme essa mulher que conhece todo mundo, especialmente os jornalistas. Ele não se arriscaria a bater em Billie quando ela estivesse na cidade. Se a visse de olho roxo, Tallulah alertaria a imprensa inteira.

Seu idílio leve e festivo prossegue na Costa Oeste e Tallulah não parece se importar com a breve aventura [de Billie] com Marlene Dietrich[11]. Mais tarde, entretanto, no momento da publicação da autobiografia de Billie, Tallulah fará pressão por todos os meios disponíveis para que ela não traia coisa alguma de seu antigo relacionamento.

Depois de sua passagem pela cadeia, algo se modificou em seu relacionamento com o público. Agora é sua personalidade profunda que se acha em discussão. A intérprete deu lugar a uma mulher que exprime sua verdade nua e crua, a triste realidade de uma vida dominada pela má sorte. Ela se ressente do público como se ele fosse um voyeur que invade sua intimidade continuamente. Esse olhar invasivo se torna insuportável para ela, porque é como se estivesse sendo julgada. A imprensa continuamente faz eco de seus dramas passados, e a própria Billie contribuiu em grande parte para sua lenda, contando em entrevistas sua dependência das dro-

---

10. Roger "Stump Daddy" Snyder (1911-2005). (N.T.)

11. Marie Magdelene "Marlene" Dietrich von Losch (1901-1992). (N.T.)

gas e seus rolos com a justiça. Agora, tudo isso está colado à sua pele. É a sua vida privada e a sua vergonha que ela dá como pasto a um público fascinado e ávido. A um repórter da revista *Metronome*, Billie se queixará de que as pessoas só vêm a seus espetáculos para olhar sorrateiramente para a drogada, e acrescenta, em tom vindicativo:

– Se eles querem me ver fracassar no palco, pelo menos estão pagando as custas.

Apesar de seu triunfal *come-back,* Billie recai nos erros anteriores. As drogas estão novamente no centro de sua vida. Depois do Strand, canta no Club Astoria de Baltimore, depois no clube Bali de Washington, a seguir no Apollo e retorna ao Ebony em setembro. Agora que ela não pode mais cantar nos clubes da Rua 52, tem de aceitar o que lhe propõem fora de Nova York. Uma coisa que está longe de lhe conferir o prestígio anterior.

Em outubro, ela aparece na capa da *Metronome.* O artigo sobre ela é intitulado: "De dia como de noite, é uma grande Lady". Nas fotografias, Billie está magnífica, penteado liso e brilhante, olhar de corça, silhueta modelada pelos vestidos elegantes, saltos altos.

John Levy se improvisou em seu *manager*, é ele quem supervisiona os contratos e recolhe os cheques, para grande desgosto de Joe Glaser. Ele dá dinheiro de bolso para Billie, mas ela tem de prestar contas de todas as suas despesas. A heroína é a única despesa que ele não discute. Ele mesmo é fã de ópio, a droga que está em voga no ambiente dos gângsteres, lado a lado com a cocaína.

Quando Billie se rebela e reclama o dinheiro que lhe é devido, ele a espanca. Mas ela retribui golpe a golpe. Afinal, é quase tão forte quanto ele. Seus amigos ficam abismados com essa relação, não compreendem o que é que ela vê nesse grosseirão brutal e sem a menor capacidade de sedução.

Sarah Vaughan, que ganha o primeiro lugar em todas as sondagens de popularidade e cujas vendas de discos aumentam, tornou-se uma séria concorrente e até mesmo uma ameaça para Billie. A Decca decide-se então a produzir uma sessão de gravações para sua cantora carro-chefe, a primeira realizada em muito tempo.

Na data prevista, 22 de outubro de 1948, o estúdio está reservado, do mesmo modo que os músicos e toda a equipe técnica foram contratados. Billie nem aparece. Ela receberá logo depois uma carta glacial da empresa fonográfica, anunciando-lhe que a Decca vai se reembolsar de todas as despesas incorridas, descontando-as de seus royalties, sua percentagem sobre a venda dos discos gravados anteriormente.

Depois de um mês passado no clube Ebony, em que Sarah Vaughan terá de substituí-la em algumas noites, porque ela está doente demais para cantar, Billie parte para Chicago. Ela divide o cartaz com a orquestra de Jimmy Partland no clube Silhoutte. Billie se encontra muito resfriada e só canta três ou quatro números por apresentação, além de chegar cada vez mais atrasada. Seus fãs se sentem enganados. E a orquestra de Jimmy Partland[12] tem de se desdobrar para preencher os furos e trabalhar três vezes mais do que o previsto.

Down Beat escreve em suas colunas que os admiradores teriam aceito escutá-la, mesmo nessas condições, se o espetáculo tivesse valido a pena. Mas Billie parecia totalmente desmotivada, e seu desempenho mecânico era como uma paródia dela mesma. Depois de havê-la apoiado tantas vezes, a mesma revista lhe dá um aviso em um editorial de julho de 1948: "Você não vai ter uma terceira chance, Billie". O jornalista reprova sua atitude negligente, quase grosseira, e sua falta de respeito pelo público. Ela se permite chegar atrasada várias horas ou até mesmo nem se apresentar. Mas que falta de profissionalismo! O abuso do conhaque é a causa, sem a menor dúvida, mas ela só reserva para seu público uma insípida beberagem. Com que direito ela trata com desprezo pessoas que lhe trazem 2.200 dólares por semana? Ele conclui com uma frase assassina, escrevendo que seus excessos e sua recente condenação prejudicam globalmente a imagem dos músicos,

12. James "Jimmy" McPartland (1907-1991). (N.T.)

que, por causa dela, devem agora lutar o dobro para serem decentemente pagos e corretamente tratados.

Embora Billie tenha desejado muito, o projeto de uma grande turnê pelos teatros e salas de espetáculos não chega a se concretizar. John Levy não quer investir dinheiro em uma empresa tão custosa. Quanto a Glaser, ele sabe que realmente não se pode mais contar com ela. Um único compromisso que ela não cumpra e ele terá de indenizar a organização inteira. Trabalhar com Billie se tornou um risco.

Mesmo que ela tivesse falhado na sessão anterior, a Decca organizou novamente um registro fonográfico. Com um quarteto de músicos e os Stardusters, um conjunto vocal que irá intervir sem grande entusiasmo em duas das peças. Mais uma vez, Billie se faz esperar. Ela chega quase no final do prazo. Por sorte, em sua ausência, a orquestra ensaiou cuidadosamente e Billie consegue gravar os números em uma única tomada. *I Love You Porgy* será um grande sucesso, do mesmo modo que sua interpretação de *My Man* (a canção francesa *Mon Homme,* criada por Mistinguett e que foi cantada mais tarde por Édith Piaf[13]), cujas palavras fazem pensar irresistivelmente em John Levy.

> Não é que ele seja bonito,
> Que seja rico, nem forte,
> Mas eu o amo, que coisa idiota,
> Ele me enche de porrada,
> Ele me tira toda a grana,
> Ele acaba comigo,
> Mas mesmo assim,
> O que você quer...?
> Ele está dentro de minha pele
> E me deixa maluca...

---

13. Jeanne Florentine Burgeois, conhecida como Mistinguett (1875-1956), era uma cantora, compositora e atriz francesa. Édith Giovanna Gassion, a cantora francesa Édith Piaf (1915-1963). (N.T.)

Levy a submete a um regime de terror. Mas o medo que ela sente dele está misturado com o respeito que lhe inspira o seu caráter autoritário e dominador.

Coube por sorte a Billie encontrar-se mais uma vez no papel de vítima.

– Eu adoro quando um homem me domina. Não faço nada sem pedir autorização a John – afirma ela.

Que complacência estranha existe nessas palavras. É como na canção de Mistinguett, dá para perceber o prazer sensual que ela experimenta nessa dependência. Ele tem uma forma muito pessoal de torturá-la, insultando-a logo no momento em que vai entrar em cena. Perturbada, a um passo das lágrimas, ela canta com toda a sua alma e realiza desempenhos fabulosos. Ele fica esfregando as mãos de satisfação nos bastidores, cada vez mais convencido de que ela adora seus modos violentos.

– Depois de uma boa descompostura, ela fica melhor ainda no palco – declara ele a Bobby Tucker, horrorizado com o relacionamento.

Tucker conta que Levy chegava a dar socos no estômago que derrubavam a cantora no chão. Essa relação faz pensar inevitavelmente na infância de Billie, na época em que ela provocava sua tia, Eva, até que ela lhe desse algumas lambadas. Ela tem medo da violência de Levy, mas se comporta de modo a fazer com que ele perca o controle. Com um caráter tão violento, a coisa é muito fácil. É a sua maneira de exercer poder sobre ela. Billie é a estrela, é ela quem ganha o dinheiro com que os dois vivem. Para que ele possa conservar seu papel dominante, tem de fazer demonstrações de força. Às custas dela.

No mês de dezembro, Billie e John Levy partem para a Califórnia. Ela deve se apresentar durante duas semanas no Billy Berg's, um suntuoso clube de Los Angeles, com o grupo de Red Norvo – entre eles, seu amigo, o pianista Jimmy Rowles.

Na noite do Ano-Novo explode um drama que será reproduzido no dia seguinte por todos os jornais. A sala está repleta, cheia de alegres foliões. Já é quase meia-noite. Billie está na plataforma da orquestra. Seus amigos a esperam, juntamente com Levy, na cozinha do clube. Quando termina o seu *set* de canções, ela vai reunir-se a eles. A peça está cheia de gente. De repente, ela se queixa em voz alta que alguém a beliscou. John Levy agarra uma faca de cozinha e se lança sobre o presumível culpado. Mas o golpe é desviado e vai atingir um fulano qualquer que se encontrava ali por acaso. Com a faca fincada no ombro, o homem cambaleia para fora da cozinha e vai desabar justamente na plataforma elevada do clube, coberto de sangue. O incidente degenera numa confusão geral. Gritos, desaforos, Billie fica como louca, começa a jogar pratos em todas as direções e devasta a cozinha, enquanto os músicos se escondem embaixo do piano e a clientela assustada foge do recinto o mais depressa que pode, antes que chegue a polícia.

Três pessoas são levadas ao hospital e prestam queixa contra John Levy. Uma delas, Marian Epstein, volta-se também contra Billie. Ela foi ferida no queixo por um caco de louça. Billie e John Levy são presos, mas liberados a seguir, mediante pagamento de uma fiança de 2.500 dólares.

Bobby Tucker faz uma análise perspicaz sobre a maneira como Lady Day manipulou Levy. Era evidente que Billie estava perfeitamente à vontade com todos os homens que se acotovelavam na cozinha. “Ela era mais um dos caras da orquestra”, conforme a chamavam nos bons tempos de sua excursão com a orquestra de Count Basie. É até possível que algum deles lhe tivesse passado a mão no traseiro. Mas ela não era em absoluto mulher de se ofender com um gesto desses. No máximo, ela teria repelido o audacioso com um tapa bem dado.

Mas, uma vez que Levy está por perto, Lady Day se transforma em Lady Windsor. Uma dama da alta sociedade que se queixa a seu esposo de que alguém lhe faltou com o respeito. O duelo se torna inevitável, a fim de defender a honra da dama. Na cozinha de uma boate noturna, o combate se resume a golpes de faca de cozinha para terminar derramando o sangue de um pobre tipo qualquer. De uma certa maneira, Levy se tornou ridículo. Billie se vingou de uma forma sutil.

Rejeitada, violada, desprezada em sua infância, Billie escolhia homens que a confortassem dentro dessa imagem degradada. Ela não se atreve a pretender outra coisa. Sabendo, como bem sabia, que todos eles eram desonestos e destrutivos, ela não se arriscava a sofrer uma decepção amorosa. Sem a menor dúvida, por estranha que fosse, era uma maneira de se proteger. Mesmo que batessem nela, não podiam feri-la profundamente; do modo como outrora era Sadie havia sido ferida por Clarence.

De uma vez por todas, estava ancorado nela o sentimento de que não tinha direito à felicidade nesta vida. Não mais do que ao dinheiro que ela ganhava e que só lhe entregavam a conta-gotas, como se não pertencesse a ela de pleno direito.

Se fizermos um paralelo com sua experiência na prostituição, podemos pensar que ela reproduzia com seus homens a mesma situação de antigamente, quando os cafetões de Baltimore lhe davam o sentimento de estar protegida e de fazer parte de uma grande família. Desde essa época, ela conservava o hábito de chamar a seus homens de *Daddy,* “Papai”.

Clarence... Como é estranho pensar que seu pai foi o único homem que a proibiu de chamá-lo de papai...

“Nós vamos pegar você, garota, nós vamos pegar você...”

Depois da rixa no Billy Berg’s, Billie chegou ao Café Society de San Francisco precedida de um odor de enxofre. A imprensa escandalosa divertiu-se abundantemente com o caso, e os curiosos já haviam reservados seus lugares de antemão. O clube está completamente lotado. Boa publicidade, Levy está radiante. Mas Billie não tem a mesma opinião. Ela pressente que todo esse barulho feito ao redor dela lhe será prejudicial e despede seu assessor de imprensa, que considera responsável por toda a confusão.

Não obstante, ela aparece de novo nos jornais por um incidente de consequências bem mais pesadas. No dia 22 de janeiro seguinte, ela é novamente presa por posse de drogas.

Três policiais, em companhia do coronel White, da Divisão de Narcóticos[1], aparecem em uma tarde no hotel de Billie e Levy. No momento em que os policiais bateram à porta, Levy estendeu um pacote a Billie e lhe ordenou que jogasse no vaso sanitário. A seguir, foi abrir a porta aos agentes da lei, sem dar tempo a Billie para se desembaraçar da droga. Assim, ela foi pega “com a boca na botija”.

Levy e Billie são liberados mediante pagamento de fiança. Aos jornalistas que esperam por eles na saída da delegacia, Levy declara que uma amiga de Billy tinha deixado ópio no quarto. Na mesma noite, Billie se apresenta no Café Society. Desta vez, ela está plenamente decidida a se defender e afirma em alto e bom som que lhe plantaram uma armadilha. Mas a Brigada dos Narcóticos de São Francisco, na pessoa do coronel White, quer demonstrar que ninguém se acha acima da lei, por mais célebre que seja.

---

1. O “coronel” George Hunter White (na época capitão do OSS, Office of Strategic Services, o Escritório de Serviços Estratégicos, predecessor da CIA) esteve também implicado em experiências sobre controle mental com o emprego de LSD e outras drogas para combater técnicas de espionagem supostamente controladas pela União Soviética. (N.T.)

Joe Stenner, o proprietário do Café Society, consegue um advogado para ela, Jack Ehrlich. Ele convence Billie de que a única forma de se livrar, depois de sua condenação precedente, é a de passar por um teste sanguíneo que prove que ela não tomou nenhuma droga.

Depois da audiência a que os dois foram intimados a comparecer, em 2 de fevereiro, John Levy "amarelou" e deixou precipitadamente a Costa Oeste, a fim de não ser citado como testemunha. Billie se declara inocente. Jack Ehrlich, argumentando o prejuízo financeiro que lhe será causado, caso Billie não possa cumprir todos os seus compromissos, obtém adiamento do processo. Na realidade, ele quer dar a Billie tempo para se desintoxicar e consegue fazer recuar diversas vezes a data do processo, que só se irá realizar três meses mais tarde.

A pressão da imprensa é tal que Billie sofre uma enorme tensão. A perspectiva desse novo processo, em que ela se arrisca a receber uma condenação pesada, a lança à beira da depressão. Ela chega a mencionar suicídio diante de sua amiga Tallulah Bankhead. A atriz lhe marca hora com seu psiquiatra e, com o desembaraço que a caracteriza, chega a telefonar diretamente para Edgar Hoover[2], o grande chefão do FBI, para defender a causa de Billie. Filha de um político com cadeira no Congresso, ela está habituada a tratar com os grandes da sociedade. Não se sabe se o tortuoso diretor do FBI tomou qualquer atitude em favor de Billie, mas o fato é que ela lhe escreverá alguns dias mais tarde uma carta de agradecimento.

> Ainda tremo pela audácia que tive em lhe solicitar um favor, nunca teria ousado se não pudesse me basear na recomendação de meu pai, que lhe tem tanta estima e admiração. Mas, como me dizia minha velha babá negra, "quem vai aos santos, vai a Deus". Só me encontrei com Billie duas vezes em minha vida, mas a admiro muito como artista e sinto por ela uma imensa compaixão. Eu não fecho os olhos para suas

2. John Edgar Hoover (1895-1972), dirigiu o FBI de 1924 até sua morte. (N.T.)

> fraquezas, mas ela é ainda uma criança, que não conseguiu se adaptar ao mundo em que vive... Ela tem muito mais necessidade de cuidados médicos do que de ser encerrada entre quatro paredes...

Algumas semanas antes da data marcada para o julgamento, Billie entra na clínica psiquiátrica de Twin Pines. O dr. Henderson acredita que ela não é viciada em drogas pesadas, porque não apresenta qualquer sinal de abstinência. De fato, por ocasião de sua prisão, o coronel White declarou não haver constatado quaisquer traços de picadas recentes.

Parece que a dependência de Billie das drogas pesadas não foi tão dramática como se afirmou. Todas as vezes em que ela foi privada de drogas, não chegou nunca a apresentar sintomas importantes de abstinência. Algumas pessoas, como Roy Harte, Leonard Feather ou a pianista Memry Midgett, que passaram longos períodos em sua companhia durante suas viagens ou turnês, garantem que ela podia passar muito tempo sem se drogar. Entretanto, durante sua cura na clínica, o dr. Henderson admite ter-lhe permitido absorver grandes quantidades de álcool.

Apesar da angústia que a corrói por dentro, ela continua a viajar: Los Angeles, para uma apresentação no Shrine Auditorium com a orquestra de Duke Ellington. No dia seguinte, voa para Chicago, a seguir vai ao Clube Bali em Washington e fica ali por três semanas, durante as quais a casa fica completamente lotada...

Em março, o Royal Roost de Nova York lhe faz uma proposta sedutora: três mil dólares por semana, desde que ela consiga obter uma autorização provisória da polícia, permitindo-lhe apresentar-se ali. Mal aconselhada, Billie faz um apelo à Suprema Corte, a fim de obter uma permissão definitiva, mas é evidente que, estando liberada sob fiança e sujeita a uma nova condenação por porte de drogas, recusam-lhe novamente a concessão de uma carteira de trabalho.

Para coroar sua infelicidade, Bobby Tucker lhe anuncia que não pode mais trabalhar com ela. Ele não suporta mais aceitar os métodos de John Levy. Este o paga sempre com atraso e o trata sem o menor respeito, afirmando que lhe basta sacudir uma árvore para que caiam doze pianistas. E depois, mesmo que Bobby adore Billie, ele não aguenta mais ser testemunha do relacionamento pervertido que existe entre o casal.

Uma noite, Billie pede cinquenta dólares a Levy. Ele lhe responde com um direto no estômago e lhe grita:

– Nunca mais me peça dinheiro em público!...

Isso é mais do que Bobby pode tolerar. Ele pede demissão. Billie fica transtornada. Ela perde um amigo, além de um maravilhoso pianista. Apesar das ameaças de Levy, que afirma pretender mandar alguns capangas para lhe quebrarem os dedos, e dos pedidos de Joe Glaser para reconsiderar sua decisão, Bobby Tucker não volta atrás e nunca mais será acompanhante de Billie.

Chega 31 de maio, o primeiro dia de seu julgamento em San Francisco. Ela se apresenta com um olho negro e inchado.

> Vocês tinham de ver em que estado estão minhas costas. John me tirou meu casacão de vison prateado. Eu lhe dei minha vida, não tenho mais nada. Ele me arruinou, mas é o meu homem, e eu o amo. Se ele entrasse aqui, eu me derretia... – foi o que ela declarou à imprensa.

A gente tem a impressão de estar sonhando. Cenário perfeito para as tiras de quadrinhos de *Nous deux,* que ela adora tanto ler. Aparentemente, o advogado aconselhou Billie a dizer uma série de besteiras, para se passar diante dos olhos do júri por uma pobre idiota manipulada.

Os jornais se deliciam com essa história. Um artigo do *San Francisco Chronicle* observa que, se Billie tem os blues na alma, também traz manchas roxas por todo o corpo. “Ela tem uns belos companheiros”, ironiza o jornalista.

No segundo dia do julgamento, ela passa por um teste sanguíneo. Não se encontra o menor traço de ópio.

Seu advogado, Jack Ehrlich, convence o júri de que o ópio foi plantado em seu quarto de hotel sem o seu conhecimento, precisamente para prejudicá-la. No terceiro dia do julgamento, ela é absolvida. A estratégia de Ehrlich tinha funcionado. Todavia, seus honorários jamais serão pagos. Billie descobrirá mais tarde que Levy preferia embolsar o seu dinheiro, em vez de pagar as faturas. Ehrlich a processará depois, em uma ação cível.

Toda essa história é, no mínimo, bizarra. Em sua autobiografia, Billie afirma que foi John Levy que armou para ela, quando lhe pôs o pacote de ópio na mão. Ele havia aberto a porta antes que ela tivesse tempo de jogar fora a droga. E há mais: o coronel White e Levy se conheciam. Eles foram fotografados sentados à mesma mesa do Café Society. De acordo com o coronel White, Billie não era considerada como um alvo de primeira importância pelo Departamento Federal de Narcóticos. Afinal de contas, todo mundo sabia que ela não vendia drogas e que não aceitaria jamais tornar-se informante dos federais. Ao se drogar, ela só fazia mal a si mesma. Entretanto, além de ter uma personalidade extraordinária, suas joias, seu vison prateado e seus carros vistosos provocavam muita inveja. White pensou que sua notoriedade serviria para reforçar a imagem do Departamento Federal de Narcóticos e que sua prisão lançaria a luz dos projetores sobre o trabalho que realizavam. É até possível que John Levy tenha aceitado fazer uma armação para Billie. Será que ele pressentia que seu tempo com ela já estava no fim e que ela já estava começando a se afastar dele? Ou ele já a havia espoliado o suficiente?

Os amigos íntimos de Billie e os músicos que trabalhavam com ela testemunharam que, após sua saída da prisão, em 1948, ela sofreu pressões constantes por parte da polícia. Sempre havia alguns agentes federais presentes em todos os seus shows. Eles faziam batidas inesperadas em seus camarins, interrogavam-na sobre seus hábitos ou sobre aqueles que a rodeavam, propalavam rumores concernentes a ela ou preveniam contra ela os proprietários dos clubes que a queriam contratar. Eles não tinham o menor escrúpulo em interpelá-la nas ruas ou de prometer-lhe que a iam capturar em breve: "Nós vamos pegar você, garota, nós vamos pegar você!". Uma perseguição constante, sem a menor relação com as assertivas do coronel White.

Com o processo concluído, Billie parte em uma excursão de apresentação pela Califórnia setentrional, acompanhada pelo septeto de Red Norvo. Uma apresentação por cidade. Em Bakersfield, o anúncio de seu espetáculo atrai muito pouca gente. Desgostosa, Billie deixa todo mundo plantado e toma um avião para Nova York, abandonando os músicos ao desamparo. O promotor da turnê abre um processo cível contra ela. Mais um.

De volta a Nova York e sempre sem carteira de trabalho, ela é obrigada a recusar a proposta do Bop City, com a grande orquestra de Count Basie; ainda é forçada a recusar uma oferta do Café Society. Podemos imaginar sua amargura em não poder cantar nesse clube ilustre em que havia construído sua fama.

Milt Gabler propõe então a Billie uma nova sessão de gravações para a Decca, com a orquestra do pianista Buster Harding. Billie sai em busca de um novo acompanhante para substituir Bobby Tucker. Horace Henderson[3] é o irmão mais moço de Fletcher Henderson e já tem uma longa carreira como compositor e arranjador. Billie o contrata imediatamente para a gravação com a Decca. Lester Young também irá participar. Nesse dia só serão gravadas duas peças: *Baby, Get Lost* e *Ain't Nobody Business If I Do.*

– O que eu faço não é assunto de ninguém – proclama Billie. – Se meu homem não tem dinheiro, se ele pega o meu e ainda me bate, não sou eu que vou dar queixa aos tiras...

Como sempre, suas canções parecem estar diretamente em relação com sua vida.

3. Buster Harding (1917-1965) e Horace Henderson (1904-1988). (N.T.)

Haverá nesse período três outras sessões de gravação para a Decca, com diferentes músicos. Sob a condução do trompetista Sy Oliver[4], ela irá gravar diversos títulos lançados por Bessie Smith, entre eles o célebre *Gimme a Pigfoot and a Bottle of Beer*; depois, se encontrará novamente com Louis Armstrong para gravar um duo, *My Sweet Hunk o' Trash*, em que Armstrong proferirá algumas obscenidades, o que tornará necessário fazer uma nova gravação, para grande descontentamento da Decca.

Por outro lado, Billie tem grande dificuldade para gravar as quatro peças habitualmente previstas para cada sessão de registro fonográfico. Seus atrasos perpétuos, as sessões interrompidas e as faixas mal gravadas provocando o pagamento de horas suplementares, nada disso incita a empresa discográfica a renovar seu contrato.

1949. É a época em que a televisão alcança seu pleno desenvolvimento e se torna um meio de difusão que não pode ser deixado de lado caso se queira atingir um público maior e mais jovem. Billie será muitas vezes convidada a participar do show de seu amigo Eddie Condon na NBC, do mesmo modo que do espetáculo de variedades de Art Ford.[5] Nessas ocasiões, ela sempre é acompanhada por excelentes instrumentistas.

Após uma apresentação no Apollo, sem possibilidade de conseguir um trabalho permanente em Nova York, ela não tem escolha senão partir novamente em uma excursão. Desta vez, vai a Detroit.

Uma noite em que está cantando no Flame Show Bar de Detroit, ela reencontra Chuck Peterson, um trompetista que ela havia conhecido durante sua turnê com Art Shaw. Ele marca um encontro com ela para tomarem um trago juntos depois do espetáculo. Acompanhados de duas amigas brancas,

---

4. Melvin James "Sy" Oliver (1910-1988). (N.T.)

5. Albert Edwin "Eddie" Condon (1905-1973). NBC é sigla da National Broadcasting Company, Companhia Nacional de Radiodifusão, rede de rádio e televisão americana. Art Ford (1921). (N.T.)

eles se encontram, todos os quatro, no Old Colony, um clube chiquérrimo. Recusam-se a servi-los e uma das damas presentes se levanta e sai com estardalhaço desse lugar mal-afamado, "onde aceitam os negros". A altercação degenera em uma rixa, e Chuck Peterson acaba seriamente machucado. Sua mãe iniciará um processo contra o proprietário do clube, que se gabava de ser um campeão da integração. Os jornais fazem festa com a notícia no dia seguinte.

Onde quer que ela vá, Billie parece atrair aborrecimentos.

Tanto quanto Bobby Tucker, Horace Henderson fica profundamente chocado com as atitudes de John Levy. Cenas embaraçadoras acontecem todas as noites. A colaboração com Billie é decididamente movimentada demais para o respeitável Horace Henderson. Além disso, exige muito de seu tempo. Além de ser o acompanhante ao piano, tem de servir também como acompanhante social e até mesmo como seu tutor. Billie não tem o menor senso de horário. Entre dois conjuntos de apresentações, ela vai passear na rua, instala-se em um bar, bebe alguns copos, fala um pouco com todo mundo. Acaba esquecendo totalmente que deve se encontrar no palco dentro de uma hora. Em vez de sair a procurá-la por todos os bares, o melhor é não se separar dela por um só instante. Isso é demais para Horace. Depois do incidente no Old Colony, ele pede as contas.

Os proprietários de clubes já passaram o aviso de uns para os outros: Billie é totalmente imprevisível. O proprietário do Blue Note, de Chicago, já está esperando ter problemas. Ele contratou Billie até o réveillon e já está roendo as unhas. As cláusulas de seu contrato o garantem contra todas as proezas que fizeram a triste reputação da cantora. Foi até mesmo estipulado com todas as letras que ninguém pode servir a ela o seu habitual coquetel fortíssimo, composto à base de creme de hortelã e conhaque. Certo de que ela não virá se apresentar, ele já está se preparando para explicar a todos os seus clientes despeitados que miss Holiday está adoentada. Para sua grande surpresa, Billie chega na hora exata, elegante e descontraída em um vestido de cetim, envolta no perfume de suas gardênias. Durante três semanas, ela não falhará, nem se atrasará para nenhum dos espetáculos marcados, e o clube ficará cheio todas as noites. Billie aprendeu sua lição. E ela providencia para que suas "entregas" sejam feitas de maneira discreta.

“Billie mais uma vez metida em aborrecimentos”

Durante todo o ano de 1950, Billie estará muito ocupada em viajar de uma cidade para outra: Saint Louis, Nova Orleans, Chicago, São Francisco... Ela será vista frequentemente na Costa Oeste, em que sempre reencontra a excelente orquestra de Red Norvo. Mas ela se tornou agora o alvo constante de demandas judiciais. Em Los Angeles, ela é citada para comparecer a um tribunal em função de diversos assuntos. Ela é condenada a pagar uma indenização a Marian Epstein, que havia dado queixa por um ferimento no queixo, e outra a Ed Fishman, o agente californiano que ela, finalmente, havia despedido.

Nessa ocasião, Billie finalmente se dá conta de que John Levy, que supostamente deve administrar o dinheiro que ela ganha, está de fato desviando tudo em seu favor. Ela está coberta de dívidas. A casa de St. Alban’s em Long Island, que ele comprou e decorou sem olhar despesas, está registrada unicamente em nome de John Levy, do mesmo modo que a outra casa que construiu em Morristown, no estado de Nova Jersey. O Poor John Bar, que ele abriu em Nova York, na Oitava Avenida, no qual ela pensava ter uma participação, pertence unicamente a ele. Billie nunca ganhou tanto dinheiro em sua vida e não tem um centavo em seu nome. Levy depositou todos os seus pagamentos em sua conta pessoal, exceto pelo dinheiro que perdeu jogando pôquer ou apostando nas corridas de cavalos.

Agora Billie sonha em deixar Levy, mas tem medo de suas reações. Ele alimenta seu medo ao dizer-lhe que pode colocá-la dentro de uma cela com a maior facilidade, é só “bater um fio”. Além do mais, ele assinou contratos em seu próprio nome, compromissos que ela tem de honrar sob pena de aumentar ainda mais suas dívidas.

Em junho, ela parte para uma turnê com a duração de um mês, acompanhada pela orquestra do trompetista Gerald Wilson.[1] A cada dia uma cidade diferente. A turnê começa em Baltimore e depois desce para os estados do Sul: Geórgia, Carolina, Virgínia, Louisiana. Deve durar quatro semanas e se encerrar com uma apoteose em Nova Orleans.

A primeira noite em Baltimore é a ocasião de uma revanche brilhante. A notícia de que vai cantar se espalhou como um rastro de pólvora acesa. Todos os que a conheceram aparecem. Billie chega em seu Cadillac verde, acompanhada por John Levy. Ainda que a noite já tenha caído, os dois estão usando óculos de sol. Billie aperta seu pequeno chihuahua contra o peito e, apesar da temperatura quente desse mês de junho, ela continua usando seu suntuoso casaco de peles. Ela faz sensação e canta melhor do que nunca.

Após o espetáculo, ela vai beber alguns copos com os velhos amigos de antigamente. Seu primo John Fagan lhe pergunta se ela quer fazer uma visita à família, mas ela lhe responde friamente que, para ela, a família Fagan não existe mais.

A trupe parte no dia seguinte e, após se apresentar em estações balneárias de Maryland, mergulha nos estados do Sul. Primeiro a Virgínia, depois a Carolina, a Flórida, a Geórgia e, para terminar, a Louisiana. Com uma chegada em Nova Orleans ao toque de fanfarras.

Mas, a partir do momento em que chegam ao Sul, as coisas redundam em catástrofe. Organizar as etapas e o desenrolar de uma longa turnê requer conhecimento do ofício. Essa não é a praia de Levy, um iniciante em organização de giros musicais. A promoção foi tão malfeita que nem o público, nem a imprensa, nem sequer os repórteres das rádios se encontram nos lugares marcados. A organização foi feita ao acaso. A maioria das vezes, eles se apresentam em fábricas de cigarros, em hangares transformados às pressas em salões de dança, em depósitos de alimentos... A cólera de Billie contra John Levy aumenta dia a dia. Ela nem sequer lhe dirige mais a palavra e passa o tempo todo com os músicos,

1. Gerald Wilson, nascido em 1920, ainda se encontra em atividade. (N.T.)

dentro do ônibus. Grande brincalhona, ela consegue fazer com que eles riam e lhes levanta o moral.

Eles logo constatam que os negros do Sul são diferentes dos negros do Norte. O pequeno grupo tem a impressão de que se encontra em um país estrangeiro. Mesmo que eles toquem para um público negro, são acolhidos com desconfiança, e a sua música os deixa desconcertados. Se por acaso os brancos também assistem ao show, eles são separados dos negros por um cordão, que delimita seu espaço. A turnê se revela um desastre e não entra dinheiro. Estouram violentas disputas entre Levy e Billie. Ela não quer mais ser associada a esse fiasco. Em um dia de raiva, ela arranca o pesado postigo rolante do ônibus, em que fora colocada a inscrição: "Lady Day and her Orchestra". Em outra noite, John Levy lhe joga uma faca. Ela lhe quebra uma garrafa na cabeça. Os dois vão parar no hospital e precisam levar pontos. No dia seguinte, Levy, que é o responsável por pagar o cachê dos músicos, decide voltar a Nova York, sob o pretexto de que vai buscar o dinheiro. Ele nunca mais volta.

A equipe chega em uma cidadezinha da Carolina do Sul, em que o chofer do ônibus, aborrecido por não receber seu salário, os abandona sem aviso. Os dezessete músicos negros ficam bloqueados em pleno Sul racista. Billie não tem dinheiro suficiente para voltar e precisa suplicar a Levy que lhe envie. Enquanto esperam, os músicos, obrigados a dormir no ônibus, são frequentemente acordados por golpes de cassetetes contra a carroceria. Os policiais ameaçam prendê-los se eles provocarem arruaças na cidade.

Quando finalmente chega o dinheiro, é apenas o suficiente para pagar o retorno de Billie. Ela toma um avião para Los Angeles, prometendo aos músicos que vai-lhes enviar seus salários. Levy não mexe uma palha e abandona os músicos à sua triste sorte. Eles são obrigados a voltar por seus próprios meios. A orquestra registra uma queixa formal no sindicato dos músicos. É mais uma dívida que virá aumentar ainda mais o já pesado passivo de Billie.

Billie, cheia de raiva, descobre onde está Levy. Daqui para a frente, ela não tem a menor intenção de se deixar prejudicar.

Em agosto, Billie fica sabendo que a Decca não irá renovar seu contrato. Milt Gabler, que era o seu principal sustentáculo na empresa, foi assumir a direção de uma nova filial, a Coral. É uma péssima notícia, porque a Decca é uma grande companhia discográfica com uma vasta rede de distribuição. E, que é pior, escaldada pelo mau comportamento de Billie, a empresa decidiu lançar uma nova estrela em botão, Kitty White.

Durante o inverno, a Decca havia organizado uma sessão de gravação em seus estúdios de Hollywood. Mais uma vez, Billie não conseguiu gravar mais do que duas faixas durante as três horas de duração do registro. Eles tinham experimentado uma nova fórmula. Dessa vez, em lugar dos violinos de *Lover Man,* que lhe haviam trazido tanta sorte, haviam contratado um coro. Billie tinha ficado encantada com o resultado e havia reiterado a experiência no palco, em Nova York, com o coral A Capella, de Edward Bonner, que estava perfeitamente adaptado à música de jazz, tendo colaborado, entre outros, com Miles Davis e Art Blakey.

Em agosto, Billie se encontra em Hollywood, a fim de aparecer em um filme musical sob direção de Will Covan, que produzia curtas-metragens com as melhores orquestras do momento. Acompanhada pelo septeto de Count Basie, no qual tocam Freddie Green e o clarinetista Buddy DeFranco, ela canta dois títulos: *God Bless the Child* e *Now, Baby, or Never.* Ainda que sua gesticulação permaneça minimalista, seu rosto animado, seus olhares e sua cumplicidade com a câmera fazem lamentar mais uma vez que ela não tenha feito carreira no cinema. Todavia, na montagem definitiva, a posição de vedete será ocupada por um menino pianista, Sugar Chile Robinson.[2]

---

2. William Covan (1907-1999). Frederick “Freddie” Green (1911-1987). Buddy DeFranco, nascido em 1923, ainda em atividade. Frank “Sugar Chile” Robinson, nascido em 1940. (N.T.)

Billie passa o mês de setembro de 1950 no Oasis Clube, de Los Angeles. A seguir, ela está contratada para cantar no New Orleans Swing Club, de São Francisco. Mas, no final de setembro, Louis Landry, o proprietário do clube, é preso por posse de narcóticos pelo famoso coronel White.

Temerosa de que seu nome seja outra vez citado em um caso de drogas, Billie aceita a proposta de Shirley Corlett, a proprietária do Long Bar Club. Mal Landry é posto em liberdade, ele ameaça processá-la por quebra de contrato se ela cantar, mesmo sem publicidade alguma, nesse clube concorrente. Enquanto começam as chicanas judiciárias, Billie inicia suas apresentações no Long Bar Club. Mas ao final de três dias, ela sai batendo a porta, deixando parte de seu cachê nas mãos de Corlett.

Ao mesmo tempo, Jack Ehrlich a está processando para receber os honorários que lhe eram devidos. E, para coroar os incômodos, seu motorista, Amos Cottrell, é preso com dois pacotes de heroína. O soberbo Lincoln azul de Billie é confiscado pela polícia. O motorista permanece leal e jamais confessará que transportava droga para o consumo de sua patroa.[3]

O jornal *Down Beat* sai com a manchete: "Billie mais uma vez metida em aborrecimentos". Decididamente, São Francisco não lhe traz sorte...

Billie tem agora 35 anos, e sua vida se transformou em um verdadeiro inferno. Não consegue mais suportar Levy, mas teme suas represálias, caso o abandone. Os espancamentos não são mais um prelúdio a uma conjunção amorosa. Há muito tempo que ele não a toca sexualmente.

Como aconteceu tantas vezes em sua vida, não foi o resultado de uma decisão maduramente refletida que levou Billie a agir, mas antes um concurso de circunstâncias, uma acumulação de eventos que lhe transmitiu o impulso necessário. Certa noite, ela está em Washington. Acaba de

3. Louis Landry (1918-2005). Shirley Corlett (1919-2004). Amos Cottrell (1899-1997). (N.T.)

terminar sua apresentação de canções no Brown Derby. A direção anuncia que o clube abriu falência e que não poderão pagar todo mundo. Ou pagam a cantora ou os instrumentistas. Generosamente, Billie renuncia a seu salário em favor dos músicos. Ela retorna a seu quarto de hotel, acompanhada de sua cadelinha chihuahua, Chiquita. John Levy viajou para Nova York e não lhe deixou dinheiro, como de hábito; pior ainda, não lhe deixou nenhum pó. Já faz algum tempo que ele vem lhe racionando a droga, a fim de poder controlá-la melhor. É verdade que existem dois mil dólares guardados no cofre do hotel, mas Billie não ousa enfrentar as ordens de Levy. Mesmo que seja dinheiro dela, não tem direito de tocar nele! Subitamente, ela não pode mais suportar essa situação e tem um acesso de raiva. Ela quer sair, beber um trago em qualquer parte, deixar esse quarto solitário. Fora cai neve. Não consegue encontrar seu casacão de vison prateado em lugar nenhum. Tem certeza de que John o levou consigo, sabendo que ela não iria embora sem ele – esse vison magnífico, símbolo de seu sucesso, um presente de Levy, comprado com o dinheiro que ela mesma havia ganhado.

Cheia de cólera, ela desmonta o quarto inteiro. A cadelinha se esconde embaixo da penteadeira, ganindo fracamente. Billie está fora de si. Ao arrancar os lençóis, Billie desloca o colchão. Embaixo dele, dobrado com todo o cuidado, ela enxerga uma manga estendida do casaco de vison. Ela começa a tremer. De alegria e de cólera, ao mesmo tempo. Os gestos se encadeiam, sem que ao menos reflita. Há urgência. Ela esvazia o cofre, retira suas joias e o dinheiro. A chihuahua embaixo do braço, o vison nas costas, o medo no ventre, ela salta para dentro de um trem com destino a Nova York. Ela foge, como havia fugido a ex-mulher de Levy, a dançarina, que o deixara antigamente, aterrorizada, mas disposta a tudo para recuperar sua liberdade.

Em Nova York, ela se instala no Hotel Henry, situado na Rua 44. Certa de que vai permanecer ali por um certo tempo, ela manda redecorar seu quarto. Levy foi riscado de sua vida e não reaparecerá novamente. Ele compreendeu que Billie se havia libertado do medo e de seu domínio. O lugar está livre e o impenitente sedutor Jimmy Monroe, com seus ternos bem cortados e sua fala macia de namorador, volta à superfície. Mas desta vez não será por muito tempo.

Embora Billie esteja rodeada por um irresistível perfume de escândalos, nenhum clube quer correr o risco de contratá-la. Todo mundo sabe que ela é uma *junkie,* que a polícia a mantém sob vigilância e que ela é capaz de quebrar um contrato no último momento. Mas ela é amada pelo público e continua a fasciná-lo. Provavelmente, por essas mesmas razões.

No final do ano de 1950, Billie deixa a Califórnia e vai para Chicago. Miles Davis, ainda desconhecido, toca no Hi-Note Club. Ele também foi preso nesse último setembro, em Los Angeles, por posse de drogas, o que prejudicou consideravelmente suas possibilidades de conseguir trabalho. Os drogados têm a reputação de serem incontroláveis, criadores de encrencas e sem consciência profissional. Mesmo assim, durante todo o período do Natal, Billie e Miles Davis partilham do mesmo cartaz. A associação se revelará excelente. O gerente do Hi-Note se felicita. Seu clube está com a sala cheia todas as noites, e Billie se mostra perfeita.

Uma vez que a Decca desistira dela, já faz um ano que Billie não grava mais nada. As empresas discográficas não disputam mais umas com as outras para tê-la sob contrato...

Em março de 1951, entretanto, ela assina com o selo Aladdin. Esse estúdio discográfico de Los Angeles, devotado ao *rhythm and blues,* acaba de ganhar uma nota preta com a canção de Helen Humes, *Ee Babe Luba.* A empresa já tem sob contrato cantores como Charles Brown, Amos Milburn e Floyd Dixon[1], que estão iniciando um novo gênero, o "West Coast Blues".

Obrigada pelo novo contrato, Billie, que em toda a sua carreira não gravou mais do que uma dúzia de blues, grava dois de saída durante a sessão de abril de 1951. Mas essas

1. Helen Humes (1913-1981); Charles Brown (1922-1999); Amos Milburn (1927-1980); Floyd Dixon (1929-2006): músicos de jazz ou blues. (N.T.)

gravações não são exatamente adequadas para seu registro vocal. Falta-lhe singularmente a convicção, e o conjunto é considerado deprimente. O disco saiu em julho e só obteve uma crítica má da parte da revista *Down Beat,* enquanto que o álbum que a Columbia havia reeditado em agosto de 1950, e que abrangia registros datando de 1937 a 1941, tinha sido qualificado pela mesma revista como um absoluto *must.* A imprensa especializada parece pensar que as gravações de Billie não se acham mais no mesmo nível que tinham antigamente.

É certo que a voz de Billie, que fuma desesperadamente, está ficando cada vez mais rouca. Por momentos, ela se torna até pastosa. O álcool também afeta sua dicção, antigamente tão clara. Ela articula as palavras com maior dificuldade e até mesmo suas entonações se acham modificadas.

Todavia, os contratos se sucedem. Filadélfia, Chicago, Boston, Detroit. No palco, seu carisma se manifesta plenamente. A vida de Billie se transformou em uma sucessão de quartos de hotel, bagagens e viagens. Ela se conserva tranquila e se esforça para não atrair a atenção. Sua amiga, Mealy Bartolomew, que já se havia ocupado de Charles Parker, substituiu Levy como sua *manager.* Carl Drinkard tornou-se seu pianista titular, do mesmo modo que seu fornecedor. Ele próprio é um heroinômano.

Billie se deixa levar. Agora não há nenhum homem em sua vida. As aventuras de uma noite não a interessam. Nos quartos de hotel solitários, ela tricota mantinhas para sua chihuahua, fuma centenas de cigarros, bebe, se injeta. E se aborrece.

Na primavera de 1951, no Clube Juana, de Detroit, Billie reencontra Louis McKay, um de seus antigos amiguinhos. Nascido em Nova Orleans, ele tem seis anos mais do que ela. Ele se haviam conhecido no Harlem, quando ela tinha dezesseis anos e haviam saído juntos durante algum tempo. Uma aventura sem amanhã.

Quando ela revê McKay no Clube Juana, a que ele veio especialmente para escutá-la, Billie tem a intuição de que seu "Lover Man" finalmente chegou. Esse homem de estatura imponente, ereto e sólido, lhe parece subitamente um porto de refúgio.

– Eu era como um barco sem capitão, a ponto de naufragar. Até que um homem de alta estatura, pele castanha e ar sério cruzou meu caminho – afirma ela.

Eles vão tomar um copo juntos após o espetáculo. Ao lado dele, Billie sente todas as suas angústias se dissiparem. Alguns copos mais tarde, ela está chorando em seu ombro. Ele tem de ajudá-la. Ela está sozinha, perdida, precisa de um homem em quem se apoiar. Ela fala que tem vontade de se suicidar. Louis é casado, pai de dois filhos, trabalha em uma fábrica de automóveis. Não obstante, ao fim de duas semanas, ele se torna seu administrador financeiro e conselheiro pessoal. Ela se abandona inteiramente a ele, muito surpreendida por sentir-se assim tão feliz.

Louis McKay se impõe facilmente aos gerentes dos clubes, recebe seus cachês, garante a organização das viagens e a segue em todos os seus deslocamentos. Em Boston, ela se apresenta no Storyville, com o quinteto de Stan Getz. Dessa vez, ela é acompanhada por um excelente arranjador e compositor, o pianista Buster Harding. O célebre jornalista e crítico Nat Hentoff[2] apresenta os espetáculos noturnos, que são transmitidos diretamente pela rádio. Vinte títulos diferentes serão gravados nessa ocasião. As interpretações de Billie são abundantemente comentadas por uma imprensa entusiástica. Billie deseja ser perfeita para o novo homem forte que surgiu em sua vida.

Nat Hentoff escreverá na *Down Beat* que ela conquistou Boston e canta melhor do que nunca. "A nova Billie demonstra um senso de responsabilidade e uma cooperação total." Ele atribui sua calma e sua naturalidade ao sentimento de segurança que lhe garante "seu novo marido" (*sic*) Louis McKay. Quanto a Billie, ela declara que sua vida está agora tão bem organizada que ela pensa até mesmo deixar os palcos dentro de dois ou três anos. Ela deseja tornar-se uma mulher "do lar" e se dedicar inteiramente a mr. McKay...

---

2. Nathaniel Hentoff (1925-1988). (N.T.)

Louis McKay logo a apresenta à sua mãe, que tem oitenta anos. Nesse mesmo dia, a velha senhora está triste, porque acaba de perder um cão que amava muito. Enterram juntos o animal, e Louis faz um pequeno sermão. Nessa ocasião, Billie fica sabendo que ele foi pregador durante a juventude... "É a garantia de que tem uma alma elevada", pensa ela. Em sua honra, ela escreverá uma canção, intitulada *Preacher Boy.*

> Em meu coração, em meu corpo
> Eu me sentia quente como em brasa,
> Quando compreendi que Preacher Boy era o bom.
> Ele faz o gênero silencioso...
> Seus braços são de aço temperado, como seu espírito.
> Minhas pernas como algodão, eu me sinto grampeada a ele.
> Meu Preacher Boy, meu maravilhoso Preacher Boy.

Essa canção não chegará nunca a ser gravada.

Em janeiro de 1952, Billie se instala na Costa Oeste.

Ela canta em Sacramento, depois, durante um mês, no Say When Club, de São Francisco, mais adiante no Tiffany Club, de Hollywood. Cada apresentação de Billie atrai multidões. É sempre a "nova Billie", que chega na hora, canta maravilhosamente e entusiasma seu público. Entretanto, *Down Beat* relata que, quando ela apareceu no palco, parecia mais uma galinha enfeitada.

Aos 37 anos, Billie é uma estrela e ganha quatro mil dólares por semana, embora se inquiete porque não tem mais contrato com uma grande gravadora. Ela já gravou oito faces para a empresa discográfica Aladdin, mas tem medo de que sua rede de distribuição não possa rivalizar com a de um selo famoso. Ela abre sua preocupação a Joe Glaser, que irá falar a respeito com Norman Granz.

Granz sempre foi e ainda é um admirador incondicional de Billie. Ele tem um acordo de distribuição com a empresa discográfica Mercury para os concertos "Jazz at the Philharmonic", e seus discos encontram a apreciação do público por todo o país. O selo de Norman Granz atrai os maiores nomes do jazz. Ele não hesita um segundo em contratar Billie. É uma nova oportunidade para ela. Seus grandes registros para a Decca já datam de oito anos, e nenhuma outra grande gravadora lhe fizera alguma proposta desde então.

Billie assina contrato com Granz. Em 21 de abril de 1952, ela estreia na Mercury, no Radio Recorder's Studio de Los Angeles, e grava logo oito títulos. Uma segunda sessão terá lugar alguns dias mais tarde para gravar mais seis títulos, entre os quais um duo com o pianista Oscar Peterson[3]: *Love for Sale.*

Granz queria que ela reencontrasse aquele *feeling* espontâneo dos anos 30, quando ela gravava com Teddy Wilson e uma pequena formação de quatro a seis instrumentistas. Para Billie, além de Oscar Peterson, ele reúne os melhores músicos que consegue encontrar: o trompetista Charlie Shavers, o guitarrista Barney Kessel, o contrabaixista Ray Brown, o baterista Alvin Stoller e o saxofonista Flip Phillips.[4]

Norman Granz, como John Hammond antes dele, é um visionário cujo gosto muito apurado e cujas ideias inovadoras impulsionam os artistas de modo a evoluírem e a ultrapassarem seus próprios limites. Ele deseja que Billie modifique seu repertório e lhe propõe aprender novas canções. Mas Billie só se sente à vontade com aquilo que ela já conhece. É justamente o que mais criticam nela: canta sempre as mesmas coisas e do mesmo jeito de antes. Ela tem de fazer um grande esforço para aprender coisas novas, sobretudo quando a música é difícil, como *Love for Sale.* É nesses casos que seus defeitos se tornam mais flagrantes. A justeza de tom torna-se algumas vezes apenas aproximada e, quando

---

3. Oscar Peterson (1925-2007). (N.T.)

4. Charlie Shavers (1917-1971); afirmou em entrevista de 1970 ter realmente nascido em 1920. Barney Kessel (1923-2004). Raymond Matthews "Ray" Brown (1926-2002). Alvin Stoller (1925-1992). "Flip" Phillips (1915-2001). (N.T.)

ela tem dificuldade para sustentar uma nota, cada vez mais recorre ao *vibrato*.

Billie, inicialmente refratária à ideia, se deixa vencer pelo talento persuasivo de Granz. O resultado final a deixará muito feliz, porque cada uma das novas canções gravadas será editada. O disco *Billie Holiday sings* obterá cinco estrelas no *box-office* da *Down Beat*.

No mês de julho seguinte, em Nova York, Norman Granz fará com que ela grave seis títulos com um novo intérprete de saxofone tenor, Paul Quinichette[5], que está sendo comparado a Lester Young e que começaram a chamar elogiosamente de "Vice Prez" (Vice-Presidente). Ele faz parte da nova orquestra de Count Basie, que se apresenta no Clube Ebony, rebatizado Birdland, em homenagem a Charlie Bird Parker. Billie decide vir dar apoio moral a seu amigo Lester Young por ocasião de um desafio musical que o opõe a Paul Quinichette. O cartaz anuncia "Prez contra Vice-Prez". Uma foto de Billie e de Lester, tirada nessa ocasião, os mostra com um ar de afetuosa cumplicidade. Todavia, depois de tanto tempo, Billie cessou de despertar os mesmos sentimentos em Lester Young. Uma desavença misteriosa entre esses dois amigos tão íntimos pôs fim a seu relacionamento profissional. Parece que Lester, habitualmente tão indulgente, andara repreendendo Billie a propósito da heroína. A partir de 1943, eles só se avistaram de longe em longe.

Após uma apresentação em Honolulu, no Havaí, Billie tenta novamente obter sua permissão para trabalhar em Nova York. Essa falta precisa ser superada, porque afeta duplamente suas finanças e sua carreira; não somente são os clubes de Nova York que pagam melhor, como conferem ao artista uma imagem de maior prestígio. A aura dos clubes nova-iorquinos permite também obter cachês mais elevados no "interior". Ai dela, sua licença lhe será novamente recusada. E uma outra série de aborrecimentos aguarda Billie durante o ano de 1952.

---

5. Paul Quinichette (1916-1983). (N.T.)

Depois dos anos da guerra, grande número de orquestras de jazz, instrumentistas e cantores foram solicitados pela Europa. Billie é ardentemente solicitada por seus fãs ingleses e, para sua grande alegria, uma excursão artística é programada para o mês de outubro. São previstas trinta apresentações na Inglaterra. Mas, no último momento, tudo é cancelado, porque o *crooner* Dick Haymes[6], que deveria dividir os cartazes com Billie, é impedido de sair dos Estados Unidos devido a um problema com o imposto de renda.

O espetáculo que a cadeia de televisão ABC[7] queria produzir também é cancelado. O projeto era interessante. *Holiday on Strings*. Billie seria rodeada por um grande conjunto de violinos e um *combo* de músicos de jazz. Mas os patrocinadores consultados não aceitam. Eles não querem ser associados a essa cantora escandalosa, essa *bad girl*, sempre envolvida com histórias sujas. Apesar de todos os esforços que Billie realiza, tal imagem já lhe foi colada irremediavelmente à pele.

Corajosamente, Billie volta a pôr o pé na estrada, passando de um clube para outro fora da "Grande Maçã". Chicago, Boston... As noites se sucedem e nenhuma é igual à outra. O rumor se espalha de que suas interpretações são desiguais. A noite de abertura no Storyville de Boston se revela um desastre. Um jornalista de um grande diário de Boston se indaga o que seus colegas podem ver em Billie Holiday... Afortunadamente, Billie é capaz de recuperações magistrais. Nas noites seguintes, ela irá cantar de maneira soberba.

Para não perder o contato com Nova York, ela deve continuar a apresentar-se regularmente no Apollo Theater e no Carnegie Hall. Ela irá alternando suas apresentações entre um e outro durante todo o final do ano de 1952.

Agora, ela se vê forçada a aceitar os contratos que lhe propõem. Ela irá passar longos períodos no clube Say When,

6. Ricardo "Dick" Haymes (1918-1980), nascido na Argentina, de pai escocês e mãe irlandesa, irmão do compositor Roberto "Bob" Haymes. (N.T.)

7. American Broadcasting Company, Companhia Americana de Radiodifusão, outra das grandes redes de rádio e televisão americanas. (N.T.)

de São Francisco, no Hi-Hat Club, de Boston e no Regal, de Chicago. Sua má reputação às vezes desencoraja alguns proprietários de clubes, e Billie, desse modo, deve aceitar apresentar-se em locais de segunda classe.

Em 13 de setembro, ela será a convidada-surpresa de Granz para um concerto da série "Jazz at the Philharmonic", no Carnegie Hall, em que se produzirão Ella Fitzgerald, Lester Young, Roy Eldridge, o trio de Oscar Peterson e muitos outros. *Down Beat* relata, no final da descrição do espetáculo dessa noite: "Billie, que Granz tinha guardado para o final, como convidada de honra, demonstrou-se uma grande decepção. Billie cantou sem convicção e parecia muito nervosa."

Apesar de estar longamente habituada a entrar em cena, Billie sempre foi sujeita ao medo de palco, particularmente em suas estreias. Uma noite em que ela se encontrava em um clube de Cleveland, ao qual fora convidada para receber um prêmio, as luzes se acenderam subitamente na plateia. Diante do público que aparecia de repente em plena luz, Billie ficou totalmente petrificada. Ela começou a tremer e não conseguiu articular uma só palavra.

Dois shows sucessivos tiveram lugar no Carnegie Hall, durante o final do ano de 1952, em homenagem a Duke Ellington. Eles apresentaram os melhores músicos do momento: o Duque e sua orquestra, o quinteto de Stan Getz, o trio de Ahmad Jamal[8], Charlie Parker com violinos e o conjunto de Dizzy Gillespie. Contudo, foi Billie que teve direito ao comentário mais entusiástico do jornal *Variety*. Ela foi citada como a artista mais impressionante da noite. A revista *Metronome* escreve na mesma ocasião que "Billie está mais bela do que nunca e, embora sua voz seja mais áspera e seu ritmo mais lento que antigamente, isso não a impede de cantar com autoridade, fineza e energia".

Contrariamente ao que muitas vezes se afirma, os anos 50 não marcam o declínio de Billie. Numerosas são as críticas da época que proclamam em alto e bom som que

8. Frederick Russel Jones "Ahmad Jamal", nascido em 1930. (N.T.)

o talento da cantora se encontra em seu apogeu. Qualquer que seja o lugar em que ela se apresenta, sejam pequenos clubes ou salas de espetáculos, ela rouba a cena e hipnotiza as plateias. Cada uma de suas interpretações é seguida por numerosos pedidos de bis.

Sua atividade não enfraquece. Seus circuitos de shows são retransmitidos pelas rádios e, em 1953, ela será convidada pela célebre transmissão de televisão de George Jessel, *Comeback.*[9] Sua vida será contada sem disfarces. Essa será para Billie uma excelente ocasião de se explicar publicamente, uma aposta de que ainda é possível conseguir aquilo que ela vem tentando desesperadamente, ou seja, modificar sua má imagem. Foi certamente uma emissão chocante para milhões de expectadores. Ela falará abertamente de sua adição às drogas, de sua permanência na penitenciária e da segregação racial. Artie Shaw e Count Basie vêm prestar um depoimento sobre sua amizade, e Billie depois canta *God Bless the Child,* acompanhada pelo trio de Carl Drinkard, seu novo companheiro de palco.

Em 13 de agosto de 1953, na véspera de um dia em que ela deverá cantar no Apollo, um abscesso dentário a faz sofrer terrivelmente. Seu rosto fica tão inchado que ela mal pode falar. Billie tem pavor de ir ao dentista. No hospital da prisão de Alderston ela se havia recusado a receber tratamento dentário e até mesmo assinara uma declaração liberando o estabelecimento penitenciário de qualquer responsabilidade. No dia 14, Billie não tem qualquer possibilidade de cantar. Seu queixo dói demais. Joe Glaser telefona à cantora Annie Ross.[10] Ela deverá substituí-la sem ensaios. A garota está morta de medo. Apresentar-se no Apollo perante um público que tem a reputação de ser difícil e, ainda por cima, para substituir seu ídolo, Billie Holiday! No momento em que Annie chega, Duke Ellington a toma pela mão e a apresenta

9. George Ernest Jessel (1898-1981) foi também um famoso promotor de *vaudeville* e *burlesque*. (N.T.)

10. Annabelle Logan “Annie Ross”, nascida na Inglaterra, em 1930. (N.T.)

a Billie, a qual tenta colocá-la à vontade. Ela precisa de um bom pianista, de um vestido longo? Ela se demonstra adorável para com a jovem cantora. Apesar das vaias e assobios que saúdam sua entrada em cena, Annie Ross desempenha a tarefa o melhor que pode. Quando ela retorna aos bastidores, exausta e abalada, ela cai nos braços de Billie. As duas moças se debulham em lágrimas e Duke Ellington as empurra gentilmente para o palco, dizendo:

– Vamos, minhas lindas, vamos as duas saudar o público...

Entre Billie e Annie Ross, esse será o início de uma amizade grande e amorosa.

Mas Billie não cede lugar facilmente. Apesar do rosto inchado, é ela que terminará a semana no Apollo. A forte constituição de Billie lhe permitirá, em muitas ocasiões, restabelecer-se rapidamente. Mesmo que ela tivesse medo da dor física, não tinha a menor inclinação para sentir pena de si mesma. E sua relação com seu corpo era suficientemente complexa para que ela pudesse tratá-lo "com dureza".

Uma orquídea em Paris

Em dezembro de 1953, Glaser assina um contrato com o promotor de eventos sueco Nils Hellstrom[1] para a realização de uma turnê pela Europa. Leonard Feather será o encarregado da organização. Sob a assinatura *Jazz Club USA*, o nome do programa de que ele é o animador na estação "A Voz da América", a turnê deve iniciar-se a 7 de janeiro de 1954. Roteiro: Escandinávia, Alemanha, Suíça, Holanda e França. Billie irá também à Inglaterra, mas sem o resto da equipe. Ao todo, trinta apresentações em cinco semanas.

Para Billie, esse projeto tantas vezes adiado é a realização de um velho sonho. Um giro de shows pela Europa é uma consagração, um momento magnífico na carreira de um artista. Em dezembro, Louis McKay, um apaixonado pelo golfe, que acaba de ser classificado em terceiro lugar no torneio de Long Island, a leva até a Califórnia. Durante as festividades natalinas, Billie se apresenta em São Francisco e logo depois em Los Angeles, no Tiffany Club. O papel de McKay é agora preponderante. Billie tem nele toda a confiança e descansa inteiramente nele. Ele controla tudo, desde o programa diário até as finanças. Ele colocou sua vida em ordem e ela não é mais vítima dos *dealers*. Ele mesmo lhe fornece sua *dope*.

No começo de janeiro, alguns dias antes de sua partida, Billie se dá conta de que não tem passaporte e nem sequer uma certidão de nascimento. Ele corre até Baltimore e vai pedir no Bom Pastor um certificado de batismo. Ela entra em contato com Fanny Holiday, a qual, em sua condição de madrasta, confirma suas declarações para a obtenção de um passaporte.

Em 10 de janeiro de 1954, Billie se reúne ao grupo no último momento, quando eles já embarcavam no aeroporto de Idlewild. Destino: Estocolmo, via Escócia. Naturalmente, Louis McKay viaja com ela, do mesmo modo que Carl

1. Nils Erik Hellstrom (1910-1984). (N.T.)

Drinkard, o pianista de Billie, e Leonard Feather. Participam da turnê o trio de Red Norvo, o quarteto do clarinetista Buddy DeFranco e o trio feminino da pianista Beryl Booker.[2]

Após uma escala em Glasgow, eles chegam a Copenhague no dia seguinte, pela manhã. O aeroporto está bloqueado pela neve e nenhum avião pode decolar. Em consequência, eles têm de tomar um barco para Malmö e a seguir um trem até Estocolmo. Chegam esgotados pela viagem interminável, sem uma única hora de sono e, para alguns dos músicos, até sem seus instrumentos, que permaneceram bloqueados em Copenhague. O guitarrista de Norvo, Jimmy Raney[3], que tem medo de viajar de avião e assim embarcara uma semana antes no transatlântico *Île de France,* adoeceu em Londres. Red Norvo é obrigado a tocar juntamente com um músico local, que não fazia a menor ideia de como eram seus arranjos.

Quanto ao giro de shows de Billie, ainda não se estabeleceu quem, além de Drinkard, irá acompanhá-la. Devido à sua reputação difícil, os músicos não ficam brigando pelo privilégio de tocar com ela. Finalmente, se decide que serão Red Mitchell no contrabaixo e Elaine Leighton na bateria.[4] O programa prevê que Beryl Booker abra o espetáculo, seguida de Red Norvo e de Buddy DeFranco. Billie encerra o espetáculo com cerca de dez canções e, logo a seguir, o grupo inteiro volta ao palco, para uma saudação ao público feita por todos os músicos juntos.

A turnê começa mal. Os músicos de Norvo têm de pedir instrumentos emprestados. Não há ensaios, por falta de tempo, e Billie está com a voz ruim. Inevitavelmente, a apresentação de 12 de janeiro recebe uma fraca acolhida. A noite quase vira um drama quando descobrem uma seringa no camarim de Billie. Red Norvo tem de lutar e insistir para evitar que o promotor sueco não a envie imediatamente aos Estados Unidos. Mas essa não é absolutamente a razão para

2. Buddy DeFranco, nascido em 1923, ainda em atividade. Beryl Booker (1922-1978). (N.T.)

3. James "Jimmy" Raney (1927-1995). (N.T.)

4. Mark Benton "Red" Mitchell (1927-1992). Elaine Leighton (1926-1999). (N.T.)

sua má apresentação. Ela está extenuada, pura e simplesmente. A prova disso é que, na noite seguinte, ela canta às mil maravilhas. Mais tarde se descobre que a seringa pertencia a um músico sueco cuja drogadição era conhecida. Durante essa viagem, Billie aparentemente se manteve limpa, mas se apoiou pesadamente no conhaque. As fotos de Billie falam por si mesmas. Seu rosto está inchado. Os belos traços faciais de contornos nítidos estão engolidos pela gordura.

Após o espetáculo, Billie tem o costume de sair pelas boates com os músicos. Do mesmo modo que ele não assiste aos ensaios, Louis McKay não a acompanha nessas excursões. Ele prefere voltar para o hotel. Uma noite, em Colônia [Alemanha], Billie sai com Beryl Booker, Buddy DeFranco e seus músicos para realizarem uma jam session em um clube. Completamente embriagada, ela volta de táxi, já com o dia raiando e só percebe ao chegar no hotel que não tem dinheiro para pagar a corrida. Ela entra no saguão do hotel, com o chofer vociferando atrás dela, e pede ao empregado da portaria que avise Louis McKay. Para sua grande surpresa, Louis se recusa a descer. A discussão se torna violenta, o chofer ameaça chamar a polícia, Billie o enche de desaforos. Muito embaraçado, o empregado telefona de novo para Louis McKay. "Ela que procure dentro do corpete", resmunga ele, furioso por ter sido acordado. Com efeito, Billie descobre que tem dinheiro dentro de seu sutiã. Ainda embriagada, ela chega ao quarto cambaleando e cai ao comprido no chão. Ao cair, ela bate na coluna lateral do pé da cama e fica com um dos olhos inchado e roxo. Pelo menos, essa é a versão de Billie. Apesar de todas as suas negativas, os músicos não se deixam enganar. É mais do que provável que Louis McKay lhe tenha aplicado um gancho de esquerda. Mais uma vez, Billie tem de usar uma maquilagem grossa para camuflar as manchas do rosto.

Isso não era nada de novo na vida de Billie, e aparentemente Ella Fitzgerald e Sarah Vaughan também tiveram amantes espancadores. Estranho que essas mulheres, cujo trabalho as levava a aparecer no palco, fossem soqueadas frequentemente, e com tanta violência que as marcas ficavam visíveis. Esses hematomas, essas contusões, seriam exibidos orgulhosamente, como prova de que pertenciam a um homem? O homem violento, que usava sua força contra elas, não era o *nec plus ultra*[5] do macho? Era essa uma forma de afirmarem sua virilidade? Uma teoria sustenta que o homem negro, rejeitado e humilhado pelos brancos, obrigado a se submeter, perpetuamente frustrado e cheio de um sentimento de inferioridade, de certo modo se cobrava em sua mulher, companheira de infortúnio e insuportável testemunha de sua impotência.

A violência doméstica é um mal amplamente difundido. Ela não se limita exclusivamente aos ambientes desfavorecidos. Entretanto, entre os brancos, ela permanece em geral um assunto privado, tal como uma tara aviltante que deve permanecer secreta e dissimulada perante os olhares.

No ambiente dos cafetões e das prostitutas, até parece que elas se glorificavam por estarem com um olho roxo, tal como se fosse uma marca do amor. A relação invertida, a mulher que ganha dinheiro para seu homem, forçava esses homens a demonstrações claras de sua força, a fim de impor o seu domínio e sobretudo para conservar sua fêmea. Para as mulheres, esses sinais de golpes demonstravam não somente a potência do homem, como o prazer ambíguo que lhes fazia sentir sua submissão. Assim, elas pareciam escolher sua humilhação, mais do que sofrer. Esses golpes serviam também como justificativa. Quando as obrigavam a obedecer, eles as libertavam de sua culpa e de sua vergonha.

Apesar do ritmo esmagador da turnê, Billie está encantada pela acolhida que a Europa lhe oferece. Após cada apresentação, oferecem-lhe buquês de flores antes que deixe o palco, os fãs superlotam seus camarins e disputam acirradamente seus autógrafos. A imprensa e as rádios demandam entrevistas. Ela se sente respeitada como pessoa, tanto quanto

5. "Não mais além", no sentido de insuperável, o máximo, o melhor possível. Em latim no original. (N.T.)

como artista. Que diferença do que acontece nos Estados Unidos, onde tem de cantar em clubes de segunda classe e o racismo está em toda parte!

Billie parou de se drogar. Quanto ao álcool, Louis McKay "mantém guarda junto à torneira do barril". Ele fica cuidando dela antes dos shows, embora um jornalista da revista *Jazz Hot* tenha escrito que ela estava "bem mais do que alegre" no Pleyel. É forçoso dizer que McKay a havia procurado por toda parte a fim de conduzi-la ao jornalista, até que finalmente a encontrou no bar da Sala Pleyel, logo antes da apresentação.

Depois da Escandinávia, da Bélgica, da Alemanha e da Holanda, o *Jazz Club* chega a Paris no dia 1º de fevereiro. Billie se hospeda no Hotel dos Champs-Élysées, na Rua Balzac, não muito longe da sala de espetáculos Pleyel. Os jornalistas a aguardam no saguão, mas nesse dia ela não dará mais do que cinco minutos de seu tempo para os fotógrafos. Boris Vian escreverá na *Jazz Hot:*

> Finalmente, Billie Holiday veio à França. Depois de tantos anos de espera, era de se presumir que sua chegada não tivesse um ar de verdade, que não se pudesse acreditar nesse fato. Esses anos não mudaram nem um pouquinho do seu talento, ele possui algo em comum com os vinhos de alta qualidade, que o tempo só faz melhorar, se é que isso é possível.

Em um vestido de tafetá claro com estampado de flores em outro tom da mesma cor, uma orquídea nos cabelos substituindo as gardênias, porque não é época, ela chega na Pleyel como uma rainha. A sala está lotada. Ela ataca *Blue Moon,* prossegue com *I Love My Man*, *Too Marvellous For Words*, *Them There Eyes*, *My Man, What a Little Moonlight Can Do*, até concluir com *Lover Man.* Em seu conjunto, as críticas são mornas. Ela decepcionou por ter cantado somente sete canções, e o acompanhamento por um trio desagrada os franceses, que conheciam Billie através de seus discos, com as formações musicais mais numerosas de Teddy Wilson.

Após a apresentação, ela encontra sua amiga pianista Marie Lou Williams, que lhe apresenta a cantora inglesa Beryl Briden.[6] Elas vão tomar alguns copos no Trois Maillets, na Rua Galande, localizada no Quinto Distrito de Paris, em que o nome de Beryl está impresso no cartaz, e depois, como é de costume, vão cear muito tarde, no Pied de Cochon, o famoso restaurante em que se misturam os boêmios e os estivadores dos Halles.

No dia seguinte, Billie e o *Jazz Club* tomam um avião para a Suíça. Shows em Genebra, Basileia e Zurique.

Certa manhã, Louis aparece com um conjunto vermelho de esqui para Billie. Ele preparou uma sessão de fotografias na montanha. E lá vão eles de carro até uma estação de esqui, onde são esperados por um jornalista e um fotógrafo da revista americana *Jet.* Billie está entusiasmada com a paisagem coberta de neve, os pinheiros e os pequenos chalés alpinos. Ela nunca havia visto esquis antes, em toda a sua vida, mas não se faz de rogada para calçá-los. Em lugar de fazer poses para o fotógrafo, ela experimenta dar uma deslizadas verdadeiras, diverte-se bastante até que, subitamente embriagada de excitamento, se atira por uma pista abaixo, que acaba percorrendo de costas, após uma queda espetacular. Essa foto tem lugar garantido no *Jet.*

Ao voltar da Suíça, Billie passa de novo por Paris. Para o *Jazz Club*, a excursão terminou. Os músicos retornam para Nova York. Alguns decidem se divertir um pouco em Paris: Jimmy Raney, o guitarrista, seduzido pelo jazz parisiense, acaba gravando com músicos franceses, entre eles Maurice Vander, Jean-Louis Viale, Roger Guérin, J.-M. Ingrand e Bobby Jaspar.[7] Haverá também uma outra sessão de gravação com os músicos americanos que permaneceram em Paris.

---

6. Beryl Briden, nascida em 1920, aposentada. (N.T.)

7. Maurice Vander, nascido em 1930, ainda se apresenta. Jean-Louis Viale (1932-1988). Roger Guérin (1955-2010), canadense. Jean-Marie Ingrand (1923-2003). Robert "Bobby" Jaspar (1926-1963). (N.T.)

Gravações da turnê *Jazz Club USA* foram realizadas durante certas apresentações na Alemanha, Suíça ou Bélgica. Infelizmente, Billie, que estava com contrato assinado, não pôde gravar nada durante sua passagem por Paris.

Billie passa ali alguns dias agradáveis, sem compromissos, nem programas que não sejam de divertimento, e reencontra seus amigos: as pianistas Marie Lou Williams e Lil Hardin, a ex-esposa de Louis Armstrong, o também pianista Art Simmons e o saxofonista Don Byas.[8] A cantora Annie Ross, que também se encontra em Paris nesse período, acompanha Billie para uma tarde de "banho de loja". Ela usa um chapéu vermelho, seu conjunto de esqui também vermelho e, por cima de tudo, seu vison azul. Ela declarará mais tarde que ficou desapontada com Paris. Tirando a roupa íntima, ela não encontrou nada de bom (!) – pelo menos é o que vai escrever em sua autobiografia. Annie Ross conta que, em vez de excursões turísticas, elas preferiram fazer a ronda dos bares. Billie bebe Pernod com umas gotas de conhaque e demonstra uma capacidade notável para resistir aos efeitos do álcool. Annie tem muita dificuldade para acompanhá-la.

As duas amigas passeiam pelos Champs-Élysées e entram em uma joalheria luxuosa. Billie pede para ver broches e pingentes. Um vendedor obsequioso lhe apresenta diversas bandejas, mas Billie não se decide e acaba por não comprar nada. Antes de voltar ao hotel, as duas garotas vão tomar uma saideira e, assim que se instalaram no bar, Billie retira dois medalhões e uma medalha de São Cristóvão do bolso de seu casacão de vison.

– Eu pensei que podia afanar essas coisinhas para meu Daddy – disse ela a Annie, que tinha ficado petrificada.

Ela tinha roubado essas joias nas barbas, debaixo do nariz do vendedor. Annie Ross tampouco havia percebido coisa alguma. Entretanto, segundo ela afirmou, Billie tinha em sua bolsa dinheiro suficiente para pagar uma dúzia de

---

8. Mary Lou Williams (1910-1981). Elizabeth "Lil" Hardin-Armstrong (1898-1971). Art Simmons, nascido em 1926, ainda na ativa. Don Byas (1912-1972). (N.T.)

cada!... Mas ela se divertiu em abafar as joias de um estabelecimento de alta classe.

Billie poderia estar excitada pela possibilidade de provocar um escândalo.[9] Ela corria um grande risco. Só se pode deduzir que não foi a primeira vez. O álcool certamente lhe dava o sangue-frio necessário, mas também era preciso ter uma certa experiência... Recordação dos Five and a Dime de Baltimore, em que ela "batia" meias de seda, ou seria um ato compulsivo, o prazer pervertido de uma cleptomaníaca?

Em sua autobiografia, Billie conta complacentemente que, ao sair de um teatro em Detroit, se havia encontrado por acaso com uma antiga companheira de detenção em Alderston. A garota lhe propusera acompanhá-la às compras, já que conhecia bem a cidade. Entraram em muitas lojas, olharam a *lingerie,* as bolsas, as meias. Cada vez que Billie se decidia a comprar, a outra lhe dizia conhecer um lugar em que o mesmo artigo sairia mais barato. Finalmente, Billie se encheu e tirou a carteira da bolsa. A garota estourou em risadas e lhe mostrou o botim escondido em suas calças largas. Ela tinha roubado tudo o que agradara a Billie, para lhe dar de presente.

Billie concluiu sua história dizendo que a garota a havia usado e se aproveitado de sua ingenuidade.

– Cadela suja, se você tivesse me fodido com os meganhas, eu rebentava você a pau e era por assassinato que iam me encanar! – gritou ela.

À luz do episódio de Paris, temos todo o direito de duvidar do relato autobiográfico. Pelo menos na versão que ela apresentou. Na verdade, Billie tinha habilidade suficiente para se apropriar de pequenos artigos nas lojas. Louis McKay, apavorado pela ideia de que ela pudesse ser capturada em

9. Em francês, *avait été prise sur le fait que ça avait fait du bruit dans Landerneau.* (Havia ficado excitada porque isso causaria escândalo em Landerneau.) Landerneau é uma pequena cidade francesa que tem o nome de um mosteiro fundado no século VII por Santo Ernoque no lugar de um antigo balneário romano. O mosteiro era famoso pelo rigor de sua regra e pelo voto de silêncio que inspirou depois os trapistas. Um dos condes de Rohan, proprietários da região, teria originado esse provérbio, "fazer escândalo em Landerneau", ainda no século XV. (N.T.)

flagrante, deu um jeito de pagar discretamente. Se ela tivesse ficado sabendo, todo o prazer teria desaparecido. É bem possível que a ladra de Alderston tivesse sido a própria Billie...

Em Paris, Billie é acolhida calorosamente por toda parte. No Mars Club, um lugar minúsculo situado no Beco Robert-Estienne, ela vai festejar o aniversário de Art Simmons e canta algumas canções. Ela canta também no Ringside, na Rua Marbeuf, um clube gerenciado pelo antigo agente de Sugar Ray Robinson, cujo palco é um ringue de boxe. Louis McKay fica bastante impressionado e tira algumas fotos. Essa será sua principal atividade em toda a excursão, além do cálculo das taxas de câmbio de acordo com o país em que estavam.

Em 8 de fevereiro de 1954, Billie, Louis McKay, Leonard Feather e Carl Drinkard voam para Londres. É como "a lenda do jazz" que Billie chega na Inglaterra, festejada pela imprensa inteira. Seus fãs seguiram sua carreira graças aos numerosos artigos de John Hammond para o jornal [britânico] *Melody Maker.* "Billie Holiday está aqui!", proclamam os jornais. Max Jones, um notável crítico de jazz, vai recebê-la no aeroporto, esfuziante de admiração e trazendo uma providencial garrafa de uísque, com que conquista a confiança de Billie. Max Jones irá acompanhá-la durante toda a sua estada na Inglaterra.

Nessa mesma noite, há uma conferência de imprensa no Hotel Piccadilly. Billie usa calças compridas e sapatos de salto alto, coisa pouco usual na época e ainda bastante malvista. Ela encontra muita dificuldade em se livrar de um jornalista do *Daily Mirror,* que insiste pesadamente no seu problema com drogas. Max Jones[10] a tira habilmente dessa situação delicada, voltando as questões para o lado da música. Depois, ela faz um giro pelos clubes londrinos, com Jones e sua esposa, Betty. No dia seguinte, esta leva Billie para um banho de loja. Em sua condição de garota treinada pelo mundo da noite, Billie sempre enfia um maço de notas

10. Max Jones nasceu em 1919 e está aposentado. (N.T.)

de dinheiro na parte superior de suas meias, junto com sua navalha. Pode-se imaginar o estupor de Betty, quando Billie levantou a saia na hora de pagar!...

Depois de dois shows, em Manchester e em Nottingham, Billie retorna a Londres, em 14 de fevereiro, para a grande apresentação no Royal Albert Hall. À tarde, Jack Parnell[11], que dirige a orquestra de trinta músicos, chega para os ensaios. Ele se sobressalta ao ver Billie pela primeira vez, que lhe parece ter o aspecto "de um monte de trapos velhos atirado sobre uma cadeira". Durante os ensaios, Billie se demonstra cordial e concentrada, apesar de bastante lunática. Parnell garantirá mais tarde que, durante a apresentação, a orquestra teve grande dificuldade em acompanhá-la. Billie e seu pianista só faziam o que lhes dava na telha, sem se preocupar nem um instante com o que havia sido trabalhado durante o ensaio.

– Ela estava completamente transformada – acrescentou ele. – No final do show, parecia uma garota de dezoito anos.

Seja como for, o show resultou em um sucesso fenomenal. Billie cantou quinze melodias e teve de atender numerosos pedidos de bis. Nunca ela havia escutado tamanhas salvas de aplausos. "A incomparável Billie Holiday" é a manchete do *New Musical Express*.

De todos os países por que passou, a Inglaterra é o preferido de Billie. Ela dirá que os jornalistas de lá tinham um verdadeiro conhecimento de música, que escutam os discos e escrevem sobre o que sentem, sem se preocupar com o resto. Rodeada, admirada, festejada, Billie chegará até mesmo a sonhar em se estabelecer lá. Leonard Feather afirmará mais tarde que Billie foi destruída pelo tratamento iníquo e pela perseguição sofridos nos Estados Unidos. Ele sustenta que, se ela se tivesse estabelecido na Inglaterra, teria vivido muito mais tempo, e que seu talento se teria expandido muito mais nesse país.

---

11. Jack Parnell nasceu em 1923 e continua na ativa. (N.T.)

A única crítica que ela fez ao país foi sobre a mediocridade da cozinha inglesa. No dia do show, ela pediu à cantora Mary Bryant[12], uma negra americana estabelecida na Inglaterra, que lhe organizasse um jantar "bem ao nosso gosto", à base de pés de porco, arroz e feijão vermelho. "Com prazer, quantas pessoas serão?" Billie responde que ela virá com alguns amigos. Durante todo o dia, ela passa telefonando a Mary. A lista de convidados vai crescendo e os pés de porco se acumulam dentro da banheira. Ao sair da apresentação no Royal Albert Hall, Mary volta depressa para casa a fim de receber dignamente a rainha da noite e seu numeroso séquito. Ficou esperando a noite toda. Ninguém apareceu.

Após o Royal Albert Hall, estava previsto que Billie fizesse uma apresentação no altamente selecionado Flamingo Club. Ela saiu dele em estado deplorável já nas primeiras horas da manhã do dia seguinte e, logo depois, seguiu para Paris. Capricho de *star*? Talvez se tenha esquecido de tudo, envolta nos vapores do álcool e, quem sabe, de outras substâncias.

Leonard Feather relata posteriormente que, durante essa turnê, Billie pulou algumas representações por estar embriagada. Era evidente que ela não conseguia mais funcionar sem o apoio de drogas; todo mundo sabia, principalmente McKay. Mas acontece que eles não podiam atravessar tantas fronteiras transportando drogas consigo, e Billie provavelmente teve de passar sem elas durante toda a turnê. A menos que ela tenha dado um jeito de conseguir aonde fosse. Em cidades como Paris ou Londres, ela tinha amigos em contato com o ambiente dos músicos de jazz. Eles sabiam a quem se dirigir.

Louis McKay havia compreendido que ser o fornecedor das drogas lhe conferia não somente ascendência sobre Billie, como lhe permitiria controlar a quantidade e a frequência de seu uso. Ele afirma ter exigido de Billie que se limpasse de drogas e, sem dúvida, ela tentou mais de uma vez.

12. Mary Bryant (1927-1998). (N.T.)

Mas ele sabia também que ela tinha necessidade delas para enfrentar o paralisante terror do palco que a acometia em todas as estreias. Quando eles partiam em uma turnê, McKay garantia uma reserva permanente comprando a droga por quilo! Era muito difícil renovar a provisão nas pequenas cidades, em que ele não conhecia ninguém. Ele mesmo, segundo Carl Drinkard, cheirava heroína, mas não se injetava. Ele escondia cuidadosamente o que considerava como sendo uma fraqueza, e um dia afirmou que Billie polvilhava sua comida com a droga, a fim de torná-lo tão dependente quanto ela. Drinkard fingira acreditar, mas afirmou:

– Ela não metia coisa nenhuma na comida dele, era ele mesmo que entupia o nariz inteiro!...

Quando McKay viajava durante vários dias para tratar de seus "negócios", não deixava drogas para Billie. Ele voltava sempre antes do próximo show, sabendo que, se ela não tivesse como se dopar, não haveria show algum. Nos intervalos, ele encarregava Drinkard de fazer companhia a ela e, sobretudo, de tomar conta dela. Como John Levy costumava pedir a Bobby Tucker ou Sadie aos amigos de Billie. Ela era fantasiosa e imprevisível, capaz de se meter em situações extremas, sempre que estivesse sob influência de drogas ou do álcool. É até possível que McKay apenas quisesse racionar o seu consumo. Mas, como todos os drogados, Billie sempre tinha escondida uma dose ou duas em sua bolsa. E também tinha sempre uma reserva de dinheiro presa nas meias. Em caso de necessidade...

As opiniões referentes a Louis McKay divergem. Uns o consideram um ladrão que merecia ter sido enforcado[13], dizem que não passava de um explorador e o acusam de haver tirado o último centavo de Billie. Outros são menos desfavoráveis. Era ele que gerenciava o dinheiro de Billie. Isso era necessário, ela gastava imediatamente tudo o que ganhava. Para comprar seu pó, mas também para agradar seus amigos,

13. Em francês, *le vouent aux gémonies,* do latim *Gemonioe,* um descampado nas cercanias de Roma onde eram executados os criminosos e expostos seus cadáveres. Por extensão, fazer os maiores ultrajes, expor à irrisão popular, levar à última desgraça. (N.T.)

oferecendo-lhes presentes, roupas de trezentos dólares, ninharias muito acima de seu valor real... E depois, todo mundo sabia que ela jamais se havia recusado a ajudar um amigo que estivesse em dificuldades.

No começo de suas relações, Billie estava muito apaixonada por McKay. Finalmente um homem em quem poderia se apoiar, um homem para orientá-la, um homem que a acompanhava onde quer que ela fosse e que sabia exigir seu pagamento adiantado, antes da apresentação. Só o tamanho de McKay bastava para que ele se impusesse. E depois, esse homem grande, vigoroso e decidido, com uma força fora do comum e um caráter firme, lhe agradava muito. Era uma coisa de pele.

Se Billie alguma vez amou um homem, foi Louis McKay, garante Carl Drinkard. Ela lhe confidenciou nunca ter tido um amante melhor que ele. Billie dizia amar sexo "à moda antiga". Queria que um homem se desse ao respeito, mas também se entregasse totalmente. Aparentemente, nesse sentido, ele a tornou muito feliz. Todos observavam que ela cantava melhor do que nunca, que ela não parecia tão radiante há anos.

Em casa, Billie quer ser ultrafeminina. Tornou-se uma perfeita dona de casa. Só tem vontade de agradar seu homem, receber seus amigos, cozinhar bons pratinhos... Durante esse tempo, Louis McKay se consagra à sua paixão pelo golfe. Mas essa felicidade não dura muito. Billie não consegue gozar seus efeitos. Sente que não tem direito a isso. Seu masoquismo exige um relacionamento fundamentado sobre transgressão, punição, violência. Billie começa a provocar McKay, insiste até tirá-lo do sério, como uma criança travessa que quer levar umas palmadas. Ela o ofende e insulta grosseiramente, até que ele perca o controle. Contrariamente a Levy, a quem devolvia golpe por golpe, McKay pode derrubá-la no chão com um único soco. O que deixa Billie maravilhada é que ele consegue bater nela sem deixar nenhum sinal. Que elegância! Uma afirmação desmentida por algumas circunstâncias. Ela apareceu mais de uma vez com o rosto inchado. E todavia, depois de cada uma dessas demonstrações de força, ela saía fresca como uma rosa, completamente tranquila, segundo afirma Carl Drinkard.

Não é garantido que esse seja o caso no que se refere a McKay. Viver com Billie não é nada repousante para ele. Para agradá-la, ele tem de demonstrar continuamente seu temperamento violento e provar que tem força e coragem. Ela o manipulava, criava situações explosivas para constrangê-lo "a se comportar como um homem". Quando ela o via pôr um cara a nocaute, tinha o sentimento de que um homem assim durão saberia protegê-la. Pois ele não havia até sacado o revólver uma vez, na sua frente?

Encontramos aqui justamente o mesmo comportamento que tinha com John Levy, situações idênticas, a repetição neurótica de um sistema baseado sobre uma relação de poder, em que a vítima não é necessariamente aquela que parece.

Era Billie a instigadora desse relacionamento de força. Era ela que definia as regras do jogo "amoroso" e erótico. Se ela aceitava que ele vivesse do que ela ganhava, então era preciso que ele se entregasse por inteiro. Que ele lutasse para merecê-la. Uma pressão contínua que McKay atribui às drogas. Ele ameaça deixá-la, se ela não largar. Além de Drinkard, ele mesmo um heroinômano, as acompanhantes que Billie teve mais tarde, Corky Hale e Memry Midgett, asseguram que ela não se drogava mais. Mas ela compensava a privação com enormes quantidades de bebidas alcoólicas.

McKay se ausenta frequentemente. Na realidade, ele tem duas casas, que mantém com o dinheiro de Billie. Uma mulher e dois filhos em Detroit; uma outra mulher e um garotinho na Califórnia. E Billie sabe de tudo e mais de uma vez se interessa por ajudar o meninozinho.

E depois, existem aquelas que Billie chama de suas "franguinhas". Ela sabe que ele gosta de mulheres jovens e não dá importância a suas aventuras extraconjugais. Ela tampouco se priva das suas. O que parece que ela não sabia era que essas "franguinhas" eram prostitutas que pagavam proteção a McKay. Billie jamais teria suportado que outras mulheres lhe dessem dinheiro. Esse privilégio era só dela. Sem ele, perderia todo o seu poder.

A ausência de Louis McKay se faz sentir cruelmente e se confunde com a abstinência de drogas. Acontece, certas vezes, que ela não se apresenta a seus compromissos durante vários dias seguidos em que ele simplesmente não dá as caras. Drinkard é então encarregado de sair em busca de *dope.* Quando falta dinheiro, Billie não hesita em colocar suas joias "no prego". Ela chega ao ponto de confiar seu famoso casaco de vison azul a Drinkard, a fim de ser empenhado por ele. Em outra ocasião em que estão na Flórida, ela o envia a Nova York, a fim de comprar suas drogas. Mas se ele não consegue cumprir a missão, ela não manifesta a habitual síndrome de abstinência. Não há lamentações, nem tampouco demonstrações trágicas. Ela se enfia em uma banheira cheia de água "pelando" e jura que não sai dali enquanto não conseguir sua *dope.*

É enquanto busca conexões de compra que Drinkard acaba preso, em dezembro de 1953, em Los Angeles. Descobre então que, nesse tipo de assunto, não existe a menor solidariedade. Ao menor problema, é cada um por si. Quando ele telefona da delegacia, a fim de prevenir Billie o mais discretamente possível, ela lhe bate com o fone no ouvido. Ela simplesmente não se pode permitir envolver-se em um "novo caso de estupefacientes", mas ela aceita e até mesmo espera que os outros assumam os riscos por ela e lhe sirvam de bastidor.

Uma noite, durante uma pausa entre dois conjuntos de apresentações, um homem sentado ao bar se dirige a Drinkard. Por acaso ele intercederia junto a Billie para que ela aceitasse tomar um trago com ele? Billie está sentada na outra ponta do balcão, com um grupo de amigos. Em geral, ela aceita de boa vontade passar alguns momentos com seus admiradores. Mas quando Drinkard lhe mostra o homem, ela recusa de imediato. Esse homem tinha sido seu motorista, dois anos antes. A polícia o tinha prendido quando ele transportava drogas para ela em seu Lincoln azul. Ele não a havia delatado e acabara na cadeia a fim de protegê-la. Billie finge que não o reconhece. Drinkard, constrangido, vai explicar-lhe que ela está com amigos, que não pode se separar deles...

– Eu compreendo – diz o chofer. – Eu conheço Lady... Tudo bem.

"A flamejante Billie transformou-se em Cosette"

Mal havia retornado aos Estados Unidos, estimulada por seu sucesso na Europa, Billie recomeça a gira dos clubes. Ela vai a Boston e a Washington, canta mais uma vez no Carnegie Hall... Em Nova York, ela se deixa abocanhar de novo por seu antigo meio de drogados e boêmios.

Em abril de 1954, nova gravação de um dos concertos da série "Jazz at the Philharmonic", produzido por Norman Granz para seu selo Verve. Apesar de Granz ter fechado as portas de seu estúdio à corte de indesejáveis que gravita ao redor de Billie, ela traz consigo seu próprio "sustento". O álcool corre aos borbotões, e logo os próprios músicos estão completamente embriagados. Billie não consegue gravar mais do que três peças. A despeito disso, ela conhece tão bem *I Cried for You* e *What a Little Moonlight Can Do* que nem dá para se perceber suas dificuldades. A qualidade das gravações não é afetada em nada. A maior parte das canções já fazia parte de seu repertório há anos, alguns há vinte anos. Cada suspiro, cada entonação, cada nuance já está gravada dentro dela.

Entretanto, nos palcos, as apresentações se degradam. Em uma apresentação no Carnegie Hall, em setembro de 1954, ela compartilha o cartaz com Sarah Vaughan, Count Basie, Charlie Parker e o Modern Jazz Quartet. Billie permanece em seu camarim, bebendo sem parar. Quando chega sua vez de entrar em cena, Billie já chega de pernas frouxas. E ela perde o momento de começar a sua canção. Na confusão resultante, a orquestra para de tocar e retoma do começo. Nem assim Billie reconhece o tema. Ela se volta para Memry Midgett, sua nova acompanhante:

– O que é mesmo que eu tenho de cantar, Memry? – indaga.

Sua voz, amplificada pelo microfone, ressoa por todo o salão. Memry lhe sussurra o título: *Blue Moon,* mas Billie não escuta. A pianista repete a introdução várias vezes. O público, bem-humorado, começa a trautear: *Blue Moon! Blue Moon!* até que, enfim, cai a ficha e Billie exclama:

– Oooooooh, *Blue Moon!...*

Apesar desse passo em falso, ela canta durante uma hora e meia. E volta muitas vezes, chamada a bisar pelos aplausos, acolhida por transportes de alegria.

Sua voz, que se enrouquece e parece arranhar, que se quebra como à beira de um suspiro, não pode ser mais comovente. O público está profundamente emocionado com essa personagem. Eles sabem pelo que ela passou. E se o álcool congela a expressão de seus traços, eles leem, sobre esse rosto de esfinge, uma dor e um passado que todos conhecem muito bem.

O 1º Festival de Jazz de Newport transcorre em Rhode Island diante de um auditório de treze mil pessoas. Como ocorre com tanta frequência no decorrer dessas manifestações ao ar livre, chove uma boa parte do tempo, e a plateia chapinha e arrasta os pés na lama. Os melhores *jazzmen* do momento são reunidos para dois dias de espetáculos. Encontram-se, entre outros, o trio de Oscar Peterson, o grupo de Teddy Wilson, Dizzy Gillespie e todos os músicos de Count Basie, entre eles Lester Young.

Quando Lady Day aparece e inicia *Billie's Blues,* o público reage com uma enorme ovação. Ela está cercada por Teddy Wilson, Buck Clayton, Jo Jones, Vic Dickenson e Milt Hinton. Justamente os instrumentistas que serão sempre associados às suas melhores gravações. Só falta Lester Young. Depois de 1951, na Filadélfia, eles nunca mais se haviam apresentado juntos. É Gerry Mulligan[1] que a acompanha com saxofone barítono. Ao escutá-lo iniciar um de seus

1. Victor Horn "Vic" Dickenson (1906-1984). Milton "The Judge" Hinton (1910-2000). Gerald Joseph "Gerry" [também referido como "Geru"] Mulligan (1927-1996). (N.T.)

temas preferidos, Lester Young, que estava nos bastidores, não resiste mais. Ele se une aos músicos que estão no palco e logo recobra seu verdadeiro lugar ao lado de Billie. Sua preciosa aliança renasce. Essa é a ocasião que eles encontram para esquecer sua desavença através da música.

Na segunda-feira, 9 de agosto, de manhã, Billie voa para São Francisco. Ela vai diretamente ao Downbeat Club, para um ensaio de cinco horas. Uma hora de repouso em seu hotel e ela volta para interpretar quatro séries de melodias. O público exige que ela retorne. É a mesma Lady Day que, dois anos antes, declarara que pretendia mostrar a São Francisco que também podia ser boa moça. "Seu nome esteve envolvido em um caso de narcóticos, e ela teve de ir embora e se acertar com os proprietários de vários clubes por quebra de contrato..." – escreveu o *San Francisco Chronicle*.

No fim de agosto, ela se apresenta em Los Angeles. Após uma nova gravação para a Verve com Norman Granz, ela se apresenta no Oasis Club, em que recebe um prêmio cobiçado, que lhe é oferecido pela revista *Down Beat*. Mesmo que ela nunca tivesse obtido senão o segundo lugar em suas sondagens de popularidade, sendo sempre superada por Ella Fitzgerald, a revista quer lhe oferecer uma homenagem por seu talento. Por meio da publicação, ela é consagrada como "uma das maiores cantoras de jazz de todos os tempos".

Durante o ano de 1954, Billie troca de acompanhador. Depois que Carl Drinkard foi preso por posse de drogas, ela preferiu manter distância dele. Seu relacionamento com Drinkard foi em geral tempestuoso, apesar do liame criado entre eles por sua dependência comum. Ela o contrata e se separa dele mais de uma vez.

Billie desenvolveu uma afeição cega e obstinada por Memry Midgett. Ela encontrou essa jovem pianista de 23 anos no Downbeat Club, de São Francisco, e a contratou na mesma hora. A jovem está encantada com a personalidade solar de Billie, seduzida por sua generosidade, reconhecida pela confiança que ela lhe manifestou de imediato. Para ela é uma ocasião maravilhosa, uma oportunidade imperdível de se tornar a acompanhadora de Billie Holiday: uma coisa com que ela nem sequer teria ousado sonhar.

Além das qualidades musicais, é preciso demonstrar um caráter moldável e acomodatício, ao mesmo tempo em que se conserva a personalidade individual. Bobby Tucker e Carl Drinkard aprenderam essa lição às próprias custas. Billie podia mostrar-se muito possessiva na vida cotidiana. Ela os acariciava e cuidava deles como se fosse sua mãe, ao ponto de controlar aonde iam e de correr com as garotas que se aproximavam deles. Ela, ao mesmo tempo, era indulgente e manifestava uma exigência louca de que estivessem disponíveis para ela a cada instante.

Em matéria de música, seu acompanhante deveria ser extremamente concentrado e receptivo. Billie mudava o compasso conforme queria, em função de seus caprichos. Drinkard lhe suplicava que não fizesse isso; ele achava que acelerar ou ralentar no meio de uma canção não produzia nenhum bom efeito. Mas Billie fazia o que lhe dava vontade e o andamento flutuava em função de seu humor. Quando ela batia com o salto, era um sinal. *Diminua o andamento.* O pianista tinha de perceber e se adaptar. A dificuldade era que ela esperava também de seu acompanhador uma firmeza e uma autoridade em sua execução que lhe garantiriam uma base sólida sobre a qual se apoiar. Que estivesse preparado para um ritmo irregular e inesperado, que prontamente subisse ou descesse um tom para uma escala superior ou inferior, que se deixasse levar ao limite do desequilíbrio a fim de se recuperar *in extremis,* justamente quando ninguém mais esperava que isso acontecesse.

Contrariamente a outras cantoras, Billie nunca repreendia o acompanhante, nem demonstrava impaciência em cena. Ela esperava que estivessem de volta a seu camarim e sozinhos. Suas reclamações jamais feriam ninguém. Ela sabia dizer exatamente o que queria.

Memry se tornará a acompanhante que lhe daria o melhor apoio, além de ser uma amiga devotada. O papel que se esperava dela ultrapassava de longe o de uma pianista. Ela se implicará profundamente em todos os aspectos da vida de Billie e tentará lhe comunicar a força necessária para assumir o controle de sua própria vida.

Billie leva Memry a Anchorage, no Alasca. As relações entre as duas mulheres se tornam mais do que de amizade, são envoltas em ternura; Billie se demonstra maternal e protetora. Ela chama Memry de "meu bebezinho", enquanto esta lhe demonstra uma verdadeira devoção. Seu ódio por McKay aumenta na proporção em que cresce seu amor por Billie. Não conseguindo compreender seu estranho relacionamento, ela não vê nele mais do que um cafetão, um homem sem piedade, que explora cinicamente sua mulher. No Alasca, Billie não tinha mais seu casacão de pele, somente uma estola fina para proteger-lhe os ombros. Teria ela mais uma vez empenhado seu casacão para obter dinheiro? Ela só usava vestidos leves e velhos sapatos gastos. A cada noite, ela lavava sua roupa interior, porque não tinha outra muda.

De acordo com Memry, a flamejante Billie Holiday se havia transformado em Cosette.[2]

Durante esse período, Billie para de se drogar. No aeroplano que as conduz a Anchorage, Billie treme sem parar, tosse e tem corrimento nasal. Ela diz à comissária de bordo que está se curando de uma gripe muito forte. Na verdade, está com sintomas de abstinência. Ela confidencia a Memry que decidiu parar de se injetar drogas. Louis McKay as acompanha em sua viagem ao Alasca, mas elas o veem muito pouco. Ele está pensando em fazer investimentos imobiliários e viaja o tempo todo "por montes e vales", só reaparecendo antes das apresentações para recolher os cachês de Billie.

---

2. Originalmente, Cosetta, personagem secundário da *Commedia dell'Arte* italiana, uma espécie de Borralheira, criadinha humilde e maltrapilha, que acaba arranjando um bom casamento ou um bom emprego e melhorando de vida, de acordo com o enredo. (N.T.)

Memry está encarregada de cuidar dela. Ela constata em seguida que Billie, que bebe muito, praticamente não se alimenta. O álcool atende a todas as suas necessidades. Billie lhe conta a respeito de sua infância e de sua vida. Quando recorda sua mãe, demonstra-se cheia de remorsos. Ela se culpa por tê-la deixado morrer sozinha e sem um centavo, logo numa época em que ganhava tanto dinheiro. Quando sua mãe foi levada ao hospital, ela não tinha voltado, ela a tinha abandonado. Também se queixa de McKay e afirma que ele a deixa encerrada em seu quarto noite e dia. Ele fecha as cortinas para que ela fique no escuro e só lhe dá uns enlatados para comer... Pura invenção? Tudo é possível em uma relação sadomasoquista. E Billie tem necessidade de bancar a vítima maltratada por um homem feroz. Um homem que quer convencê-la de que é seu único amigo e que lhe repete vezes sem conta que ela não pode confiar em ninguém mais além dele. Memry fica horrorizada.

McKay compra terrenos no Alasca ou no Canadá. Ele explica a Billie que estão em seu nome porque ela não pode ser a proprietária oficial por causa de sua ficha judiciária. A casa em que moram no bairro de Flushing, em Nova York, está registrada somente em nome dele, do mesmo modo que a parte que ele comprou em um clube de Chicago, cujo salão de bebidas se chama agora "Sala Holiday". Uma vez que Billie não tem direito de trabalhar nos clubes de Nova York, ele calcula que ela irá cantar nele seis meses por ano; e desde agora, já está esfregando as mãos de contentamento.

Memry, com todo o arrebatamento de sua juventude, exorta Billie a reassumir o controle de suas finanças. Um advogado poderá se ocupar de seus negócios e, depois, será preciso contratar um bom administrador financeiro. Segundo Memry, Louis é considerado um indesejável na maioria dos clubes em que Billie se apresenta. Ele tem a reputação de ser rabugento e brigão, de provocar rixas cada vez que Billie e ele estão juntos; mas, sobretudo, há boatos sobre ele não ter condições para ser seu administrador.

Encorajada pela jovem, Billie começa a pegar ela mesma seu salário, sem entregar nada ao marido, o que deixa McKay no cúmulo da raiva. Ele suspeita da influência de Memry e, a partir de então, se demonstra muito hostil com ela.

A partir do momento em que retornou a Nova York, após a viagem ao Alasca, Billie se decide a procurar Joe Glaser. Precisa que ele lhe consiga um outro administrador que não seja Louis. Memry naturalmente a acompanha.

Desse modo, as duas partiram para o escritório de Joe Glaser. Tomaram o metrô em Flushing até o centro de Manhattan. Billie, que nessa manhã mesma estava cheia de entusiasmo com a ideia, viu sua vontade se ir enfraquecendo. No momento em que desceram na estação da Quinta Avenida, ela parou diante da escala rolante, muito pálida. Não consegue dar mais um passo.

– Eu não posso, sou fraca demais... – murmura.

Memry insiste bastante, esforça-se para encorajá-la. Billie murmura entre dentes:

– Eu não posso, eu não posso...

As duas tomam juntas o próximo trem para Flushing. Retorno ao ponto de partida...

Desmoralizada, Billie sai à busca de drogas. McKay não estava disponível, ela chama Carl Drinkard. Os dois combinaram de se injetarem juntos. No banheiro, Billie procura uma veia em que se possa picar. E não consegue. Diante deste espetáculo lamentável, Memry chora, grita, suplica. Diante de seus olhos parece estar sendo cometido um suicídio. Tudo o que ela fizera até então para ajudar Billie parece ter fracassado. Ela está transtornada e seu desespero comove Billie:

– Se isso te faz tanto mal, não faço mais! Meu vício que vá à merda!...

Ela manda Carl Drinkard embora, envolve sua amiga nos braços e a consola como uma mãe faria com a filha.

– Minha queridinha... Minha pequeninha...

Memry pensa que Lady não vai mais se drogar se ao menos ela ficar ao lado dela. Ela tem tanta força de caráter, ela pode parar se quiser...

A jovem pianista não pode medir a extensão do que enfrenta. Ela não tem a menor chance de enfrentar a dominação exercida por McKay. Este se toma de antipatia por ela e manifesta sua aversão nas menores ocasiões. Todavia, Billie sempre toma o partido de Memry contra ele. Explodem disputas violentas. Chovem as pancadas. E, no final de tudo, Billie volta para a cama com McKay, ainda mais apaixonada do que antes. Memry não entende nada e se sente traída.

Ela sabe que ele está disposto a tudo para afastá-la de sua mulher. Um dia, McKay a acusa de roubo e ela pressente que ele é capaz de ir mais longe ainda. Ela tem medo de que ele esconda algum pacote de drogas em seu quarto e traga a polícia para prendê-la. McKay a deixa aterrorizada.

Agora é uma questão de salvar a própria pele. Mesmo que a ideia de deixar Billie a encha de repugnância, ela finalmente compreende que, na realidade, ninguém pode fazer mais nada por ela, que Billie se afunda inexoravelmente no destino que ela mesma escolheu. Memry quer partir, mas como pode deixar Billie de uma forma honrada? Finalmente, pretextando que seu pai está gravemente enfermo, ela foge para nunca mais voltar.

Autobiografia de Billie

Em 12 de março de 1955, um acontecimento sacode o mundo do jazz. Charlie Parker acaba de morrer. Com 34 anos, um homem cuja arte e cuja vida já criaram uma lenda, sucumbiu ao abuso do álcool e das drogas. Um lento suicídio que vem encerrar uma vida em que a glória não pode nada contra a melancolia, em que o talento é sinônimo de angústia e de descida lenta aos infernos. Parker, que foi um dos improvisadores mais originais da história do jazz, revolucionou sua época, e sua influência se prolongará muito além do bebop.

O paralelo entre Charlie Parker e Billie Holiday se impõe. O mergulho na heroína e no álcool, o comportamento provocativo, as extravagâncias, as ausências, a irresponsabilidade. Mas igualmente o gênio musical, o extraordinário carisma que magnetiza as plateias e o encanto venenoso dos poetas malditos... O anúncio de sua morte traumatiza o meio musical. Ninguém duvida que Billie veja em sua morte o reflexo de seu próprio destino. Em 2 de abril, ela participa do grande show em sua homenagem, no Carnegie Hall. Da meia-noite às quatro da manhã, Sarah Vaughan, Dinah Washington, Lester Young, Billie Eckstine, Sammy Davis Junior[1], Stan Getz, Thelonious Monk e muitos outros ainda cantarão e tocarão em lembrança de Bird. Billie terá a honra insigne de encerrar o programa.

Billie tem um novo projeto. Ela anuncia à revista *Down Beat* que vai publicar sua autobiografia. Para sua redação, ela escolheu um jornalista do *Nova York Post,* William Dufty.[2] Ele é o marido de sua velha amiga, Mealy Bartolomew, a

---

1. William Clarence "Billy" Eckstine (1914-1993): diretor de orquestra, instrumentista e compositor. Samuel "Sammy" Davis Jr. (1925-1990): cantor e ator hollywoodiano. (N.T.)

2. William Dufty (1916-2002). (N.T.)

qual, depois de ter tentado impor-se como gerente de seus negócios, se contentou em ser sua assistente e secretária benevolente. Foi ela que lhe recomendou seu marido. Louis McKay, farejando um bom lucro inesperado, se declara de acordo. As autobiografias de Louis Armstrong e de Ethel Waters estão sendo bem vendidas, e William Dufty lhe garante que fará um bom livro com os relatos de Billie. No vocabulário de McKay, isso significa altamente rentável. Ele já sonha com um *best-seller*, cujos direitos de filmagem serão disputados pelos produtores de Hollywood.

No começo, Billie não demonstra grande entusiasmo. O que ela tem a acrescentar a todas as entrevistas que já deu aos jornais? As outras coisas que ela poderia acrescentar não são publicáveis. Dufty a tranquiliza. Ele se servirá das entrevistas como base de trabalho e, se ela quiser, poderá lhe contar outras anedotas, se possível picantes. Histórias de sexo e de drogas vendem bem...

Billie duvida muito que possa citar os nomes de seus companheiros em suas loucuras da mocidade e até mesmo acha que não será possível citar nominalmente as pessoas de sua família. Mas nem por isso ela fica menos surpreendida ao saber que sua terna amiga Tallulah Bankhead deixou bem claro que pretende processar o editor, caso seu nome seja sequer citado na autobiografia. O projeto de Billie desperta medo e muita gente tem o cuidado, por intermédio de homens da lei, de lhe recomendar a maior prudência.

Billie responde à sua amiga por meio de uma carta incendiária, em que afirma que nada do que escreveu a compromete. Se ela persistir em pressioná-la, ela a ameaça com medidas retaliatórias, chegando ao ponto de sugerir claramente que poderia contar poucas e boas sobre suas travessuras das épocas passadas. Enquanto isso, recomenda a Tallulah que leia cuidadosamente a cópia do manuscrito que lhe enviará e lhe exige que apresente desculpas à editora e a ela mesma! Aqui se reconhece plenamente o caráter de Billie. Orgulhosa, brigona e provocante ao ponto do desafio.

Desejosa de ser relembrada de acontecimentos de sua infância, ela escreve a alguns membros de sua família, seus primos Charles e Dorothy, que nem sequer se dão o trabalho de lhe responder. Como resultado, ela fará deles um retrato à altura de sua decepção.

Em agosto de 1955, Billie viaja pela Costa Oeste. Norman Granz já tem previstas novas gravações em Los Angeles para o selo Verve. As viagens incessantes, o consumo de álcool e uma centena de cigarros por dia já alteraram a voz de Billie. Ela tem pouco fôlego e, por momentos, sua voz roufenha vacila ao ponto de não conseguir captar uma nota. A justeza do tom também se ressente. Mas seu estilo e sua inspiração musical fazem esquecer seus defeitos.

Como sempre, Norman Granz a impulsiona a renovar seu repertório e a tentar novas melodias mais difíceis, tais como *I Don't Want to Cry Anymore* ou *Prelude to a Kiss*. No que se refere a Billie, Granz não acredita em ensaios. Ele se satisfaz em lhe oferecer os melhores instrumentistas para acompanhá-la, no espírito das jam sessions espontâneas, que ele julga ser o mais conveniente para seu tipo de interpretação.

Não obstante, o pianista Jimmy Rowles organiza um ensaio em casa do contrabaixista Artie Shapiro[3], que possui um velho piano e um magnetofone, no qual a sessão foi gravada. Dá perfeitamente para escutar enquanto Billie dirige o trio, indica a Rowles como deve intervir nas diversas partes e encoraja o pianista em uma passagem particularmente espinhosa de *I Don't Want to Cry Anymore*:

– Essa parte é meio difícil, até mesmo para você. É por isso que ninguém toca essa peça. É difícil demais – explica ela.

Para as gravações de 23 e 25 de agosto, Granz contratou Harry Edison para o pistão, Jimmy Rowles para o piano, Barney Kessel para a guitarra, John Simmons no contrabaixo, Larry Bunker na bateria e Benny Carter para fazer os

3. James "Jimmy" Rowles (1918-1996). Arthur "Artie" Shapiro (1916-2003). (N.T.)

arranjos.[4] Benny Carter é um mestre no saxofone contralto. Arranjador e regente de orquestra, é um instrumentista refinado e inovador, respeitado por todos. No período entre as guerras viajou pela Europa e se estabeleceu em Paris, onde adquiriu renome como o regente da orquestra do famoso *Boeuf sur le Toît.*

As trocas entre Billie e Benny Carter se demonstram magnificamente frutíferas. Um verdadeiro duo se estabelece entre sua voz e o saxofone de Carter. Essas gravações lembram os anos fecundos em que trabalhava com Lester Young. São dezesseis peças, provavelmente as melhores que Billie gravou com o selo Verve. Sua versão de *A Fine Romance,* que ela não cantava desde 1936, é um sucesso. Mas ela vai precisar recomeçar oito vezes, antes de ficar bem.

O timbre de sua voz, pejado de ricas vivências, dá às palavras um significado mais intenso, às vezes dilacerante. Ela só parece cantar para expressar seu mundo interior. Em sua voz vibram todas as emoções de uma mulher madura, cujas esperanças e alegrias já se acham extintas, mas que aprofundou suas reflexões sobre a vida. Uma sonoridade um pouco enferrujada, uma nota que ela não consegue sustentar por falta de fôlego, um tremor, uma hesitação, um vibrato às vezes excessivo... Defeitos técnicos cada vez mais evidentes, mas que tornam cada canção mais forte, mais comovente do que nunca. O álbum *Music for Torching* receberá a cotação máxima: as cinco estrelas da *Down Beat.*

Billie canta no Crescendo Club do Sunset Boulevard, em Hollywood. Durante os intervalos, ela vai frequentemente tomar um copo e escutar seu amigo Jess Stacy[5], que toca no Gardens of Allah, um lugar elegante, frequentado pelo mundo do cinema. Ela se instala no bar e pede dois conhaques. O *barman* coloca diante dela dois copos de cerveja, cheios até a borda de conhaque. Com os olhos fechados, ela

---

4. Harry "Sweets" Edison (1915-1999). John William Simmons (John/Johnny Simmonds) (1924-1970). Lawrence Benjamin "Larry" Bunker (1928-2005). Bennett Lester "Benny" Carter (1907-2003). (N.T.)

5. Jess Stacy (1904-1994), pianista. (N.T.)

bebe lentamente, um depois do outro... Stacy se reúne a ela no bar. Fica espantado com o pouco efeito que o álcool parece ter sobre ela. Ele conta que ela se conserva perfeitamente ereta e sobe o Sunset Boulevard com passo firme, até o Crescendo Club. Billie é uma força da natureza.

Ela conseguirá cantar com pleno sucesso em dois lugares diferentes na mesma noite: um grande show no Hollywood Bowl, antes de retornar rapidamente para o Crescendo Club.

Sem grandes esperanças, Billie requereu novamente sua carteira de trabalho em Nova York. A vida esgotante dos giros de apresentações recomeçou. Filadélfia, Miami, Boston...

Também exigem sua presença na Inglaterra. Um agente londrino tenta organizar uma nova turnê na Europa, prevendo atuações na Bélgica, na França e na Inglaterra. Sete semanas de trabalho, com um mínimo garantido de 550 dólares por semana. Para Billie, é muito pouco. As negociações logo se encerram.

Em dezembro de 1955, um incidente ocorre em Montgomery [Alabama], no Sul dos Estados Unidos, alcançando uma repercussão enorme junto à comunidade negra. Uma costureira negra, chamada Rosa Parks, recusou-se a ceder seu lugar no ônibus a um branco. Foi presa e condenada a pagar uma multa. Nesse mesmo dia, por solidariedade, os negros protestaram, boicotando os ônibus. Essa mobilização maciça lhes permitiu tomar consciência de que uma ação coletiva poderia ser realizada. Os líderes da cidade fundaram uma associação e nomearam para presidi-la um jovem pastor negro de 26 anos, Martin Luther King.[6] O movimento pelos direitos civis havia encontrado seu porta-voz.

O boicote dos ônibus durou 381 dias e obrigou a Corte Suprema dos Estados Unidos a declarar anticonstitucional a segregação nos transportes coletivos. A Corte já havia

---

6. Rosa Parks, "a mãe dos direitos civis" (1913-2005). Michael Luther King Jr. (1929-1968), trocou de nome para "Martin Luther King", por motivos religiosos. (N.T.)

formado jurisprudência nesse sentido em 1954, ao declarar discriminatório o axioma "Separados, mas iguais", que justificava a segregação nas escolas. A comunidade negra acolheu essa decisão como uma grande vitória para a igualdade de direitos. Não obstante, foi necessário esperar os incidentes de Little Rock (Arkansas), em 1957, para que a lei fosse aplicada. O presidente Eisenhower teve de mobilizar o exército para permitir aos estudantes negros entrarem na escola.

Para Billie, o ano de 1956 começa por uma transmissão de televisão na cadeia NBC, durante o *Steve Allen Tonight Show*, em que ela será entrevistada por Steve Allen. Sua dicção, há muito tempo comprometida, está agora alterada pelos efeitos das altas dosagens de álcool. Ela se tornou pastosa e quase inaudível. O mesmo fenômeno se reproduz durante a emissão de rádio de a *Voice of América*, no dia 15 de fevereiro seguinte, em que ela dará uma longa entrevista a Willis Conover.[7]

Em fevereiro, quando Billie e Louis McKay se encontram na Filadélfia, a polícia os surpreende em seu quarto de hotel às três horas da madrugada. Os dois são presos por posse de drogas e McKay também por detenção de arma proibida. Os policiais encontraram seringas, heroína e cocaína para a preparação de *speedballs*, uma mistura das duas substâncias. Nove anos depois de sua prisão em Alderston, Billie se encontra novamente em uma delegacia de polícia. Eles serão examinados imediatamente por um médico, que os declarará sob a influência de "estupefacientes", depois postos em liberdade algumas horas mais tarde, mediante o depósito de uma fiança de 7.500 dólares. Nessa mesma noite, Billie retorna ao Showboat, em que tem um compromisso para duas semanas. Essa nova prisão pode ter pesadas consequências: processo, perda definitiva da carteira de trabalho, prisão. Billie está em estado de choque. Assim que retorna a Nova York, no dia 5 de março seguinte, ela dá baixa em uma clínica de recuperação,

---

7. Stephen "Steve" Allen (1921-2000). Willis Conover (1920-1996). (N.T.)

em que ficará dez dias. Mas ela tem outros compromissos a que precisa atender. Kansas City, Chicago, Cleveland... No final de abril, está de volta a Nova York, para uma nova sessão de gravações com Norman Granz.

A saúde de Billie começa a se deteriorar. Roída de angústia, come muito pouco e emagrece muito. Todos os que se aproximaram dela concordam que ela possuía uma pele magnífica, translúcida e lisa. Todavia, de tanto se picar, seu corpo está coberto de cicatrizes e pequenas ulcerações. Ela sempre usa mangas longas, mas já faz algum tempo que vem trazendo um lenço da mesma cor, para mascarar os traços de picadas em suas mãos.

Sua mãe havia sofrido de problemas de circulação e sua avó morrera de um edema. Já faz algum tempo que as pernas e os pés de Billie vêm inchando terrivelmente. Mas ela nunca se queixa. Ao contrário, se gaba de nunca ficar doente.

No entanto, ela já sofrera de uma moléstia após uma apresentação no Jazz City de Hollywood. Assim que chegara ao camarote, desmaiara, completamente inconsciente. O médico chamado às pressas por McKay lhe havia aplicado uma máscara de oxigênio e diagnosticara que ela sofria de uma doença do fígado. Drinkard, nessa ocasião, ficara impressionado com suas faces encovadas e sua coloração amarelada. Subitamente, ela parecia uma outra pessoa, completamente diferente. Pela primeira vez, ele teve a impressão de que alguma coisa grave podia acontecer com ela, de que ela não era de fato a força indestrutível que parecia. Não obstante, no dia seguinte, ela havia recuperado toda a sua energia. Não se costuma dizer que a heroína tem a particularidade de atenuar os efeitos de uma doença, como se a fizesse adormecer durante algum tempo?

Durante o ano de 1956, a pianista Corky Hale, uma jovem de vinte anos, tornou-se sua acompanhadora. Segundo ela, Billie não se acha sob influência de drogas, mas começa a beber gim na hora do café da manhã e continua assim durante todo o dia. Corky torna-se também assistente e criada de quarto de Billie. Ela a ajuda a vestir-se, prepara-lhe coquetéis e realiza todas as tarefas de boa vontade, porque Billie se demonstra adorável para com ela. Mas ela constata também que as drogas e o álcool causaram grandes estragos. Depois de ter bebido bastante, Billie aparenta ter doze anos de idade mental. Ela veste seu pequeno chihuahua com roupas de bebê, dá-lhe mamadeira e só fala em ter um filho. O álcool deixa seu espírito tão confuso que ela não consegue acompanhar adequadamente qualquer conversação. Tem de ser praticamente carregada em braços até o palco. Billie se apresenta em Las Vegas durante três semanas, depois em Hollywood, no Jazz City. Um período extenuante para a jovem acompanhadora.

Frequentemente, Billie está a tal ponto embriagada que não consegue ficar em pé. Corky precisa apoiá-la até que possa firmar-se no microfone e conduzi-la assim que termina para seu camarim. Às vezes, ela perde o momento de começar uma canção. A cada noite, antes do show, a tensão é extrema. Os instrumentistas ficam se indagando se ela vai poder cumprir o programa. Entretanto, Billie não falha um único espetáculo. Seu livro, *Lady Sings the Blues,* lançado por uma estrondosa campanha de publicidade, sai em julho. A sala do clube se enche sempre.

Corky conta que esse foi o pior trabalho de sua vida e o mais deprimente. Ela detesta McKay. Como de costume, ele abandona Billie aos cuidados de sua acompanhadora e desaparece para tratar de seus negócios misteriosos. Quando está por perto, faz troça abertamente de Billie, que está embrigada demais para se dar conta. Mais ainda, ele tenta seduzir a jovem. Apesar do salário compensador que ele lhe propõe, Corky se recusa a acompanhá-los ao Havaí e pede demissão do trabalho, também ela nauseada. Quanto a Carl Drinkard, ele surge de novo perto de Billie; e, com ele, chegam outra vez as tentações perigosas...

A autobiografia de Billie sai portanto em julho de 1956, amplamente comentada pela imprensa. As opiniões são variadas. Considera-se que o livro é lúcido, às vezes ingênuo, mas sempre sincero. Mas também reprovam o fato de ser uma obra dura, até mesmo amarga.

> Eu não fiz mais do que contar o que me sucedeu. Minha vida foi muito difícil e tenho direito de ser amarga. Mais ainda, se vocês pudessem ler tudo o que me fizeram tirar do livro! Por mim, eu contava tudo, mas fomos obrigados a cortar uma boa parte.

Lady Sings the Blues é um livro vivaz, frequentemente engraçado, narrado em primeira pessoa, numa linguagem cheia de imagens e de gíria, através da qual é fácil perceber que corresponde realmente à personalidade de Billie. Não é necessário procurar nele uma verdadeira autenticidade. É uma mistura de ficção e de realidade, bastante eficaz para agradar a um grande público e aos tabloides. A história de uma menina pobre que, apesar de seu sucesso, nunca deixou de ser infeliz.

Embora seu editor tenha difundido fotografias dela, sentada a uma máquina de escrever, Billie não escreveu uma única palavra. De Las Vegas, ela pede a William Dufty que lhe envie um exemplar.

– Até agora, ainda não li nada – diz ela, em tom de brincadeira.

No momento do lançamento, o livro se beneficia da celeuma levantada em torno da recente prisão de Billie. A editora Doubleday exigiu de William Dufty que acrescentasse um capítulo inteiro sobre drogas. Nele, Billie conta seus últimos problemas com a polícia. Correndo o risco de agravar seu caso, ela confessa candidamente suas múltiplas tentativas para se livrar do vício e suas recaídas. Já faz quinze anos que ela se bate contra as drogas e não sabe se essa luta haverá de acabar um dia... Ela mesma acrescenta:

– Quem pode dizer que seu combate contra as drogas terminou, salvo na hora de sua morte?

Triste premonição, porque ela será novamente presa por uso de narcóticos, em seu leito de hospital, alguns dias antes de morrer.

O jornal *The People* publica o livro em forma de folhetim. Com títulos sensacionalistas: "Eu era escrava do pó branco", "Meus problemas com os homens", "Não esquecerei nunca o dia em que mr. Dick me agrediu", "Ele tinha quarenta anos, eu tinha dez", "A partir daí, eu morro de medo..." e assim por diante.

Algumas vezes, o livro é qualificado como vago ou impreciso por aqueles que não reconhecem os eventos de que fizeram parte. Muitas pessoas se recusaram a ter seu nome citado nele e ameaçaram Doubleday com processos cíveis. O editor foi forçado a fazer cortes profundos no texto para de não ser incomodado. Apesar disso, o livro tornou-se pouco a pouco um *best-seller* e será traduzido em vinte línguas.

Com o objetivo de apoiar o lançamento de *Lady Sings the Blues,* Billie participa de muitas emissões de televisão depois de seu retorno a Nova York para retomar as sessões de gravação da série "Jazz at the Philharmonic". Cada título do álbum corresponde a um capítulo do livro. Billie interpreta seus sucessos mais conhecidos. É o clarinetista Tony Scott[8] que dirige as duas sessões de junho, na ausência de Norman Granz, que está viajando, na Europa. As gravações não são boas. Billie está fatigada, tem muita dificuldade em cantar os agudos e está sem fôlego. Os instrumentistas têm de fazer numerosas pausas para lhe darem tempo para descansar. Além de seu repertório habitual, o álbum deve comportar uma nova canção. Alguns dias antes, durante um ensaio em casa dos Dufty, ela encontrou o excelente pianista e compositor Herbie Nichols.[9] Ele toca muitos de seus temas para que ela escute. Um deles, com as palavras ajuntadas por Billie, se transformará em *Lady Sings the Blues.* Será a única gravação dessa canção realizada por Billie em estúdio. Na véspera da sessão, um ensaio formidável foi gravado no domicílio dos

---

8. Anthony Sciacca, conhecido como Tony Scott (1921-2007). (N.T.)
9. Herbert George "Herbie" Nichols (1919-1963). (N.T.)

Dufty. Resta dele uma faixa com a duração de uma hora, enquanto que, de acordo com Tony Scott, a gravação original tinha três horas de extensão. Essas duas horas, infelizmente, jamais foram recuperadas.

Entretanto, as três sessões de agosto de 1956, organizadas por Norman Granz em Los Angeles, serão de nível excelente. Estão presentes Jimmy Rowles ao piano, Barney Kessel na guitarra, Red Mitchell com o contrabaixo e Alvin Stoller na bateria. Billie encontrará então Ben Webster, com o qual não trabalhava desde 1938. Webster no saxofone e Harry "Sweets" Edison no trompete "cantarão" a melodia, enquanto Billie, para disfarçar sua falta de fôlego, praticamente recitará as palavras em vez de cantá-las e adotará um timbre cada vez mais grave. Não obstante, ela demonstrará aqui mais expressividade e vitalidade do que nas sessões com Tony Scott.

Muitos meses mais tarde, o show de 10 de novembro, realizado no Carnegie Hall, é outro sucesso. Dois recitais se sucedem, um às oito horas e o segundo à meia-noite. Desde sua entrada em cena, a sala estremece com os aplausos. Billie cantará trinta canções e será acompanhada por Tony Scott e Carl Drinkard, Coleman Hawkins e Roy Eldridge. Billie está com ótima voz e deslumbra seu auditório. Essa apresentação não será empanada pela menor falha ou hesitação. A cada duas canções, Gilbert Millstein[10], um jornalista do *Nova York Times,* lê passagens de seu livro, *Lady Sings the Blues.* "Foi uma noite em que Billie estava no auge, mostrando ser a maior cantora de jazz", escreverá Nat Hentoff na *Down Beat.* "Até mesmo os músicos que a acompanhavam aplaudiram." Lady Day é capaz de todas as metamorfoses...

Billie e William Dufty não cederam os direitos cinematográficos do livro à Doubleday, porque já se estava falando muito de uma futura adaptação para a tela. Dufty, muito entusiasmado, começa a escrever o *script* para o cinema. Billie, que sonha sempre com Hollywood e seu glamour,

10. Gilbert Millstein (1916-1999). (N.T.)

sabe perfeitamente que, aos 41 anos, está velha demais para representar seu próprio papel. Em compensação, ela se prepara para interpretar as canções do filme. O nome de Dorothy Dandridge vem à baila: a encantadora atriz negra foi indicada para um Oscar pela película *Carmen Jones.* Billie está de acordo, mas quando falam de Ava Gardner para o papel, ela recusa terminantemente. Não há a menor possibilidade de deixar uma branca representar seu personagem. Não vai ser a mesma história se o papel não for representado por uma negra. Quando lhe lembram que Ava Gardner interpretou o papel de uma mestiça no filme *Showboat,* em 1954, Billie recorda que tinha sido sondada para dublar as canções do filme. Havia-se recusado. Se queriam sua voz, então que a pegassem junto. Por que razão ela deveria ficar na sombra, enquanto Ava Gardner se pavoneava na tela com a maravilhosa voz de Billie Holiday? Mas é claro que ela não está em condições de impor nada, e os produtores da United Artists se inclinam para uma atriz branca. Falam também do talentoso diretor Anthony Mann para dirigir o filme.[11]

Chega até mesmo um momento em que consideram a atriz loura oxigenada, Lana Turner[12], para representar o papel!... Mas os projetos se encerram. Somente em 1972 o livro seria transportado para a tela: com Diana Ross, a estrela dos *Supremes,* interpretando o papel-título. É um filme mortificante e superficial, em que o personagem de McKay é uma espécie duvidosa de bonitão, totalmente devotado à carreira de sua mulher. É necessário dizer que Louis McKay foi contratado como consultor para a rodagem do filme e que sua opinião pesou bastante sobre a redação do roteiro. O único ponto positivo, realmente, é a interpretação de Diana Ross, mas somente como cantora. Sua interpretação dos temas de Billie, se ela tem dificuldade de tornar comoventes, tecnicamente alcançou sucesso.

---

11. Dorothy Dandridge (1922-1965). Ava Gardner (1922-1990). Emil Anton Bundmann, "Anthony Bundsmann", "Anthony Mann" (1906-1967). (N.T.)

12. Julia Jean Turner, "Lana Turner" (1921-1995): atriz hollywoodiana. (N.T.)

Em janeiro de 1957, terão lugar cinco sessões de gravação em Los Angeles, para a Verve, com a mesma equipe do mês de agosto precedente. Ben Webster e Harry Edison rivalizarão em engenhosidade e inventividade para estimular Billie. Após uma primeira sessão pouco convincente, Billie recuperará em alguns momentos suas espontaneidade dos anos 30 e até, por vezes, alguns traços de sua antiga ironia. Os dois instrumentistas a envolvem com uma rítmica terna e amiga, quase um modo de conversação musical, executado como para responder a seu estilo recitativo. Sairão três álbuns dessas cinco sessões dirigidas por Granz, intitulados *Songs for Distingué Lovers, Body and Soul* e *All or Nothing at All.*

Essa será a penúltima vez que ela gravará para a Verve. O último álbum será gravado ao vivo no festival de Newport de julho de 1957. Norman Granz não irá renovar seu contrato. Ele acredita que já foi o mais longe que podia ir com Billie.

Granz tinha permitido a Billie continuar sua carreira ao tomá-la sob contrato após seu abandono pela Decca. Ele se dera conta de que ela nunca tinha sido uma intérprete tão boa como durante os anos em que gravara para a Columbia, quando era acompanhada por uma pequena formação de músicos de grande experiência. Assim, ele a envolveu com instrumentistas de valor comprovado e lhe trouxe igualmente os melhores da nova geração, tais como Oscar Peterson, Barney Kessel, Jimmy Rowles, Paul Quinichette ou Ray Brown. Seus duos com Benny Carter, Ben Webster ou Harry Edison estão na mesma altura das obras-primas gravadas nos anos 30, em companhia de Lester Young. E as interpretações de Billie são com frequência melhores nas versões da Verve do que nas gravações precedentes.

Granz fez com que ela evoluísse seu estilo e enriquecesse seu domínio musical, forçando-a a sair de seu repertório habitual, limitado então a umas vinte peças, que ela repetia com um langor automático, a fim de orientá-la para uma série de novas canções. Ela lhes acrescentou seu estilo inimitável, sua personalidade única. Ela praticamente as compôs de novo, reinventou-as à sua maneira, mudando a estrutura harmônica de uma peça, tal como os músicos de jazz faziam com seus coros. Sua voz foi-se alterando, seu registro vocal ficou mais restrito, mas sua experiência supria as dificuldades técnicas: era provavelmente isso que se passava entre ela e seu público e lhe permitia cativá-lo até o fim. Ela estava embriagada ou *stoned.* Não conseguia mais sustentar as notas, sua tessitura se tornara tão reduzida que precisava refugiar-se no registro médio; seu timbre se tornara opaco. Às vezes, ela se contentava em simplesmente salmodiar suas canções. Nada disso importava. Sua falta de controle, a evidência de seu declínio a tornavam ainda mais comovente. É claro que suas canções se confundiam com sua vida. Aos olhos do público, ela era mais uma atriz interpretando um papel do que uma cantora interpretando uma canção. O que eles amavam era a mulher que estava diante de seus olhos. Todos a conheciam muito bem.

Billie bebia cada vez mais, estava permanentemente embriagada. A perspectiva de uma nova condenação a deixava aterrorizada. Ela e McKay devem novamente se apresentar perante um juiz em outubro. Para não serem obrigados a testemunhar um contra o outro, eles decidem finalmente se casar e vão a Ciudad Juárez, no México. Uma cerimônia feita às pressas, realizada em 28 de março de 1957. O divórcio de Billie e Jimmy Monroe é pronunciado na mesma ocasião. Louis McKay foi conversar com ele e comprou sua anuência por dois mil dólares. Ao se casar com Billie, fez um ótimo negócio. Três meses mais tarde, ele irá deixá-la.

“Tudo o que a droga faz é matar você aos poucos”

Um breve retorno ao passado: no final do ano precedente, o advogado Earle Warren Zaidins[1] ingressou na vida de Billie e McKay. Billie o havia encontrado por acaso na rua, enquanto ambos passeavam com seus cães. É um jovem recém-saído da Universidade de Wisconsin e que vive com seu cão boxer em um quarto de hotel da Rua 43 Oeste. Não tem escritório, nem secretária, e nenhum dos dois leva muito a sério sua profissão de advogado. Todavia, ele vai se impondo pouco a pouco. Parece adorar jazz e vai escutar Billie onde quer que ela cante. Mesmo que ele seja um pouco pegajoso e desajeitado, está sempre pronto a prestar-lhe serviços. É um amigo, desses a quem não se dá muita importância, mas que a gente se habitua e ver em nossa casa.

Desde o começo, McKay lhe deixa bem claro que eles não têm a menor necessidade de um advogado, mas Zaidins não se desencoraja por isso e não cessa de lhes repetir que as casas de discos devem a Billie milhões de dólares em royalties. Ele afirma ser capaz de recuperá-los. Além disso, Zaidins é ambicioso. Caso ele consiga pegar Billie Holiday como cliente, sua carreira de advogado está feita.

Pouco a pouco, Billie se deixa convencer por sua insistência. Inicialmente, ela lhe pede que vá falar com Glaser. Ela se queixa de que ele não negocia mais seus cachês tão bem como antes e que ela não consegue obter nunca um relatório preciso de sua situação financeira. Zaidins não se encontra à altura desse empresário matreiro e calculista. Joe Glaser tem uma técnica comprovada pela experiência. Ele nunca presta contas. Por outro lado, ele fornece dinheiro sempre que lhe pedem.

1. Earle Warren Zaidins (1926-2003) teve posteriormente uma carreira jurídica de grande sucesso, chegando à magistratura. (N.T.)

Glaser cultivava uma imagem paternal, indulgente e de bonachão. Ele era aquele amigo com quem sempre se podia contar para tirá-lo de uma má situação. Mas sempre que Billie lhe vinha indagar de seu crédito, ele lhe apresentava sua ficha contábil. Era sempre ela que lhe devia dinheiro. As entrevistas eram movimentadas. Billie acabava batendo a porta ao sair. A seguir, Glaser deixava a situação em banho-maria. Não respondia a seus pedidos. Jogando com a fragilidade fundamental da artista, sempre inquieta com a possibilidade de ser esquecida, ele parava de lhe conseguir quaisquer contratos. Ela ficava com pouco dinheiro, ansiosa por recuperar seu contato com o público. Então, ele lhe acenava com um novo compromisso e ela tornava a assinar com ele.

Assim que, em maio de 1957, Norman Granz decide não renovar o contrato com Billie, McKay e Zaidins se lançam em busca de uma nova casa discográfica. Entram em contato com a Riverside Records, uma companhia fundada há pouco. No dia do encontro inicial, Zaidins não causa boa impressão. Ele não conhece os hábitos do show business e comete um erro grosseiro ao exigir um sinal de quatro mil dólares na assinatura do contrato. Para uma casa discográfica recente, essa é uma soma importante. Além disso, a instabilidade de Billie constitui um grande risco para eles. A discussão prossegue acidamente. Os minutos vão passando. Billie finalmente chega à entrevista com uma hora e meia de atraso e ainda vem cambaleando. O contrato não é assinado.

Louis McKay se mostra cada vez mais ausente. Entre Billie e ele não há mais relações amorosas, ainda que ela permaneça ainda muito ligada a ele. Todas as evidências indicam que Zaidins se tornará logo o seu homem de companhia. Billie tem sempre necessidade de uma presença a seu lado e Zaidins não se faz de rogado. Ela faz troça dele quando fala com Louis, dizendo que o outro a contempla com olhos de cachorro cocker spaniel. McKay não dá a mínima importância, porque está habituado com as declarações de seus fãs enamorados. Além disso, o homem não tem nada de sedutor e ainda rói as unhas até tirar sangue.

Contudo, McKay evita deixar Billie sozinha por tempo demais. Para que ela não recaia em sua obsedante necessidade de heroína, ele nunca lhe dá muito dinheiro. O médico já lhe havia afirmado que Billie não deveria em caso algum retomar o consumo de drogas. Sua saúde não suportaria mais. Zaidins sabe muito bem disso. Sabe também que McKay havia ameaçado que a abandonaria, caso ela recomeçasse.

Em sua biografia de Billie, Stuart Nicholson[2] se inspira em uma declaração sob juramento de McKay durante um litígio jurídico em que enfrentou Zaidins após a morte de Billie. McKay acusa Zaidins, pretende fazê-lo passar por um homem sem escrúpulos, um manipulador, disposto a tudo para se servir dela. McKay conta que ele retorna um dia de viagem e encontra Billie em um estado lamentável, completamente *stoned.* Em outra ocasião, sua escrivaninha teria sido arrombada e muitos de seus papéis teriam desaparecido. Ele explode de raiva. Ele garante que já faz várias semanas que ela está "pegando um realce". Ela está se picando de novo. É Zaidins que lhe dá dinheiro para comprar suas drogas. Ela teria também contado a seu marido que o advogado havia tentado praticar sodomia com ela e reconhece ter tido relações sexuais com ele. McKay perde a cabeça. Billie se apavora e pega o telefone. Ele o arranca das mãos dela e lhe bate com o aparelho na cabeça. Ela sofre um ferimento. Ele a arrasta até o apartamento de Zaidins, pingando sangue. Assim que entra, McKay ameaça Zaidins com o revólver, mas ele consegue fugir. McKay o persegue pelas ruas, correndo atrás dele. Quando Zaidins volta para casa, quer registrar queixa à polícia, mas Billie o impede. Ela não vai dar nenhuma queixa contra seu marido.

Se McKay, como se afirma geralmente, era um cafetão e um malandro de baixa classe, ela se vingou bem dele.

---

2. Stuart Nicholson, nascido em 1958, também escreveu uma biografia de Ella Fitzgerald, sendo mais conhecido por ainda outra obra, intitulada *Jazz: The 1980s Resurgence.* (N.T.)

Que forma implacável essa de punir um homem ao destruir a si mesma! Atirar-se de novo nas drogas, enganá-lo com um homem feio como um aborto... Logo Louis McKay, aquele de quem ela dissera ter sido um amante extraordinário, o melhor que ela jamais tivera. Suas alusões a uma relação sexual que McKay apresenta como depravada só poderiam feri-lo profundamente. Sem dúvida era justamente isso que ela pretendia fazer com ele. Alguns dias mais tarde, McKay toma a decisão de separar-se dela. Ele faz as malas e parte de automóvel para a Costa Oeste. Em Chicago, ele adoece gravemente e quase morre no hospital, em que passou várias semanas. Ele conclui seu depoimento dizendo que permaneceu em contato telefônico com Billie e que ela lhe dizia que Zaidins a fazia feliz...

Uma versão diferente de sua ruptura é apresentada na biografia escrita por Donald Clarke. Ele se apoia em diversas entrevistas realizadas por Linda Kuehl.[3] Para ele, a história da ruptura como foi relatada por Louis McKay não é absolutamente plausível. O marido de Billie era um homem violento e determinado, um gângster que lhe roubava todo o dinheiro que ela ganhava. Que Zaidins tenha sido culpado de empurrar Billie de volta às drogas parece improvável. Na realidade, parece que eles romperam depois que Billie descobriu que McKay era também um proxeneta. Uma cena a mais entre um casal habituado a se dilacerar. Mas foi uma cena além da conta, que havia levado McKay à sua decisão de deixar Billie.

Depois que McKay se deixou, uma vez mais, levar à violência, Billie, correndo sangue, corre para se refugiar no apartamento de Zaidins, que morava bastante perto. McKay bateu à porta, fora de si, berrando que estava armado. Quando Zaidins quis chamar a polícia e registrar queixa, Billie o dissuadiu. Ela não tinha a menor necessidade desse gênero

3. Linda Lipnack Kuehl (1948-1979) era obcecada por Billie Holiday e entrevistou mais de 150 pessoas nos anos 70, com a intenção de escrever-lhe a biografia, mas suicidou-se, em janeiro de 1979, após um show em homenagem a Billie. Suas anotações serviram também de base para *With Billie*, publicado em 1994 por Julia Blackburn. (N.T.)

de publicidade. Quanto às declarações de McKay a propósito de suas relações sexuais, o mais provável é que não tenham nunca ocorrido. Zaidins sempre negou.

Além do fato de tentar seduzir Billie, McKay o acusou também de não ter sabido se ocupar de seus interesses financeiros, ainda que, na realidade, Billie só tivesse outorgado a Zaidins uma procuração bastante limitada. Ele foi apenas encarregado de recuperar os royalties sobre a venda de discos. Billie lhe confiou também uma tarefa delicada. Seu mais caro desejo era o de adotar uma criança. Ela lhe disse um dia que só se havia casado com McKay por ter esse motivo em mente. Ser uma mulher casada e oferecer um lar estável eram as condições essenciais para a educação de uma criança. Zaidins iniciou a tarefa de recolher diversos depoimentos declarando que ela seria uma ótima mãe e apresentou os documentos exigidos para adoção. Mas o requerimento foi rejeitado. Isso não causa o menor espanto, tendo em vista a reputação e a ficha policial de Billie. Não obstante, ela ficou muito magoada com a recusa.

Segundo Donald Clarke, Zaidins era um jovem advogado bastante ingênuo, que não conhecia nada com relação a assuntos musicais ou ao show business. Ele estava persuadido de que Billie não se drogava mais. Ela lhe havia afirmado ter-se livrado completamente da heroína durante sua internação em uma clínica, no mês de março de 1956. Talvez ela não quisesse aparecer como uma drogada aos olhos de um jovem que a idolatrava.

Billie tinha uma outra boa razão para esconder sua dependência de Zaidins. Ele deveria ignorar o fato totalmente, caso viesse a ser chamado para defendê-la. Entretanto, quando Billie compareceu com McKay diante de um tribunal, em função do caso da Filadélfia, não foi Zaidins que a defendeu, mas advogados locais. Embora ele se tenha tornado mais tarde um advogado de grande reputação dentro da área do show business e depois tenha sido nomeado juiz, nessa época faltava notoriamente prática ao jovem jurista.

O processo ocorreu em março de 1958. Billie estava aterrorizada pela ideia de retornar à prisão. O juiz lhe fez uma longa repreensão e o negócio se resolveu por meio de uma sentença de doze meses, suspensa condicionalmente.

Esse julgamento tão clemente com relação a uma mulher que por tanto tempo vinha sendo perseguida pela justiça permanece sujeito a dúvidas. McKay, que tinha relacionamentos no meio criminal, deu a entender mais tarde que tinha dado um jeito para que fizessem pressão sobre os magistrados. Isso não é improvável.

Uma estranha conversação telefônica foi registrada logo antes do processo, durante o mês de fevereiro de 1958, entre Louis McKay e Mealy Dufty, a qual, não se sabe bem por que razão, estava com seu telefone grampeado. A transcrição dessa conversa figura entre as pesquisas efetuadas por Linda Kuehl. O conteúdo indica que McKay estava louco de raiva de Billie e que ameaçava destruí-la. Aparentemente, alguém lhe havia mostrado certas fotografias que o haviam deixado fora de si. Talvez fotos comprometedoras, em que Billie se achava com um homem (Zaidins?), porque ele jurava que ia rebentar tudo dentro da casa dela e até mesmo arranjar as coisas para fazer parecer que aqueles dois "merdas" haviam se "suicidado" juntos... No que se refere ao processo vindouro, ele não parecia estar muito preocupado com ele. Ele afirma a Mealy que, ainda que lhe tivessem aconselhado a se livrar desse negócio de drogas jogando toda a culpa sobre as costas de Billie, ele não queria fazer isso, mas já dera um jeito para que "as pessoas necessárias" arranjassem as coisas da melhor maneira possível...

McKay, é bem verdade, deixava Billie sozinha com muita frequência. Sem dúvida, ele tinha necessidade de um retiro periódico. Segundo todas as evidências, partilhar a vida da cantora era uma prova e tanto. Até seus melhores amigos admitiam que ela era muito difícil. As drogas ou o abuso de álcool modificavam seu comportamento. Viver com um drogado é uma experiência insuportável e destrutiva para os que lhe são mais próximos. Mentir, enganar, roubar, vale tudo para se conseguir um *fix*.[4] Parece que McKay sinceramente queria livrar Billie das drogas e que ele aplicara uma dura pressão sobre ela nesse sentido. Mas Billie sempre dera um jeito de conseguir mais heroína, e nunca faltaram traficantes ao redor dela.

– Tudo o que a droga faz é matar você aos poucos, dissimuladamente, cruelmente. Ela mata todos os que você ama ao mesmo tempo que mata você também – declarou Billie em sua autobiografia.

Um dia, McKay largou tudo de mão.

Quando, muitos anos mais tarde, a cantora Carmen McRae[5], amiga de Billie, declarou na televisão que fora McKay que empurrara Billie para as drogas, ele sentiu-se ultrajado e abriu um processo de difamação contra ela, reclamando dois milhões e meio de dólares entre perdas e danos. Somente a morte de McKay, em 1981, veio a pôr fim a essa ação judiciária.

---

4. Dose de entorpecente. Literalmente, "conserto, arranjo". Em inglês no original. (N.T.)

5. Carmen McRae (1920-1994) alcançou relativo sucesso. Morreu de enfisema, após ser obrigada a abandonar os cigarros e a se aposentar em 1991. (N.T.)

Lady in Satin

A partida de Louis McKay foi um choque terrível para Billie. Na realidade, foi o princípio de seu fim. Depois dele, Billie não teve mais nenhum homem em sua vida. Ninguém para dirigi-la, dominá-la e castigá-la. Ninguém para impedi-la de se destruir.

Quando Billie finalmente compreende que Louis não voltará mais, ela encarrega Zaidins de dar início a um processo de divórcio. Ela desmancha a casa e se instala em um pequeno apartamento em Manhattan, na Rua 87. Agora é tudo o que ela se pode permitir. Um *living-room* com um nicho para a cozinha, um único quarto, uma grande janela envidraçada que se abre para um pátio com um jardim. Sobre o sofá, almofadas forradas de crochê que ela mesma fez. Por uma questão de discrição, ela assina o contrato com o nome de Eleanora McKay, mas no momento em que o proprietário descobre que se trata de Billie Holiday, ele se recusa a alugar-lhe o apartamento. Mais uma vez, é Joe Glaser que fica de fiador de Billie. É ele quem pagará até mesmo o aluguel de seu lar.

Billie se entrega. Sua saúde começa a declinar seriamente. Suas pernas estão inchadas de edemas. Ela passa os dias olhando a televisão, bebendo e fumando. Junto dela, mais uma jovem devotada, Alice Vrbsky, sua nova secretária e criada. Além dela, há Frankie Freedom, um jovem que eventualmente tenta cantar, o qual lhe prepara as refeições e exerce a função indispensável: trazer-lhe a heroína de que ela tem necessidade.

Os amigos vão rareando. William e Mealy Dufty lhe fazem visitas regulares. Os outros amigos vêm uma vez e nunca mais retornam.

A partir do momento em que McKay partiu, Zaidins assume o papel de *manager* e de confidente. Billie se torna a valiosa isca com que atrai novos clientes. Ansiosa por ajudá-lo, ela lhe apresenta a nata da sociedade do ambiente musical, recomenda-o calidamente, o introduz pessoalmente aos lugares onde se reúne o mundo do jazz.

Em matéria de negócios, Zaidins é totalmente inexperiente. Tanto suas iniciativas como suas negligências serão nefastas a Billie. Após sua turnê pela Europa, a qual, como veremos, será catastrófica, ele não consegue fazer com que paguem o contrato, mesmo que este tivesse a garantia do Sindicato dos Artistas de Variedades. Quando é necessário inscrever no BMI – organismo que se encarrega de cobrar os direitos artísticos do compositor no mundo inteiro – as composições originais de Billie, ele declara somente duas canções. Assim ele a faz perder a renda de mais de uma dúzia de outras peças de que ela era ou a compositora ou a coautora. Embora fosse ele o encarregado de coletar os *royalties* de Billie, ele não percebeu que ela não recebia senão uma porção ínfima dos direitos sobre *Fine and Mellow,* uma peça de que ela era autora exclusiva.

Ele ainda se revelará um péssimo conselheiro quando um dos diretores da Apollo afirma que, depois de tornar-se uma estrela, Billie não quer mais cantar para o público negro. Escandalizada, Billie manda Zaidins processá-lo por difamação. É uma péssima ideia, já que o Apollo era um dos poucos lugares em que ela podia se apresentar sem carteira de trabalho. Mesmo depois que a controvérsia judiciária foi encerrada, o Apollo nunca mais a convidará.

Em julho de 1957, Billie é convidada a cantar ao ar livre no Central Park, no coração de Nova York, sob um grande cartaz, "Jazz sob as estrelas". Seu contrato será renovado na segunda semana. Ao jornal *World Telegraph* ela declara:

> Sou proibida de trabalhar nos nightclubs, mas me deixam cantar em um parque cheio de crianças! Isso não faz o menor sentido. Penso que será possível recuperar minha carteira de trabalho no próximo outono. Seja como for, espero que sim. Estou exausta de viajar o tempo todo. Seria bom que eu pudesse ficar tranquila por uns tempos em Nova York...

Pobre Billie!... Na verdade, o que lhe restava era uma porção de pequenos clubes miseráveis, *dancings* de segunda classe, acompanhada por músicos locais frequentemente medíocres. Os melhores instrumentistas, aqueles com quem ela funcionava tão bem, tinham-se tornado caros demais para serem associados a ela.

Billie queria agora ter grandes orquestras, com violinos e metais rebrilhantes, poder cantar como Frank Sinatra nas melhores salas de Nova York ou nos grandes hotéis prestigiosos, diante de um público branco perdido de admiração. Ela tinha necessidade de um maior reconhecimento, de ser finalmente admitida na corte dos grandes.

Uma noite em que ela vai tomar um drinque no Clube Five Spot, com Mal Waldron, o proprietário lhe indaga se ela quer cantar alguns números. Inicialmente, ela se recusa, objetando que está proibida de cantar em clubes. Além disso, ela tinha observado que havia um policial graduado na sala.

– Ele ficará encantado em ouvi-la – replica o proprietário. – Como cliente do clube, você tem todo o direito de cantar...

Ironia da sorte. Ei-la cantando em um clube de Nova York, a pedido de um oficial da polícia. Feliz, ela continua cantando até as quatro horas da manhã.

Após uma viagem de dez dias pelo Canadá, ela retorna em outubro para a Costa Oeste. Em Hollywood, no Club Avant-Garde, ela perde os sentidos novamente, depois de uma apresentação, e tem de voltar a Nova York para se tratar. Os médicos diagnosticam uma cirrose do fígado avançada.

No princípio de dezembro, ela participa da transmissão de televisão *The Sound of Jazz* na CBS. É provavelmente a apresentação mais comovente que ela já executou. Billie interpreta *Fine and Mellow*, cercada por Lester Young, Coleman Hawkins, Ben Webster e Gerry Mulligan, juntamente com Roy Eldridge e Doc Cheatham em pistões, Danny Barker na guitarra, Osie Johnson na bateria, Milt Hinton no contrabaixo, Mal Waldron no piano e Vic Dickenson no trombone.[1]

Os produtores decidem montar uma ambientação informal, como se fosse para um ensaio.

– Que lástima – reclama Billie –, acabei de comprar um vestido de quinhentos dólares.

Ela se apresenta de saia e com um *twin-set.* Sentada em um tamborete, ela escuta os solos dos três melhores saxofonistas tenores da era do swing. Sua reação é diferente de cada vez. Cheia de boa vontade para com Ben Webster, plena de admiração de Coleman Hawkins. Sua cabeça oscila docemente, marcando o ritmo, um vago sorriso erra sobre seus lábios, seus olhos se entristecem... E depois, Lester se levanta de sua cadeira. Ele volta seu rosto inchado para Billie, os olhos são fendas sem vida. Parece extenuado e doente. Toca, entretanto, com um ar distante. Seu solo, expressivo e sensual, é de uma nostalgia perturbadora. Como se o seu último suspiro fosse inspirado por essa Lady Day tão amada. São notas tão doces... O olhar de Billie sobre Lester é inesquecível, cheio de bondade e de ternura. De reconhecimento também. Ela pende a cabeça para um lado, depois para o outro, atenta ao que ele lhe está contando:

– Ah, sim? Verdade?

Eles falam a mesma linguagem. Ela balança a cabeça, morde os lábios:

– Sim, é claro, *baby,* estou totalmente de acordo – parece que ela responde. – Você ainda é o melhor...

A osmose ainda se encontra lá, imediata e perfeita.

Por iniciativa de Irving Townsend[2], da Columbia, Billie assina um contrato com o estúdio para realizar três sessões de gravação em fevereiro de 1958. Ray Ellis é o jovem arranjador encarregado. Depois de seu primeiro álbum,

---

1. Adolphus "Doc" Cheatham (1905-1997); Daniel Albert "Danny" Barker (1909-1994); James "Osie" Johnson (1923-1966); Mal Waldron (1926-2002). (N.T.)

2. Irving Townsend (1925-1985). (N.T.)

Ellis in Wonderland (Ellis no País das Maravilhas), Billie quer trabalhar com Ellis. Esse projeto será *Lady in Satin*, com a voz enfraquecida de Billie sobre um leito de violinos xaroposos. Alguns dirão que esse disco é um erro colossal. Onze novas canções, que ela tem a maior dificuldade para interpretar, com uma voz empastada pelo abuso do gim. Escutar esse disco é doloroso. Os arranjos floridos e os acordes luxuriantes contribuem para acentuar a fragilidade de sua voz. Sua falta de confiança em si mesma é manifesta. Não obstante, sua interpretação, por mais deprimente que seja, deixa uma impressão profunda. Essa é Billie Holiday nesse momento exato de sua vida, ou antes de sua agonia. Glosar sobre seus defeitos, suas deficiências ou suas notas em falso é derrisório. É preciso tomá-la tal qual é, em bloco. Amá-la totalmente ou deixá-la para sempre. *Love Me or Leave Me,* como diz a canção. A qualidade da voz de Billie nunca foi preponderante em sua magnífica originalidade. O que emerge e perdura é a força, a incrível energia em suas palavras e sua adequação à sensibilidade profunda da personagem.

A colaboração não dá certo. Contudo, Ray Ellis demonstra um grande entusiasmo inicial. Apaixonado há muito tempo por sua voz e mais do que lisonjeado porque Billie o convidou, está impaciente por encontrar uma mulher tão bem dotada quanto voluptuosa. Sua decepção é terrível. Billie não é mais que a sombra do que foi, sua beleza desapareceu. A mulher que ele descobre nesse dia não passa de uma mulher usada e gasta.

Eles escolhem juntos as canções. Billie as seleciona com base nas palavras, e Ray joga com as melodias. Para esse disco, ele quer alguma coisa totalmente inédita. Ellis trabalha com grande afinco e procura orquestrações que convenham ao estilo dela. Ele contrata 25 músicos, entre os quais doze violinistas. Diversas vezes ele solicita sua presença nos ensaios. Ela não comparece nunca aos encontros marcados.

No primeiro dia das gravações, 18 de fevereiro de 1958, Billie chega muito atrasada, mas fisicamente transformada. Vestiu-se e maquilou-se com cuidado. Como por capricho e com um certo humor negro, ela começa pondo de lado algumas das canções. Na verdade, Ellis se dá conta rapidamente de que ela não decorou as letras e que chegou sem a menor preparação. Logo tem uma breve desavença. Ele lhe dá um quarto de hora para se preparar e aprender as palavras. O pianista Hank Jones[3] a ajuda a decorar. Desde o começo da sessão, ela começa a tomar gim para "limpar a voz". Resultado: ela não chega a emitir uma nota, recita as palavras, mais do que as canta. Não obstante, ela se escora nos violinos. No final da sessão, sua dicção está tão pastosa que não se compreende uma triste palavra... São três dias de tortura para Ray Ellis.

Ao final do terceiro dia, ainda falta escolher uma canção suplementar. Às três horas da manhã, Billie decide ir à Colony Music Shop para procurar uma partitura. Ellis se recordará durante muito tempo de sua expedição. Billie, completamente bêbada, não consegue descer do táxi. Ele tem de puxá-la para fora da viatura e sustentá-la em pé, enquanto tenta pagar a corrida. Finalmente, ele tenta conduzi-la até um pilar, contra o qual ela possa apoiar-se. Nesse momento, ele observa um casal que atravessa a rua, não muito longe deles. São seus vizinhos mais próximos no subúrbio selecionado em que ele mora. O casal se afasta discretamente. Ellis se sente consternado. Eles vão pensar que ele está se envolvendo com uma prostituta morta de bêbada. É claro que eles não reconheceram Billie Holiday naquela mulher desgrenhada que cambaleia pela rua. Mas nessa noite, na Colony Music Shop, ela consegue escolher mesmo assim *You've Changed,* provavelmente a melhor canção de *Lady in Satin*.

Ray Ellis sairá completamente abalado dessa experiência. Ele se recusará a assumir a mixagem. E quando Townsend lhe envia o disco terminado, ele será atingido de imediato por sua infinita tristeza. Ele relata que, após tê-lo escutado, sentiu-se tão deprimido que não conseguiu mais ficar em casa. Porém, após o golpe inicial, Ellis se dará conta de que, apesar das notas em falso e da voz destruída, Billie

3. Hank Jones (1918-2010). (N.T.)

colocou nas gravações sua alma inteira. Ela canta do mais profundo de seu coração.

No ano seguinte, ela pedirá de novo para gravar com ele. Ela quer se inspirar no disco de Sinatra, *Only the Lonely*, com seus ricos arranjos e revoadas de notas de violino. Será seu último álbum, intitulado simplesmente *Billie Holiday*. Ainda mais pungente que o anterior.

No festival de jazz de Monterey, em outubro de 1958, Billie canta diante de seis mil pessoas. Ela é acompanhada por Mal Waldron, Benny Carter, Gerry Mulligan e Buddy DeFranco. É um grande palco ao ar livre e Billie deve encerrar o festival. Ela sobe ao palco com as pernas trêmulas. Gerry Mulligan e Buddy DeFranco chegam pelos dois lados dela, quando percebem o jeito que ela oscila, e seguram-na pelos ombros, até a levarem ao lugar em que deve cantar. E, todavia, mesmo que ela não cante senão sua habitual série de canções conhecidas, Billie consegue recriar o liame, captar o público, surpreender ainda. A plateia só se satisfaz depois que ela atende numerosas vezes aos pedidos de bis.

Na manhã do dia seguinte, ela está sentada no saguão do Hotel San Carlos. Ela dá a impressão de estar nas últimas, e os músicos do festival que passam perto dela fazem de conta não perceber o estado em que se encontra.

– Ei, caras, para onde vocês vão agora?

E como ninguém lhe responde, ela se gaba:

– Olhem, eu começo a cantar em Las Vegas, hoje de noite...

Os músicos viram os rostos, embaraçados. Sabem muito bem que as prestigiosas salas de espetáculos de Las Vegas estão inacessíveis para ela, daqui para a frente. A orgulhosa Billie é agora uma figura patética.

É verdade, suas apresentações são desiguais. Mas apesar dos rumores que a dizem acabada, ela canta e continua a encantar. Quando as pessoas a escutam, ficam até mesmo se indagando se a voz vacilante e o timbre quebrado não foram sempre uma marca de seu estilo. Algumas vezes, no final de uma apresentação, ela recupera aos poucos uma parte de seu antigo fervor, tal como se, ao cantar, recarregasse as baterias. O público, com o coração apertado, não sabe dizer o que o comove tanto, se são as canções ou a mulher. Sua voz escorre com um vinho escuro, que arranha a garganta, mas embriaga. A plateia se sente hipnotizada e não quer deixá-la ir embora.

“Não se incomode, baby, volte depressa para nós. Nós amamos você...”

Billie parte para a Europa em 1º de novembro de 1958, acompanhada por Mal Waldron. Uma nova turnê, começando pela Itália. Teatro Smeraldo, de Milão. O público, que esperava assistir a um espetáculo de variedades, com acrobatas e cômicos, ficará completamente desconcertado e reagirá com sua impetuosidade costumeira. Vaiada, corrida a assobios, Billie renuncia a partir da segunda apresentação. Não obstante, o Hot Club de Milão organiza um show particular para seus fãs em uma das salas do Teatro Scala. Sem a menor dúvida, o mais prestigioso lugar do mundo para uma cantora se apresentar. Mas Billie, ai dela, chocada pela recepção que tivera no Teatro Smeraldo, terá grande dificuldade em apreciar a honra que lhe está sendo feita.

Em sua origem, o giro pelas cidades italianas previa uma série de apresentações entre 8 e 18 de novembro. Mas Billie deve também se apresentar em Paris para um único show, no dia 12, na Sala l’Olympia, escalado para um programa da Rádio Europa Número Um, criado por Frank Ténot e Daniel Filipacchi e intitulado *Para aqueles que amam o jazz*.

A turnê pela Itália será anulada, logo em seguida ao fiasco milanês. Billie recebe um telegrama de Frank Sinatra, que cai como um bálsamo em seu coração: “Não se incomode, baby, volte depressa para nós. Nós amamos você...”.

Em 11 de novembro, Billie e Mal Waldron chegam em Paris. Hospedam-se no Hotel Caumartin, bem perto do Olympia. Basta atravessar a rua para chegar à entrada dos artistas. Dia 12 de manhã, Frank Ténot vem procurar Billie. Ele deve conduzi-la até a Rua Cognacq-Jay, onde ficam os estúdios da televisão, para gravar uma sequência do programa *Paris Club*. Ele fica esperando pacientemente no bar do hotel. Billie, com cara de sono, vem encontrar-se com ele pelas 11h45. Para ela, ainda mal raiou o sol. Um grande copo de gim puro será seu desjejum e, depois disso, ela se acorda. Do programa gravado nesse dia não resta, infelizmente, o menor sinal.

Ainda que a apresentação no Olympia seja nessa mesma noite, Billie passa o resto do dia bebendo em seu quarto de hotel. Ela não aparecerá no ensaio organizado para ela com Mal Waldron e os outros executantes, o contrabaixista Paul Rovere e o percussionista Kansas Field.[1]

Há fotografias que mostram sua chegada no Olympia. Ela ainda é bela. Seus cabelos foram penteados para trás, presos em um rabo de cavalo, brincos longos cintilam em suas orelhas. Ela usa um vestido bege rosado e bordado com fios de pérolas. Contra o quadril prendeu algumas orquídeas. Está completamente embriagada.

Antes que o pano fosse levantado, Mal Waldron precisa colocá-la apoiada na curva do piano de cauda, a fim de que ela consiga ficar em pé. A sala de mil lugares está quase cheia. Mal Waldon ataca os primeiros compassos. Billie abre a boca e sai um fiozinho de voz. Para consternação geral, as duas primeiras peças são tocadas somente pelos instrumentistas. Jimmy Davis, que Billie deixou rico, porque é o autor de *Lover Man,* está sentado na primeira fila. Horrorizado, ele a exorta em silêncio, com todas as suas forças: "Cante, Billie, cante, vamos!...". O público se agita, começa a bater os pés, escutam-se assobios estridentes. De repente, o milagre se realiza. Finalmente sai um som de sua boca. A sala se acalma instantaneamente. O público a escuta e se entrega. Como sempre, qualquer que seja seu estado, Billie consegue cativar. Haverá numerosos pedidos de bis, mas ela só cantará oito peças no total.

Os críticos, que escrevem ditirambos em favor de Jimmy Rushing, o *bluesman* de Count Basie encarregado da primeira parte, não demonstram grande entusiasmo por Billie. Um jornalista do *Jazz Hot* escreverá:

---

1. Paolo Rovere, nascido em 1939. Kansas Field (1915-1995). (N.T.)

> Apenas podemos nos sentir penosamente comovidos pelo espetáculo de uma Billie Holiday doente, desencorajada até o masoquismo, uma caricatura impotente daquilo que ela já foi no passado.

Contrariamente ao que se afirmou logo a seguir, Billie não foi nunca despedida por Bruno Coquatrix, o proprietário do Olympia. Uma única apresentação havia sido programada, porque Billie deveria inicialmente retomar sua turnê pela Itália. Uma vez que esta fora cancelada, Billie decide permanecer em Paris. De fato, ela não tem dinheiro suficiente para pagar a passagem de volta.

A proposta de Pete Rice, o proprietário do Mars Club, vem bem a calhar. Waldron e Billie se instalam no Hotel Le Berri, bem próximo aos Champs-Élysées. Não tendo tempo para fazer propaganda e duvidando mesmo do resultado, Pete Rice oferece a Billie e Waldron um pagamento à base de percentagem, em função da renda das mesas. Ele permanecem no Mars Club de 15 de novembro até o fim do mês. A cada noite, ela deve apresentar três *sets* de canções, a partir das onze e até a uma da manhã. Billie, que só faz o que lhe dá na telha, chega frequentemente pela meia-noite e canta somente meia dúzia de números, a não ser quando, se está com vontade, resolve continuar cantando até o sol raiar. Todas as noites desfilam seus admiradores, gente conhecida e desconhecida – acima de tudo, os americanos de Paris. O clube é minúsculo e não pode conter mais de cinquenta pessoas. Billie fica bem perto da plateia. Com Mal Waldron no piano e Michel Gaudry no contrabaixo. Nem sequer há lugar para uma bateria.[2]

Gaudry tem o costume de levar sua cadela onde quer que vá. O animal se deita a seus pés e não mexe sequer uma orelha. Em uma noite, Billie traz aos ombros uma boá de pele, que se mexe a cada um de seus movimentos. A cadela,

2. Bruno Coquatrix (1910-1979), depois ator de cinema. Peter "Pete" Frank Rice, nascido em 1933, aposentado. Michel Gaudry, nascido em 1928. (N.T.)

atraída pelos movimentos da pele, começa a rosnar e permanece assim, rosnando baixinho, para grande constrangimento de seu dono.

A pequena cozinha do clube tinha sido equipada para servir de camarim para Billie. Durante a pausa, Gaudry vem bater-lhe à porta:

– Estou realmente envergonhado... Não sei por quê...

Billie lhe corta a palavra.

– Não se incomode – diz ela. – Nem sequer os cachorros me amam mais.

Entretanto, todo mundo se acotovela no pequeno clube, só para lhe provar o contrário. Juliette Gréco, Serge Gainsbourg, Françoise Sagan[3], que escreverá em sua coletânea, *Com minhas melhores lembranças,* algumas linhas carinhosas sobre esta cantora venerada que ela havia encontrado em Nova York dois anos antes:

> Era Billie Holiday e não era ela, tinha emagrecido, tinha envelhecido, em seus braços os sinais de picadas se juntavam uns aos outros... Minha admiração era tanta; ou era a força de minhas lembranças que me fazia achá-la admirável apesar das terríveis imperfeições e do resultado risível desse magro recital. Ela cantava de olhos baixos, pulava uma estrofe, dificilmente conseguia manter o fôlego. Ela se apoiava no piano como se fosse um escudo pendurado na amurada de um barco como proteção contra um mar agitado. A gente que estava lá tinha vindo, sem a menor dúvida, com o mesmo espírito que eu, porque aplaudiam freneticamente, o que a fazia lançar em direção a eles um olhar ao mesmo tempo irônico e compadecido, um olhar feroz com relação a si mesma.

Ela vem sentar-se à mesa de Sagan para tomar alguns copos e lhe diz:

– Seja como for, *darling,* eu vou logo morrer em Nova York, no meio de dois meganhas.

---

3. Juliette Gréco, nascida em 1927, ainda em atividade. Serge Gainsbourg (1928-199). Françoise Quoirez “Sagan” (1935-2004). (N.T.)

Uma noite, sua amiga pianista Hazel Scott[4] a havia encontrado tão mal que explodira em lágrimas. Billie a levara para um canto:

– Qualquer que seja a maldade que esses canalhas sujos tenham feito a você, nunca deixe que eles a vejam chorar.

Sua voz era glacial. Hazel Scott não se atreveu a explicar-lhe a razão real de sua emoção.

Mas houve também boas noites, em que Billie estava calma, elegante, espontânea.

Apesar de algumas modificações no programa, ela cumpriu seu contrato. Contudo, depois que terminava a sua hora de cantar, ela se recusava terminantemente a improvisar com os músicos. Somente um terá a insigne honra de acompanhá-la com seu saxofone alto. O jovem Hubert Fol.[5] Talvez porque dissessem dele que era "o Charlie Parker francês". Talvez porque ele tinha escutado tantas vezes as intervenções de Lester Young que ela o havia reconhecido como sendo um dos seus. Talvez simplesmente porque ele era belo como um anjo e ligeiramente amalucado. Hubert não está mais entre nós para nos contar o que se passou nessa noite. Ninguém duvida que ele tocou para ela *You Go to My Head* ou *Foolin' Myself.*

Uma noite, ela está no Blue Note com o escritor James Jones, que nessa época vive em Paris. Ben Benjamin, o gerente do clube, deu ordens expressas ao atendente do bar. Não é para servir um único copo a Billie Holiday, de modo algum. Ela não tem cabeça para álcool. Billie senta-se ao bar em pede um gim, que não lhe servem. O *barman* faz de conta que não escutou e ninguém tem coragem de lhe dizer por quê. Ela pede amavelmente uma segunda vez. Nenhuma reação. Da terceira vez, ela se dobra sobre o balcão, e direção ao atendente, e berra a plenos pulmões:

---

4. Hazel Scott (1920-1981) foi a primeira artista negra a ter seu próprio programa. (N.T.)

5. Hubert Fol, nascido em 1925, data de falecimento não identificada, irmão do compositor Robert Fol. (N.T.)

– Ei, fresco de merda, vai me dar meu copo ou não vai?

Parece que, em Paris, Billie recaiu no uso de drogas pesadas. Ela frequenta muito o clarinetista Mezz Mezzrow e sua esposa Mae, que lhe fornecem heroína. E nunca se separa de sua nova amiga, Yolande Bavan, cantora e atriz teatral.[6]

Billie, revigorada por seu sucesso no Mars Club, retorna aos Estados Unidos.

Os incômodos recomeçam em seguida. Certa manhã, Billie recebe uma chamada telefônica do inspetor McVeigh, que lhe solicita passar no Escritório Central da Alfândega, para ser interrogada. Sem saber, ela violou uma lei que estipula que nenhum toxicômano pode sair dos Estados Unidos, ou retornar, sem se apresentar no Escritório Central da Alfândega. É uma falta grave. Ela está sujeita a uma pena de prisão de, no mínimo, um ano. Em pânico, Billie apela para William Dufty, o qual, duvidando que Zaidins alguma vez tenha comparecido perante um tribunal, contrata para ela uma advogada de renome, Florence Kennedy.[7] Ninguém havia ouvido falar dessa lei recente, que data de 1956. Eles vão juntos ao Escritório Central da Alfândega de Nova York, em que Billie é interrogada por dois agentes.

Durante um mês, até sua apresentação perante um juiz, prevista para o dia 12 de fevereiro, Billie sofre o cúmulo da angústia. Ela não dorme mais e bebe mais que nunca. Incapaz de engolir seja o que for de sólido, ela emagrece a olhos vistos. No dia da abertura do processo, ela será bem defendida por Florence Kennedy. O promotor do Brooklyn desiste da acusação. Desse modo, Billie poderá deixar o território americano dez dias mais tarde e voar para a Inglaterra, tranquilizada e feliz por ter aparecido na capa da revista *Metronome*. Ela passará três dias em Londres, para uma transmissão de televisão,

---

6. Milton "Mezz" Mezzrow (1899-1972). Yolande Bavan, nascida em 1942. (N.T.)

7. Florence Kennedy, nascida em 1929, é a fundadora da NOW, National Organization of Women, e considerada ultrafeminista. (N.T.)

Chelsea at Nine. Ela está esbelta e linda em um vestido tricotado com fios de lurex, que destaca luminosamente suas formas. Todavia, uma certa melancolia se irradia dela e também uma certa lassidão. Porém, sua enfermidade é indetectável. Quem a vê não pode imaginar que ela vai morrer quatro meses mais tarde. Ela canta quatro canções, entre as quais *Please Don't Talk About Me When I'm Gone*. "Por favor, não falem mal de mim quando eu tiver partido." Seus amigos londrinos, Max e Betty Jones e a cantora Beryl Briden, não duvidam que a partida esteja próxima.

Lester Young acaba de chegar da Europa. Já faz tempo que sua chama interior se extinguiu. Dizem dele que não quer aceitar o gosto da moda. Por que copiar os *boppers*? Música para ele era a sua, o swing. Em Paris, andou de mal a pior. Sua depressão o havia agarrado e o torturava. Ele a afogava em álcool. Conscientes de que o álcool o estava matando aos poucos, seus amigos lhe haviam suplicado que fosse consultar um médico. "Eu vou, quando chegar em Nova York", dizia ele. Subitamente, ele estava cheio de vontade de retornar, para rever seus filhos.

Em 14 de março, ele toma um avião e, durante toda a viagem, vomita sangue. Vai dormir no Hotel Alvin. Em 15 de março, morre.

Um rude golpe para Billie. Ela perde um amigo, o melhor que jamais teve. Billie, que fará 44 anos no dia 7 de abril seguinte, toma consciência de que Lester, ao partir, levou consigo sua juventude. Diante dela se estende um deserto.

No enterro, toda a gente do jazz, desde os começos de Lester até os *boppers*, desfila diante do ataúde. É claro que Billie veio. Está calma, porta-se com dignidade e reprime sua dor. Os filhos de Lester estão lá, ao lado de Mary, sua esposa. No final da encomendação, Billie se levanta para ir cantar junto do caixão, mas os amigos músicos a impedem. A mulher de Lester havia proibido. Ninguém sabe por que, mas foi assim. Lester havia sofrido muito por ter-se sentido descartado, esperava muito tocar outras vezes para Lady Day...

Talvez fosse isso que Mary soubesse, quando ela se recusa a permitir que Billie o acompanhe pela última vez. Billie não fará nenhum escândalo, mas ela se sente desmoronada. Ela sai da igreja, na verdade são Bud Johnson e Paul Quinichette que a sustentam e a conduzem até o bar mais próximo.

– Esses porcos sujos, não me deixaram cantar para Prez... – repete ela incansavelmente, com os olhos marejados de lágrimas. – A próxima vou ser eu...

Billie se encerra em casa. Está fatigada, sai pouco, olha desenhos animados na televisão. Muitas vezes sua amiga Alice Vrbsky a encontra com os olhos perdidos no espaço, enquanto seu cigarro se consome entre seus dedos. Alice toma conta dela, serve-lhe as refeições, cuida da limpeza de suas roupas, a acompanha quando vai fazer alguma gravação, leva seu cãozinho Pepe para passear.

Os amigos rareiam. Billie se encerra em si mesma. Sua carreira está em declínio, todo mundo sabe. Os falsos amigos se afastam. Annie Ross vem muitas vezes jantar com ela e lhe faz companhia até a hora em que ela vai se deitar.

Em 7 de abril de 1959, Billie festeja seu aniversário. Quarenta e quatro anos. Alguns amigos se apresentam: Annie Ross, William e Mealy Dufty, os músicos Jo Jones e Ed Lewis, Leonard Feather. Ela usa uma blusa larga estampada em um padrão de pantera e calças curtas e estreitas de toureiro. Billie não come nada, mas prepara sua "refeição" sozinha, um copo de bebida alcoólica. Logo os cadáveres de garrafas juncam o assoalho. A noitada termina no Birdland e deixa na maioria um gosto de estranha amargura. Ela dirá à mulher de Leonard Feather:

– Eu me sinto fodidamente solitária. Depois que Louis e eu nos separamos, eu não sou mais ninguém, não sou mais nada.

Porém, Billie não se declara derrotada. Ainda conserva o desejo de continuar, de prosseguir cantando, de ver os olhos de seu público brilharem de alegre antecipação, de receber uma corrente de amor enquanto estalam os aplausos.

Essas noites em que ela chega cheia de medo no ventre são os únicos encontros amorosos que lhe restam.

Em abril, ela é contratada para cantar por uma semana no Storyville de Boston. São cinco espetáculos por dia, mais uma matinê no domingo. Apesar de sua fadiga, ela comparece a todas as apresentações.

> Sou eu mesma, diz ela, não é meu dublê. Cada vez que canto, eu me ergo contra tudo o que escreveram sobre mim. Tenho de lutar para que as pessoas creiam em seus próprios ouvidos e adquiram de novo confiança em mim.

Galvanizada pelo desafio, ela canta, com a alma inteira estendida para o auditório. Já se tornou bastante habilidosa em mascarar seus defeitos técnicos e recorre então a seu estilo recitativo. O milagre ocorre no palco, mesmo que aqueles que a vêm felicitar nos bastidores sintam o coração apertado. Uma vez em seu camarim, ela se encarquilha, não é mais a mesma pessoa. Tudo o que lhe resta de energia é gasto através da música.

Depois, há mais um contrato de duas semanas, em Lowell, no Massachusetts e, em 25 de maio, Billie retorna a Nova York para o show beneficente no Phoenix Theater. Leonard Feather sofre um verdadeiro choque quando a encontra em seu camarim. Billie perdeu 25 quilos, está muito além da magreza, completamente descarnada. Todo o seu vigoroso arcabouço ósseo, que sustentava uma carne generosa, aparece sob a pele frouxa. Suas têmporas estão profundamente afundadas, seus olhos encovados nas órbitas. Uma máscara de morte. O vestido de noite que deixa à mostra suas espáduas está pendurado nela. Ao desvendar uma infelicidade tão nua e crua, parece quase obsceno.

Ela o contempla com um ar de desafio.

– Que é que você tem, Leo? Até parece que viu um fantasma...

Depois, acrescenta em um tom furioso:

– Eu estou muito bem! Pare de se portar feito um panaca!... Eu vou fazer minha parte.

Steve Allen, o mestre de cerimônias da noite, conta que, ao chegar adiantado ao teatro, havia encontrado uma velha sentada em um banco do saguão.

– Bom dia, como vai? – cumprimentou por educação.

– Tudo bem. Já está tudo pronto?

Steve Allen continua seu caminho, quando, de repente, sente um calafrio lhe percorrer a espinha. Ele acaba de perceber que a velha não era senão Billie Holiday, cuja radiosa beleza recordava de antigamente.

Chega a hora de Billie entrar em cena. Leonard Feather e Steve Allen precisam acompanhá-la até o microfone. Uma silhueta imóvel e frágil. Sua voz enrouquecida, sem volume, sem energia, é digna de lástima. Duas canções apenas. Ela não será capaz de cantar mais. Nessa noite, Annie Ross, Leonard Feather e todos os demais que assistem ao "show" percebem que Billie está em perigo de morte.

No dia seguinte, pela manhã, Leonard Feather telefona para Joe Glaser. Eles vão juntos à casa de Billie, para tentarem convencê-la a se internar em um hospital. Glaser, que não a vê há semanas, está horrorizado. Ele insiste, explica que todas as despesas serão por sua conta. Billie se recusa energicamente, tem de partir para Montreal na semana seguinte. Até lá ela já terá ficado boa... Ela promete diminuir seu consumo de álcool.

No dia 30 de maio de manhã, Frankie Freedom lhe prepara um prato de flocos de aveia. Foi o dr. Caminer[8] que lhe prescreveu uma dieta doce e fácil de digerir para o desjejum. Subitamente, Billie desmaia no tapete. Frankie quer levá-la para o hospital. Nada feito. Ela vai ficar em casa. Depois, de repente, ela perde a consciência completamente. Frankie chama logo o dr. Caminer, e ele manda vir uma ambulância. Billie é transportada em estado de coma ao Hospital Knickerbocker, onde se passa uma hora antes que apareça um médico para examiná-la. Internada sob o nome de Eleanora

8. David Lawrence Caminer (1923-1980). (N.T.)

McKay, ninguém faz ideia de quem ela é. A maioria dos hospitais particulares se recusa a atender drogados. A toxicomania não é considerada então uma doença, mas sim um vício.

Assim que o médico constata as marcas de picadas, ela é transferida para o Metropolitan Hospital, no Harlem, onde fica abandonada em um corredor. O dr. Caminer, que chega pouco depois, a descobre deitada em uma maca, sem a menor assistência. Ele providencia um quarto, o 6A, no 12º andar. Ela é imediatamente colocada em uma tenda de oxigênio. Seu estado é declarado crítico, nenhuma visita é permitida, só a de alguns parentes. Frankie Freedom previne Joe Glaser e telefona para Louis McKay, que está na Califórnia. Ele toma um avião em seguida.

Billie é alimentada por via intravenosa. Além da cirrose hepática, os médicos diagnosticaram insuficiência renal e, considerando seu estado de esgotamento, temem uma parada cardíaca. Os dirigentes do hospital declaram à imprensa que sua doença não se deve nem a excesso de álcool, nem a consumo de drogas, uma vez que, depois de ter passado 72 horas no hospital, não mostra ainda nenhum sintoma de abstinência. Uma falsa ingenuidade ou um cuidado para preservar-lhe a imagem? É, aliás, até mesmo provável que Frankie Freedom, depois de sua baixa no hospital, tenha levado escondidas algumas doses para Billie.

O verdadeiro problema não tarda a se apresentar de forma aguda. Billie é tratada dos problemas do fígado, coração e rins, mas nada foi providenciado para aliviar a síndrome de abstinência. Todo mundo sabe que ela não pode enfrentar ao mesmo tempo a doença e as drogas. Joe Glaser contratou um médico famoso, do Rockefeller Institute. Este último emprega sua influência para que ela seja tratada com metadona, a droga sintética que bloqueia os sintomas da privação. Mas esse tratamento só é administrado por uns dez dias. O que se passou depois? Dufty diz que, assim que o tratamento foi suspenso, ela começou a precisar de drogas. Ele mesmo não pode correr o risco de contrabandeá-las para o hospital e conta com Freedom para comprar e trazer. Mas ele fica pensando em um meio de conseguir dinheiro para Billie, sem que McKay fique sabendo. Ele propõe à *Confidential,* uma revista sensacionalista, aliás a única que Billie lê, um artigo provocador: "A heroína me salvou a vida". O artigo é publicado finalmente, com o título de "Eu precisava de heroína para viver". Ele produzirá o dinheiro de que Billie precisa: 840 dólares.

Aos poucos, Billie parece recuperar-se. Assim que a tiram da tenda de oxigênio, ela recomeça a fumar às escondidas. Dufty troca a marca de cigarros dele para Pall Mall, os preferidos dela. Com frequência, ele "se esquece" de seu maço de cigarros ao partir...

William Dufty, que reprova os amigos famosos de Billie por se apresentarem tão raramente para vê-la, escreve em um artigo publicado em seu jornal, o *Nova York Post:* "Billie, em seu quarto ensolarado, respira o perfume das flores enviadas por Frank Sinatra, Tallulah Bankhead, Lena Horne, Ella Fitzgerald, Count Basie, Harry Belafonte...".[9] Uma bela ideia para sugerir-lhes que o façam. Os buquês e os votos de pronto restabelecimento começam a afluir.

Os amigos vão e vêm, mas há também a ronda dos abutres ao redor do leito de Billie.

Earle Zaidins, sempre em busca de publicidade e de novos clientes, se pavoneia diante dos jornalistas. Ele se apresenta como porta-voz de Billie e dá entrevistas e boletins de saúde. Já que dispõe de um acesso privilegiado ao quarto hospitalar de Billie, consegue convencê-la de que já é mais do que tempo para que ela deixe Joe Glaser e assine contrato com a Agência Shaw Artists. Milt Shaw é um de seus novos clientes, que ele conquistou acenando com um contrato com Billie. O contrato tem de ser assinado no leito de hospital, em um momento em que ela praticamente não se acha em controle de suas faculdades. Em compensação, a partir do momento em que Billie recupera a consciência, ela se recusa a ceder os direitos cinematográficos de seu livro

9. Harold George Belafonte Jr., nascido em 1927. (N.T.)

à Valor Productions, outro dos clientes do advogado. Nem tampouco os cede a Louis McKay, que tenta igualmente obter a exclusividade dos direitos. Em 9 de julho, todavia, ou seja, oito dias antes de sua morte, ela aceitará, por insistência de Florence Kennedy, aparecer em um filme que está em preparação: *No Honor Among Thieves* ("Não há honra entre os ladrões").

Mesmo recuperando um pouco de peso, Billie ainda é considerada em estado crítico pelos médicos do Metropolitan Hospital. Apesar de tudo, ela continua fazendo projetos e não perde seu senso de humor. Quando Zaidins lhe afirma que a MGM renovou a opção para seu próximo disco, ela declara: "Ah, vai ser Lady no Metropolitan...". A bomba estoura no dia 11 de junho. Uma enfermeira encontra um pó branco em uma caixa de lenços de papel, na mesa de cabeceira de Billie. Ela avisa as autoridades do hospital e o pó é levado ao laboratório para análise. No dia seguinte, a polícia invade o quarto de Billie, passando o pente fino, revistando tudo. Ela é colocada oficialmente em estado de prisão por posse de heroína. Confiscam suas fotonovelas, seu toca-discos e todos os discos, cortam a ligação telefônica. Chegam até mesmo a lhe tirar as flores. Tomam suas impressões digitais, fazem medidas antropométricas, tiram fotografias de frente e de perfil, como uma criminosa comum. Dois policiais são estacionados permanentemente dentro de seu quarto e mais um monta guarda diante da porta.

Os advogados de Billie exigem a retirada dos policiais. Isso não é coisa fácil. Na época, havia um debate sobre se os viciados deveriam ser jogados na prisão ou tratados em um hospital. Billie é conservada incomunicável, sem praticamente qualquer direito a visitas, e seu quarto é vigiado dia e noite. Dufty tenta reunir assinaturas para uma petição que quer dirigir ao prefeito de Nova York, mas as celebridades com que entra em contato se recusam a se comprometer. Enquanto isso, os advogados de Billie, Donald Wilkes e Florence Kennedy, se esforçam para evitar que ela seja presa.

Uma vez que o estado de saúde de Billie continua crítico, decide-se finalmente que ela se apresentará em um tribunal de justiça para responder à acusação assim que seu estado o permita. Ela recebe liberdade condicional, sob responsabilidade de seu advogado. É provável, inclusive, que Wilkes tenha dado a entender que sua enfermidade era tão grave que não deixava muita margem para esperança. A questão, todavia, é por que ela foi declarada presa.

Enquanto isso, Joe Glaser toma conhecimento de que ela havia assinado contrato com Milt Shaw. A notícia o deixa furioso. Ele pagou todos os custos da hospitalização, os médicos, as enfermeiras particulares, o quarto particular e até os advogados. Repugnado, ele foi exigir uma explicação de Billie, que cai das nuvens. Quando ela fica sabendo o que aconteceu à sua revelia, escreveu imediatamente a Shaw para se retratar. Ela assinou o contrato em um momento em que não se achava de posse de suas faculdades mentais. Exige que seja anulado. Ameaça abrir um processo cível se ele se recusar a conceder a anulação. Milt Shaw nunca chegará a responder a essa carta.

Há uma melhora, de curta duração. Billie sente-se melhor. Pede para ser penteada, vem uma manicura lhe fazer as unhas. Chega ao ponto de conseguir de uma enfermeira permissão para tomar uma cerveja!... Em 9 de julho, o médico lhe permite comer doces, bombons e frutas, mas nenhum alimento salgado. Os amigos recuperam a esperança, começam a lhe trazer guloseimas. Todos se espantam com seu entusiasmo e com sua nova energia. Era a última recuperação antes do golpe final.

Em 10 de julho, seu estado piora bruscamente. Seu coração dá sinais de fraqueza. Ela contraiu uma grave infecção renal, complicada por uma congestão pulmonar. Ela afunda em um estado comatoso, do qual só sai por alguns momentos. No dia 15, ela recebe a extrema-unção. Louis McKay não deixa sua cabeceira. No dia 17 de julho, pelas duas e meia da manhã, ele sai do quarto para telefonar à sua mãe.

Às 3h10, Billie se deixa morrer.

Dufty estivera no hospital, pouco antes de sua morte. Ela parecia dormir a maior parte do tempo e, quando McKay chegou, ele se retirou para outra peça. Mais tarde, uma enfermeira veio falar com ele: "William é você?". Ele concordou e ela lhe entregou, da parte de Billie, um maço de cédulas. Quinhentos dólares. As enfermeiras tinham encontrado o dinheiro colado em sua perna por uma fita adesiva. Essa foi a versão da época. Na verdade, o dinheiro tinha sido encontrado bem enrolado com fita adesiva e enfiado no interior de sua vagina. Era o dinheiro que restava do artigo do *Confidential,* o dinheiro para comprar sua *dope,* que ela guardava escondido no lugar mais íntimo de seu corpo.

Durante as últimas 24 horas de semiconsciência, enquanto ela oscilava entre a vida e a morte, Dufty havia passado a noite inteira ao lado dela. Ele lhe segurava a mão, e ela a apertava de tempos em tempos, como para lhe dizer: "Ainda estou aqui".

Quando Dufty recebe esse dinheiro, do qual eles dois eram os únicos a saber da existência, ele compreende que ela não teria mais necessidade dele. Ele compreende que ela lhe dissera adeus.

A palavra fim e a palavra amor

A cerimônia fúnebre ocorreu em 21 de julho de 1959, na Igreja de St. Paul, na Avenida Columbus. Nem todas as três mil pessoas presentes conseguiram entrar na igreja. Seiscentas ficaram de fora, portando-se com o maior recolhimento. Uma missa de réquiem difundiu seus acordes trágicos até a rua. O coro da igreja quase desaba ao peso das flores, e Billie se encontra em ataúde aberto. Ela está bela, todos podem ver. E, sem dúvida, todos os que a contemplam pela última vez escutam ressoar dentro deles pelo menos uma melodia conhecida. Porque a maioria das canções de Billie se transformou em sucessos. Seus amigos custaram muito a crer na realidade de sua morte. Ela parecia indestrutível. Muitos pensam que ela tinha abandonado a luta porque não tivera coragem para enfrentar o que a esperava, a vergonha de uma condenação, o horror de uma nova prisão.

Ela foi enterrada no cemitério de St. Raymond, no mesmo túmulo de sua mãe. Certamente era o que ela teria querido. Um ano depois, alguém observou que não havia lápide sepulcral sobre o local da sepultura. A revista *Down Beat* lançou uma subscrição pública para lhe oferecer uma estela funerária, mas McKay exigiu que os donativos fossem devolvidos. Em 1960, o ataúde de Billie foi exumado e colocado em uma tumba separada. "À minha esposa bem-amada, Billie Holiday, Lady Day, 7 de abril de 1915 – 17 de julho de 1959."

Apoiando-se no argumento de que ela havia vendido todos os seus "valores" para comprar drogas, McKay estabeleceu que os haveres de Billie se elevavam no total a 1.345 dólares. Ela morreu sem um centavo e intestada, porque acreditava firmemente que fazer um testamento lhe daria azar... Embora ela tivesse iniciado um processo de divórcio em 1958, McKay permanecia seu único herdeiro. No final do ano de 1959, o montante dos direitos artísticos sobre as vendas de seus discos ascendia já a cem mil dólares.

Entre Zaidins, Glaser e McKay ocorreram disputam nojentas com relação a dinheiro. Cada um reclamava somas devidas a título de adiantamentos ou de honorários, cada um pensava que tinha direitos sobre seu livro autobiográfico. Mas foi finalmente Louis McKay quem recebeu o título de executor da sucessão de Billie, da qual foi o único beneficiário.

Os discos de Billie Holiday continuaram a vender. As vendas foram aumentando sensivelmente a cada ano que se passava, até a explosão do disco compacto, em que todas as suas gravações foram reeditadas.

Mesmo que não tenha atingido o grande público da mesma forma que Ella Fitzgerald conseguiu fazer, Billie sempre teve seus aficionados, cujo círculo aumenta ainda nos dias que correm. Os que escutam Billie pela primeira vez não são necessariamente seduzidos logo de saída. Sua voz não nos atinge de imediato por suas qualidades exteriores. Sua arte é mais complexa, mais difícil de abordar, porque é mais ambígua. Tal como o poeta Paul Elouard[1], que "dava a ver", a densidade emocional de Billie "dá a sentir". Não é tanto sua voz que se deve escutar, mas sim seu coração.

O que ela tinha a compartilhar era um domínio mais sombrio e mais secreto que o de suas coirmãs cantoras. Suas canções refletem suas felicidades e suas desilusões, sua busca de amor ou sua renúncia. Elas falam de amor, mas à flor da pele. E, se elas nos tocam tão profundamente, é porque elas exprimem, de forma subjacente, a força da sexualidade que liga uma mulher a um homem, a loucura e a fragilidade de uma relação amorosa. Em cada canção, há uma mistura sutil de diferentes estados de alma. Billie nunca está totalmente alegre, inteiramente amorosa ou completamente abandonada. Sua verdade é bem mais complexa.

---

1. Eugène Grindel, dito "Paul Éluard" (1895-1952), poeta francês ligado ao dadaísmo, nefelibatismo, surrealismo e outros movimentos de vanguarda. (N.T.)

– Me parece que ninguém canta como eu a palavra "fome" ou a palavra "amor" – disse ela. – Sem dúvida porque eu sei o que há por trás destas palavras.[2]

Ela tinha verdadeiramente fome de amor.

Billie Holiday suscitou tantos mitos que todo esforço para esclarecer sua vida depende de interpretação. Os depoimentos iluminam alguns aspectos de sua personalidade e são desmentidos por outros, os relatos são abundantes e se contradizem. Ela mesma apagou as pistas e queimou sua casa depois de sair dela. Algumas vezes por puro tédio, mas também porque o que ela havia vivido lhe era agora insuportável. Desde a infância, ela fantasiava para transformar esse mundo que a havia maltratado tanto. Seus excessos, o desprezo por seu próprio corpo, colocam em evidência a separação da realidade cortada por ela mesma. Sem dúvida ela era uma fabulista, mas suas mentiras eram "sinceras". Ali estavam elas para expressar o indizível, ao mesmo tempo que o mascaravam.

O que é marcante também são as fotografias de Billie, tão diferentes umas das outras. Ela não é nunca a mesma mulher. De uma foto para a outra, quase não dá para reconhecê-la. Magra ou gorda demais, radiante ou devastada, evocando força ou pura vulnerabilidade, nunca se pode dizer com exatidão: "Esta é realmente ela...". Ficamos a nos indagar do que é feito seu talento, por que suas canções tristes nos comovem tanto. Talvez porque a esperança transparece através delas, contra tudo e contra todos.

Billie descreve o sonho de sua vida:

> Uma grande fazenda no campo, em que eu vou cuidar de cães abandonados e de órfãos, garotos que não pediram para nascer, que sobretudo não pediram para nascer negros, azuis ou verdes. Eu queria somente ter certeza de uma coisa: que ninguém mais no mundo os quisesse, que fossem ilegítimos, sem pai, nem mãe. Então eu os pegaria para mim, com três ou quatro babás cordiais e afetuosas, como foi minha mamãe,

2. *Lady Sings the Blues*, *op. cit.* (N.A.)

para se ocuparem deles, alimentá-los e cuidar para que meus pequenos bastardos fossem à escola, para puxarem as orelhas deles quando se portassem mal, mas, sobretudo, que soubessem amá-los como eles fossem, bons ou maus.[3]

Há nessa evocação ingênua um desejo de reparação. Reparar o mal que foi feito a ela, reparar o mal que partiu dela, realizando esse desejo através dos outros. Sente-se sua necessidade de retornar à inocência. E esse sonho sugere, sem o dizer explicitamente, que ela mesma seria para essas crianças o objeto de um afeto imenso.

Não resta dúvida de que foi no palco, mais do que em qualquer outra parte, que ela viveu a experiência do amor.

3. *Ibidem.*

ANEXOS

Cronologia

1915 (7 de abril) – Nascimento na Filadélfia.

1925 – Presa por vagabundagem. Estada no Bom Pastor, uma casa de correção.

1926 (24 de dezembro) – Estupro. Segunda passagem pelo Bom Pastor.

1928 – Chegada a Nova York. Presa por prostituição. Aprisionada em Welfare Island.

1929-1933 – Época da Proibição. Canta nas boates clandestinas do Harlem.

1933 – É descoberta por John Hammond. Primeira gravação com Benny Goodman.

1934 – Conhece Lester Young. Primeiro espetáculo no Apollo Theater.

1935 – Canta e interpreta em *Symphony in Black,* com a orquestra de Duke Ellington.
Primeiras gravações de uma longa série com Teddy Wilson para o selo Brunswick.
Conhece o empresário Joe Glaser.
Contratada para cantar no Famous Door, com Teddy Wilson.

1936 – Primeiras gravações da série *Billie Holiday and her Orchestra* no selo Vocalion/Columbia.
Assina contrato com a Columbia.

1937 – Primeiras sessões de gravação com Lester Young para a Columbia.
Morte de seu pai, Clarence Holiday.
Excursão com a orquestra de Count Basie.

1938 – Excursão com a orquestra de Artie Shaw.

1939 – Canta no Café Society, de Nova York. Criação de *Strange Fruit.*

Gravação de *Strange Fruit* para o selo Commodore.
Primeira passagem pela Califórnia.

1940-1941 – Conhece Jimmy Monroe. Casamento em 25 de agosto de 1941.
Separação alguns meses mais tarde.

1942 – Canta em Hollywood, acompanhada pelos irmãos Lester e Lee Young.
Gravação de *Trav'lin' Light,* com Paul Whiteman.
Início da greve das gravações, que durará dois anos.

1944 – Contrato com Milt Gabler, para a Decca.

1945 – Excursão com a grande orquestra de Joe Guy.
Morte de Sadie, sua mãe.

1946 – Rodagem do filme *New Orleans,* com Louis Armstrong.
Primeira apresentação solo no Town Hall de Nova York. Um grande triunfo.
Bobby Tucker torna-se seu acompanhador.

1947 – Primeira cura de desintoxicação.
Condenação por uso de "estupefacientes".
Aprisionamento em Alderston.

1948 – Libertação antecipada, seguida por dois shows no Carnegie Hall.
Perde a carteira de trabalho para atuar nos clubes de Nova York.
Seis semanas no Strand Theater de Nova York, com a orquestra de Count Basie.

1949 – Briga em um clube de Los Angeles. É presa, juntamente com seu amante, John Levy.
Nova prisão em São Francisco por posse de drogas.
Libertada mediante pagamento de fiança. Acusada, mas depois absolvida.
Carl Drinkard substitui Bobby Tucker como seu acompanhador.

1950 – A Decca não renova seu contrato.
Rompimento com John Levy.

1951 – Contrato com o selo Aladdin. Encontra Louis McKay, seu futuro marido.

1952 – Assina contrato com o produtor Norman Granz. Gravações para a Mercury, sob o selo Verve.

1954 – Primeira excursão pela Europa. Apresentação no 1º Festival de Jazz de Newport.
Recebe um prêmio especial da revista *Down Beat.*

1955 – Apresentação no Carnegie Hall, em homenagem a Charlie Parker, morto a 22 de março.
Sessões de gravação para Norman Granz, com o pianista Jimmy Rowles.
Canta nos clubes da Costa Oeste.

1956 – Presa com Louis McKay em São Francisco por posse de drogas.
Nova permanência em clínica de desintoxicação.
Lançamento de *Lady Sings the Blues,* sua autobiografia, escrita por William Dufty.
Apresentações no Carnegie Hall.

1957 – Novo contrato com a Columbia. Gravações com Ray Ellis.
Festival de Newport.
Mal Waldron é seu novo acompanhador. Programa de televisão *The Sound of Jazz*. Entre outros, participa Lester Young.
Casamento com Louis McKay. Rompimento alguns meses depois.

1958 – Nova excursão pela Europa. Inicia um processo de divórcio.
Sua saúde começa a declinar.

1959 – Morte de Lester Young em 15 de março. Morte de Billie em 17 de julho, no Metropolitan Hospital de Nova York.
Ela é enterrada em 21 de julho, no cemitério de St. Raymond, no Bronx.

Referências

Livros em francês

BACHARAN, Nicole. *Histoire des Noirs au XXe. Siècle*. Paris: Éditions Complexe, 1994.

BALEN, Noël. *Billie Holiday, corps et âme*. Paris: Éditions Mille et Une Nuits, 2000.

______. *L'Odyssée du Jazz*. Paris: Liana Levi, 2003.

BERGEROT, Frank; MERLIN, Arnaud. *L'Épopée du Jazz*. Paris: Découvertes Gallimard, 1991.

BILLARD, François. *Les Jazzmen Américains*. Paris: Hachette Littératures, 2001.

CARLES, Philippe; CLERGEAT, André. *Dictionnaire du Jazz*. Paris: Robert Laffont, 1994.

DELANNOY, Luc. *Billie Holiday*. Paris: Librio, 2000.

______. *Profession Président*. Paris: Denoël, 1987.

FABRE, Michel; OREN, Paul. *Harlem Ville Noire*. Paris: Armand Colin, 1971.

FOHLEN, Claude. *L'Amérique de Roosevelt*. Paris: Imprimerie Nationale, 1982

FONTANES, Michel. *Billie Holiday et Paris*. Paris: Rive Droite, 1999.

GERBER, Alain. *Lester Young*. Paris: Fayard, 2000.

______. *Portraits en Jazz*. Paris: Renaudot et Cie., 1990.

GUMPLOWICZ, Philippe. *Le Roman du Jazz*. Paris: Fayard, 2000.

HOLIDAY, Billie; DUFTY, William. *Lady Sings the Blues*. Paris: Doubleday, 1956. Tradução francesa Parenthèses, 2003.

KASPI, André. *Les États-Unis de 1945 à nos Jours*. Paris: Seuil, 2003.

LEAMING, Barbara. *Orson Welles*. New York: Viking, 1985. Tradução francesa Mazarine, 1986.

MARGOLICK, David. *Strange Fruit*. New York: Ecco Press, 2001. Tradução francesa, 10/18, 2001.

NABE, Marc-Édouard. *L'Âme de Billie Holiday*. Paris: Denoël, 1986.

O'MEALLY, Robert. *Les Multiples Facettes de Lady Day*. New York: Arcade Publishing, 1991. Tradução francesa Denoël, 1992.

ROBERT, Danièle. *Les Chants de l'Aube de Lady Day*. Paris: Le Temps qu'il fait, 1993.

SAGAN, Françoise. *Avec mon meilleur Souvenir*. Paris: Gallimard, 1984.

VIAN, Boris. *Autres écrits sur le jazz*. Paris: Christian Bourgois Éditeur, 1981.

WEIL, François. *Histoire de Nova York*. Paris: Fayard, 2000.

LIVROS EM INGLÊS

CLARKE, Donald. *Wishing on the Moon: The Life and Times of Billie Holiday*. London: Viking, 1994.

BLACKBURN, Julia. *With Billie*. New York: Pantheon Books, 2005.

NICHOLSON, Stuart. *Billie Holiday*. London: Gollancz, 1995.

VAIL, Ken. *Lady Day's Diary: The Life of Billie Holiday*. New York: Castle Communications, 1996.

Discografia seleta

Na coleção: <<The Quintessence>>, dirigida por Alain Gerber, em Frémaux et Associes: *Intégrale Billie Holiday-Lester Young.* FA 154. 3 CD *Billie Holiday, Nova York-Los Angeles, 1935-1944.* FA 209. 2 CD. *Billie Holiday (vol. 2), Nova York-Los Angeles* FA 222. 2 CD.

Commodore Master Takes, 1939-1944. Commodore 543 272-2.

Lady Day, The Best of Billie Holiday. Columbia 514 722-2.

Billie's Blues. Blue Note 521 129-2.

The Complete Billie Holiday on Verve, 1945-1959. Verve 517 658. 10 CD.

All or Nothing at All. Verve 529 226-2. 2 CD.

Lady Sings the Blues. Verve 521 429-2.

Songs for Distingué Lovers. Verve 539 056-2.

Billie's Best. Verve CD 513 943-2.

Billie Holiday at Storyville. DA Music CD 877 625-2.

Billie Holiday at Jazz at the Philharmonic. E PC 229.

Body and Soul. Verve 589 308-2.

Solitude. Verve 519 810-2.

Billie Sings Great American Song Books. The Jazz Factory 228 18 [Berlin, Kern, Porter, Gershwin].

Lady in Satin. Columbia, CBS CK 65144.

Filmografia em DVD

The Genius of Lady Day. Jazz Memories, Eforfilms.

The Many Faces of Lady Day. Quantum Leap.

Billie Holiday Masters of Jazz. Avanti.

The Life and Artistry of Lady Day. Idem Home Video.

Alguns sites

http://www.billieholidaycircle.freeserve.co.uk

http://www.lady-day.org

http://varelasite.com.ar/billieholidayfranc.htm

Agradecimentos

Dirijo meus agradecimentos a Stuart Nicholson, autor de *Billie Holiday* (Londres, Gollancz, 1995), em que baseei grande parte dos detalhes da vida de Billie, do mesmo modo que a Donald Clarke (*Wishing on the Moon: The Life and Times of Billie Holiday,* Londres, Viking, 1994); a Julia Blackburn (*With Billie*, Nova York, Pantheon Books, 2005), que fez reviver os depoimentos apaixonantes recolhidos por Linda Lipnack Kuehl (Archives Toby Byron), durante os anos 70; e a Ken Veil (*Lady Day's Diary: The Life of Billie Holiday*, Nova York, Castle Communications, 1996), pela edição do diário de Lady Day, que constitui uma mina de informações. Enfim, meus agradecimentos vão, mais particularmente, para Michel Fontanes, que me deu acesso a seus documentos e cujo livro (*Billie Holiday et Paris,* Rive Droite, 1999) esclareceu as permanências de Billie Holiday na Europa; e a Patrícia Aubertin, por sua ajuda preciosa.

Sobre a autora

Nascida em uma família de músicos e apaixonada por cinema, Sylvia Fol, escritora e roteirista, publicou três romances pela editora Robert Laffont: *Tanger, oranges amères*, *Vu de dos* e *Double fond.*